Klaus Doderer
Literarische Jugendkultur

W0052727

Jugendliteratur — Theorie und Praxis

Herausgegeben von
Klaus Doderer und Hans-Heino Ewers

Klaus Doderer

Literarische Jugendkultur

Kulturelle und gesellschaftliche Aspekte
der Kinder- und Jugendliteratur
in Deutschland

Juventa Verlag
Weinheim und München 1992

Klaus Doderer, Jg. 1925, Dr. phil., ist Professor emeritus für Germanistik an der Universität Frankfurt und war seit der Gründung 1963 bis 1990 Direktor des Instituts für Jugendbuchforschung.

Die Deutsche Bibliothek – CIP-Einheitsaufnahme

Doderer, Klaus:
Literarische Jugendliteratur : kulturelle und gesellschaftliche Aspekte der Kinder- und Jugendliteratur in Deutschland/Klaus Doderer. – Weinheim ; München : Juventa Verlag, 1992
(Jugendliteratur – Theorie und Praxis)
ISBN 3-7799-0446-2

© 1992 Juventa Verlag Weinheim und München
Umschlaggestaltung: Atelier Warminski, 6470 Büdingen 8
Printed in Germany

ISBN 3-7799-0446-2

Für Ingrid

Inhalt

Die Suche nach den Klassikern oder der Zweifel an den ewigen Werten

Literarische Gattungen — Gefäße für Botschaften

Die Freiheiten und die Zwänge der Jugendlichen Leser

Zuvor

Als ich vor mehr als drei Jahrzehnten begann, mich theoretisch mit Kinder- und Jugendliteratur zu beschäftigen und von diesem Entschluß Menschen mit literarischem Fachverstand erzählte, huschte über manch ein Gesicht ein Lächeln, das sehr wohl eine doppelte Bedeutung haben konnte. Es enthielt zwar meistens ein wenig wohlwollenden Zuspruch, aber auch öfters eine ganze Portion Kopfschütteln und Zweifel, ob ich denn auf dem rechten Weg sei, wenn ich als Literaturwissenschaftler, der sich bis dahin um die Struktur und Geschichte von Gattungen und um Details der Dichtung des 19. und 20. Jahrhunderts und als Pädagoge und Didaktiker um die Erkenntnis der Gesetze der Kindersprache bemüht hatte, nun meine Pläne auf das Gebiet des Bilder-, Kinder- und Jugendbuchs verlegte.

Dieser gelegentlich geäußerte Zweifel daran, ob denn Kinder- und Jugendliteratur der wissenschaftlichen Betrachtung wert sei, ist auch heute noch in den Köpfen mancher kluger und gebildeter Menschen vorhanden. Aber sind denn die Tausende kleiner und größerer Geschichten, Gedichte und Dramen, Sachtexte und Bilderzählungen aus Vergangenheit und Gegenwart, für Kinder und Jugendliche ausgedacht und zubereitet, keines Nachdenkens wert? Ja, es hat Sinn und bringt Resultate, ist meine Antwort.

Das Nachfragen hat mich immer wieder aufs Neue veranlaßt, den Zweiflern zu erklären, daß ich mich nicht zu dem Unnützen, dem Trivialen, dem Simplen im Bereich der Wortkunstwerke „hinuntergebeugt" habe, sondern daß ich auf ein großes weites Feld gestoßen bin, das nicht weniger vielfältig und zerklüftet, nicht weniger kompliziert und unterschiedlich nach Form und Inhalt, nach Ideen und Haltungen, nach Herkunft und Entwicklung ist wie das der anderen Texte, von denen unsere „erwachsene" Lesegesellschaft gewöhnlich spricht.

Nur ein wenig anders! Ein wenig mehr gespickt mit direkter Aussage, mit Sprache im Klartext, mit einfachen Formen und mit handfesten Lebensphilosophien dürfte die Welt der Kinder- und Jugendliteratur sein. Manchmal spiegeln sich vielleicht aber gerade deshalb vergangene Zeiten, örtliche Begebenheiten, alltägliche Dinge deutlicher und wunderbar konkret in diesen Erzählungen und Gedichten, den Dramuletten und Sachschriften. Die Belletristik für die Jugend war und ist ein faszinierendes Panoptikum für den, der den Prozeß der Zivilisation studieren möchte.

Diese Literatur ist in ihren besten Teilen dem Leben ungebrochen nahe. Sie zu beobachten heißt zugleich, auch ihre Leser, ihre Zuhörer und Betrachter kennen lernen und natürlich auch diejenigen, die früher und heute als Autoren, Illustratoren, Verleger, Buchhändler, Bibliothekare und Pädagogen auf sie einwirkten.

Im Laufe der Jahre, in denen ich das Glück hatte, unter der engagierten Mitwirkung meiner Kolleginnen und Kollegen das Institut für Jugendbuchforschung der Frankfurter Universität auf- und auszubauen, habe ich erfahren, daß immer mehr Menschen Interesse an dem Feld der Kinder- und Jugendliteratur gewonnen haben und daß sich ständig neue Aspekte der Betrachtung ergaben. Den Reichtum an Texten auszuloten, die geschichtlichen Zusammenhänge zu erforschen, den Dimensionsraum an Spiel- und Anwendungsformen herauszufinden, diese Aufgaben sind noch längst nicht alle angegangen, geschweige denn abgeschlossen.

Sowohl im Prozeß des Lehrens Jahr für Jahr, ebenso dem des Organisierens und Verwaltens von Forschung habe ich manche Erkenntnis gewinnen können und manche bestehende Vorstellung als revisionsbedürftig ansehen müssen. Die Aufgaben der zweieinhalb Jahrzehnte währenden Institutsleitung und das parallellaufende Geschäft des Lehrens und Prüfens innerhalb des Universitätsbetriebs ließen jedoch das Ausformulieren von gewonnenen Einsichten nicht immer gedeihen.

So vereinigen sich nun unter dem Titel dieses Buches „Literarische Jugendkultur" Gedanken und Ansichten, die diskursiv in den vergangenen Jahren zutage traten, zum Teil auch in Vorträgen, Vorlesungen und in schriftlicher Form angeklungen sind.

Inhaltlich gehen die Reflexionen zwar gelegentlich auf kinder- und jugendliterarische Phänomene früherer Jahrhunderte zurück. Beispiele aus dem 18. und 19. Jahrhundert finden sich auf den folgenden Seiten des öfter, die meisten stammen jedoch aus dem zuende gehenden 20. Jahrhundert. Aber meine Absicht war, die Gegenwärtigkeit geschichtlicher Ereignisse herauszustellen. Gegenwärtigkeit aber heißt in meinem Verständnis, die wortkünstlerischen und illustrativen Details in den Büchern und Texten vergangener Epochen, ja ebenso auch die gerade publizierten, auf ihre Bedeutung für uns heute abzuklopfen. Dabei kommt eine ganz einfache Grundidee meines Nachdenkens zum Vorschein: Literatur überhaupt, ganz bestimmt aber die für Kinder und Jugendliche, existiert erst, wenn sie Leser, Zuhörer und Zuschauer gewonnen hat. Literatur ist stets von Menschen für Menschen gemacht. Insofern ist mein Blick ganz entscheidend auf die jungen Menschen gerichtet, die in früheren Zeiten und ebenso heute die ihnen angebotenen schriftlichen Partituren in ihren Köpfen und Herzen durch eigene Inszenierung zum Leben erwecken.

Mein Dank gilt vielen Menschen, jüngeren und älteren zugleich, die mir zur Entfaltung der hier vorgelegten Nachdenkereien verholfen haben: den Schriftstellern und Künstlern, denen ich begegnet bin oder deren Werke ich kennengelernt habe, den Kolleginnen und Kollegen — zu denen ich die Studentinnen und Studenten gleichermaßen zählen möchte —, die mit Widerspruch oder Zustimmung meinen Blick zu schärfen halfen, den Menschen auch, die voller „real existierendem" Idealismus Bücher und junge Menschen zusammenbringen und gebracht haben, sei es im Buchhandel, in den Bibliotheken oder in den Schulen jeglicher Stufe.

Dieses Buch ist aber ganz besonders meiner Frau gewidmet, die mit kritischem Verstand und mit Sinn für Realität, mit großer Freude am Eröffnen von Phantasieräumen und der unwahrscheinlichen Begabung, Menschen anzuregen, meinen Lebensweg seit vier Jahrzehnten begleitet hat.

Im Januar 1992   Klaus Doderer

Standort

Daß die Kinder- und Jugendliteratur in den vergangenen Jahrzehnten mehr und mehr ein Gegenstand des wissenschaftlichen Nachdenkens geworden ist, daß Kritik und theoretische Besinnung in einer bis dahin noch nicht gekannten Intensität und Breite geübt wurden, ist kein Zufall. Dafür gibt es Gründe.

Man sollte sich zum besseren Verständnis dieses Phänomens der sichtbar werdenden veränderten Wertschätzung einer Literatursparte innerhalb der Kultur- und Geistesgeschichte, genauer gesagt der Kultur-, Literatur-, Kindheits- und Erziehungsgeschichte unseres Jahrhunderts, ins Bewußtsein rufen und auch dabei nicht vergessen, welches Gemenge von Interessen und Problemen in dem Verbund der drei Komplexe Literatur, Jugend und Politik bestanden hat und weiterhin besteht.

Die Kinder- und Jugendliteratur hatte Rückenwind

Es gab in der schon Jahrhunderte alten Geschichte der Kinder- und Jugendliteratur einige Einschnitte, die zur Folge hatten, daß jeweils davor und danach für die Jungen und Mädchen aus anderer Perspektive Gedichte, Erzählungen, Theaterstücke und ebenso sachliche Informationen geschrieben worden sind. Die jugendlichen Leser wurden nach einer solchen Wende anders angesprochen und haben auch anders reagiert. Solch einen Einschnitt bedeutet ohne Zweifel in Deutschland das Jahr 1945 mit dem Ende des Zweiten Weltkriegs. Der frische Wind kam danach

zum Teil von draußen, etwa aus Schweden, wo Astrid
Lindgrens Pippi Langstrumpf aufgebrochen war, um den
Kindern Spaß und Mut, den erwachsenen Moralaposteln
aber Angst zu machen. Zum andern wehte der frische
Wind auch aus solchen nun wieder zu lesen erlaubten Bü-
chern wie denen Erich Kästners, in denen die zerstrittene
Erwachsenenwelt — etwa im „Doppelten Lottchen" oder in

Erich Kästner
(1899-1974)

der „Konferenz der Tiere" — durch die Kinder und auch die
„fabelhaften" Tiere instandgesetzt, wieder zusammengefügt und gerettet wird. Was da im privaten Bereich in der
Ehe der Eltern der Zwillinge Luise und Lotte und in der
Weltpolitik im Sicherheitsrat der UNO in New York aufgrund des Vetorechts schiefgelaufen war, sollte bei Kästner
zumindest im Raum der erzählten Geschichte für Kinder
als reparabel erscheinen. Pazifistische Gedanken drangen
nach Beendigung des grauenvollen Vernichtungskriegs in
das Kinderbuch ein. Sie spielen ohne Zweifel gerade bei
Kästner eine Rolle. Munroe Leafs Bilderbuch „Ferdinand
der Stier" wurde übersetzt und erzählte in Bild und Text
die Geschichte von dem Tier, das den Kampf in der Arena
verweigerte und eine Blume als Zeichen der Friedfertigkeit
im Maul trägt. Eine sanfte Brise wehte außerdem übrigens

16

damals noch aus einer anderen Ecke in die Kinder- und Jugendbücher. Sie strich fortwährend aus dem Reich der friedfertigen anthropomorphisierenden und harmonisierenden Naturmärchen über die Kinderliteratur hinweg und war etwa bei Paul Alverdes und Marlene Reidel einzuatmen, auch wenn die jungen Leserinnen und Leser in Städten voller Kriegstrümmer ihr Leben fristen mußten.

Wie es schon ein paarmal in der Geschichte der Kinder- und Jugendliteratur geschehen ist, gab es damals einen Ruck. Eine neue Epoche der Kinder- und Jugendliteratur konnte beginnen wie seinerzeit im späten 18. Jahrhundert, als die vielen „Kinderbibliotheken" plötzlich aus dem Boden gestampft wurden und auf sich aufmerksam machten, allerdings schnell trocken und alt wurden. Wie auch um 1810, als die Kindermärchen- und Kinderliederepoche in Gang kam, dann aber schnell an Glanz verlor, dafür an biedermeierlicher Trivialidyllik gewann.

So waren die Jahre nach 1945 Entwicklungsjahre. Diesmal entstand, vor allem in dem Jahrzehnt von 1950 bis 1960, eine phantasiereiche, mit Sprachwitz und Situationskomik ausgestattete Richtung. Unter den Autorinnen und Autoren waren James Krüss, Otfried Preußler, Josef Guggenmos, Michael Ende, Hans Baumann, Gina Ruck-Pauquet und Christine Busta. Das jugendliche Lesepublikum bekam Humor und Nonsense, frischen Ton und surreales Szenarium angeboten, in Sachbüchern bekam es auf erlebnishafte Weise die Vorzeit oder ferne Länder veranschaulicht.

Kurzum, die Literatur der Jugend hatte sich zwischen den allmählich beseitigten Trümmern und innerhalb des aufkommenden Wohlstands etabliert. „Zwischen Trümmern und Wohlstand. Die Literatur der Jugend 1945-1960" lautet auch der Titel des Buchs, in dem 1988 die Ergebnisse der Erforschung dieser Epoche der Kinder- und Jugendliteratur niedergelegt worden sind (Doderer, 1988). Die Kinder- und Jugendliteratur hatte ein unverwechselbares Gesicht bekommen, hatte den Anschluß an die Entwicklung im Ausland gefunden und vor allem eine unverkrampfte, liberale, kinderfreundliche, den Jungen und Mädchen viel

Sympathie und Freiraum simulierende Atmosphäre entwickelt.

Dieses Aufblühen der Kinder- und Jugendliteratur muß im Zusammenhang mit der damaligen wirtschaftlichen, kulturpolitischen und bildungssoziologischen Lage gesehen werden. Dabei ist insgesamt festzustellen, daß die Schwierigkeiten, welche die Nachkriegszeit gebracht hatte, wie zum Beispiel die Entnazifizierung im Verlagswesen und der postfaschistische Filz in Ämtern und Schulen, der Mangel an Personal und Sachen, die durch Krieg und nationalsozialistische Herrschaft bedingte geistige Enge, nur allmählich überwunden werden konnten.

Anfang der sechziger Jahre bestand dann aber doch im großen und ganzen das literarische Distributions- und Organisationssystem, das wir noch heute haben. Das heißt, es gab seit 1955 den „Deutschen Jugendbuchpreis", heute „Deutscher Jugendliteraturpreis" genannt, es gab seit 1953 das „Internationale Kuratorium für das Jugendbuch", heute der UNESCO assoziiert, zumeist besser unter dem englischen Namen „International Board on Books for Young People" (IBBY) bekannt, und schon seit 1948 die „Internationale Jugendbibliothek" in München. Es gab seit 1955 den „Arbeitskreis für Jugendschrifttum", heute „Arbeitskreis für Jugendliteratur", der als westdeutscher Dachverband aller an der Förderung der Kinder- und Jugendliteratur interessierten Gruppierungen die verschiedensten gesellschaftlichen Kräfte vereinen sollte, von der „Deutschen Akademie für Sprache und Dichtung" bis zum Philologenverband, von der „Gewerkschaft Erziehung und Wissenschaft" bis zur „Arbeitsgemeinschaft von Jugendbuchverlegern". Verleger und Autoren, Buchhändler und Bibliothekare, Lehrer und Kindergärtnerinnen, sie alle sollten die Belange des Bilder-, Kinderund Jugendbuchs vertreten. Sie taten dies auch in vielen Fällen.

Wir dürfen nicht vergessen, daß der Zeitgeist aufgrund der schrecklichen Erfahrungen des Zweiten Weltkriegs nach einer befriedeten Kultur und nach einer auf Ausgleich aller kontroversen Auffassungen drängenden Strategie verlangte. In dieses grundsätzliche Konzept gehören die Gedan-

Jella Lepman
(1891-1970)

ken Jella Lepmans, der jüdischen Emigrantin, die 1945 als
Adviser für Jugendfragen im Hauptquartier der amerikanischen Besatzungsarmee in Bad Homburg ihre Arbeit auf-
nahm und ihre Spezialauffassung der „Reeducation" mit
verbissener Energie und Zähigkeit verfolgte: Die Kinder
seien es, die die Welt zum Besseren verändern könnten.
Sie sollten als unverbogene, unverbildete und unverdorbe-
ne vernünftige Wesen Solidarität und Internationalität her-
stellen, aufrechterhalten und befördern. Nur mit ihnen sei
der Friede herzustellen.

Der idealistische Glaube an die Kinder als die besseren
Menschen ist letztlich das ideelle Fundament aller Aktio-
nen, die Jella Lepman in unermüdlichem Eifer von München und später von der Schweiz aus auf nationaler und in-
ternationaler Ebene vollbrachte. Sie war es, welche die „Internationale Jugendbibliothek" schon drei Jahre nach
Kriegsende ins Leben rief und dazu die Unterstützung der
Amerikaner durch die von ihr erreichte Fürsprache der
Präsidentenwitwe Eleanor Roosevelt gewinnen konnte. Sie
gab auch ihrem Freund Erich Kästner die Idee zu dem

19

Buch „Die Konferenz der Tiere", einer Fabel, die Kästners und Lepmans gemeinsame Grundposition des Vertrauens auf die Vernunft der Kinder und der internationalen Verständigung ganz deutlich werden läßt. Und sie gründete jene Internationale der Jugendliteratur, die IBBY, die seit 1953 der Förderung von Jungendliteratur und Lesekultur in aller Welt verpflichtet ist.

Auf diese ausgesprochen „sonnige" Position, die im kulturpolitischen Vorwärtsdenken der ersten Nachkriegsjahre glücklich eingelagert war, fielen jedoch bald Schatten. Die fast missionarisch immer und immer wieder vertretene „One World"-These Lepmans hieß: Wir leben doch alle, auch die ehemaligen Feinde im Krieg, gemeinsam in einer Welt zusammen, wir dürfen uns nicht mehr durch Streitereien auseinanderdividieren lassen, wir sollen uns bemühen, allen Kindern das Empfinden der „One World" dadurch mit auf den Weg zu geben, daß sie alle die besten Kinderbücher aus allen Ländern und Erdteilen zur Verfügung gestellt bekommen. Es gibt nämlich eine Weltliteratur der Kinder.

Diese Thesen erhielten nun durch die Ost-West-Spannungen des schon vor 1950 einsetzenden Kalten Krieges schnell einen Verlust an Glaubwürdigkeit. Damit wurde es auch schwerer, Beziehungen zu den Kinder-und Jugendliteraturen in den sozialistischen Ländern anzuknüpfen.

Der andere Schatten, der sozusagen nur begrenzt von Jella Lepman wahrgenommen wurde, jedoch in der Bundesrepublik, aber auch in Österreich und der Schweiz auf die prosperierende Kinder- und Jugendliteratur fiel, war der sogenannte „Schmutz und Schund" in Form von Comics und Leseheftchen. Es wurde ein Kulturkampf um das sogenannte „gute Jugendbuch" und eine Kampagne gegen „minderwertiges Schrifttum", gegen Kioskliteratur, gegen Comics und kriegsverherrlichende, auch pornographische und zur Gewaltverherrlichung geeignete Bücher und Hefte geführt. Das proamerikanische Denken wurde durch diese Begleiterscheinung der amerikanischen Wirtschaftshilfe und des freien Marktes empfindlich gestört. Die Comics waren eine fast ausschließlich amerikanische Importware. Die deutsche Sektion von IBBY, identisch mit dem „Arbeitskreis für Jugendschrifttum", war und ist eine Organisation, die ihr Profil in den fünfziger Jahren gewann, als es galt, eine Jugendkulturpolitik zu betreiben, die auf die Erhaltung und Förderung freier geistiger Interessen abzielte, frei von politischer Indoktrination, aber überwiegend mit christlich-sozialer Ausrichtung. Das für Jugendfragen zuständige Bonner Ministerium richtete damals den „Deutschen Jugendbuchpreis" als Gegenmaßnahme gegen die Schmutz und Schund-Schwemme ein. Er ist der einzige Staatspreis für Literatur, den es in der Bundesrepublik dieser Jahre gegeben hat und noch heute gibt. Der damalige „Arbeitskreis für Jugendschrifttum", heute „Arbeitskreis für Jugendliteratur", wurde mit der Ausrichtung beauftragt. Der ab 1956 jährlich verliehene Preis war in zweierlei Hinsicht eine Fördermaßnahme: *Erstens* sollte er die Öffentlichkeit auf das Gebiet der Kinder- und Jugendliteratur aufmerksam machen. Er war eine positive Gegenmaßnahme im Kampf gegen das triviale Literaturgut der Jugend. *Zweitens* sollte er das Interesse am zeitgenössischen, sich wandelnden Themenkreis im Feld der Kinder- und Jugendliteratur bei den potentiellen Produzenten sowie den potentiellen Rezipienten stärken. Der Text der Ausschreibung dokumentiert dies noch heute: Nur solche Bücher kommen zur Prämierung infrage, die ein Jahr vor dem Verleihungsjahr in deutscher Sprache und in einem in Deutschland niedergelassenen Verlag erschienen sind.

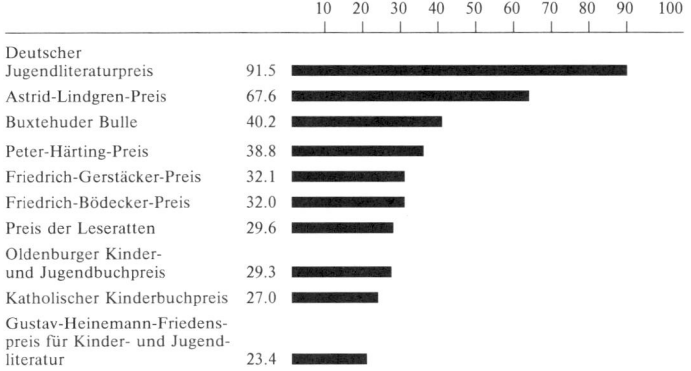

Die zehn bekanntesten deutschen Kinder- und Jugendbuchpreise. Die Prozentleiste gibt nach einer 1988 ermittelten Erhebung den Grad der Bekanntheit bei Buchhändlern, Bibliotekaren, Deutschlehrern und Erziehern an.

Wie sich die Theorie entwickelte

Als im Frankfurter Institut für Jugendbuchforschung die ersten Studenten zu Anfang der sechziger Jahre nach theoretischer Literatur fragten, war die Auswahl winzig klein. Im wesentlichen konnte auf vier Titel hingewiesen werden. *Erstens* auf Heinrich Wolgasts Buch „Das Elend unserer Jugendliteratur". Es war schon sehr alt, war am Ende des 19. Jahrhunderts, 1896, zuerst erschienen, war ein in seiner provozierenden, sozialkritischen Tendenz noch immer diskutables Werk, das aber inhaltlich längst überholt war, obwohl es — auf schlechtem Nachkriegspapier — 1950 erneut gedruckt worden und damals erreichbar war. *Zweitens* konnte Irene Dyhrenfurth-Graebschs „Geschichte des deutschen Jugendbuchs" genannt werden, ein Werk, das während des Zweiten Weltkriegs (1942) zuerst publiziert, dann 1951 in kleiner Auflage nachgedruckt worden war. In Frankfurt war allerdings kaum ein Exemplar aufzutreiben. *Drittens* gab es Richard Bambergers bemühtes, für die Förderung des guten, wertvollen Kinderbuchs eindringlich werbendes und viele didaktische Gesichtspunkte einbeziehendes Werk „Jugendlektüre", 1955 in erster Auflage erschienen. Und *viertens* hatte Bettina Hürlimann mit bibliophilen Ambitionen und viel Enthusiasmus das für ein breites Publikum gedachte Buch „Europäische Kinderbücher in drei Jahrhunderten" geschrieben, das in der Schweiz seit 1959 in der ersten und seit 1963, dem Jahr der Gründung des Frankfurter Instituts für Jugendbuchforschung, in der zweiten Auflage vorlag.

Diese vier Werke sind bezeichnend für die damalige Situation der Theorie. Einmal durch ihre Thematik: Zwei Werke, die der Frauen Dyhrenfurth-Graebsch und Hürlimann, beschreiben die Geschichte des Kinderbuchs in groben Zügen aus der Sicht der vierziger und fünfziger Jahre, wobei es sich nur zum Teil um Jugendliteraturgeschichte, vielmehr — wie es der Titel von Dyhrenfurth-Graebschs Werk auch anzeigt — um Jugendbuchgeschichte handelt. Und das ist verständlicherweise nicht dasselbe. Die beiden anderen theoretischen Schriften setzten sich mit dem Wert der Jugendbücher für die Erziehung der Jugend auseinan-

der. Wolgast (1860-1920) war einstmals Hamburger Volks-
schullehrer und Schulreformer gewesen, sein Kampf galt
der Vertreibung der kitschigen, die Idole des Gehorsams
und militärischen Heldentums propagierenden Kinder-
und Jugendbücher aus der wilhelminischen Ära. Bamberger war nach dem Zweiten Weltkrieg Wiener Literaturpä-
dagoge und Organisator des Österreichischen „Buchklubs
der Jugend", einer Einrichtung, durch die in den Schulen
mehr und qualitätvollere Lektüre verbreitet werden sollte.
Er wollte Kinder- und Jugendbücher zur Schullektüre werden lassen und prägte die Formel, verantwortungsvolle Erwachsene hätten die Aufgabe, die Jugend „zum Lesen zu
verlocken".

Die Interessenlage der vier Autoren ist symptomatisch für
den damaligen Stand der Theorie. Das Nachdenken über
Kinder- und Jugendliteratur war einerseits Sache von Pädagogen, vor allem von Volksschullehrern, und andererseits
von Buchexperten, von Bibliophilen, Buchhändlern, Verlegern und Bibliothekaren. Irene Dyhrenfurth-Graebsch
war Bibliothekarin, Bettina Hürlimann Verlegerin. Beide
waren Bibliophile.

So papieren es auch klingen mag: Nicht von der Hand zu
weisen ist die Mutmaßung, daß die kärgliche wissenschaftliche Aufarbeitung der Kinder- und Jugendliteratur, ja das
fast gänzliche Fehlen von theoretischen Werken bis vor
wenigen Jahrzehnten, auch ein Grund dafür gewesen ist,
daß bis in die sechziger Jahre hinein diese Sparte der Literatur bei Germanisten an Hochschulen und Universitäten
so gut wie unbeachtet geblieben war. Dabei hätte es doch
gerade umgekehrt sein müssen.

Den wenigen Fachleuten war längst bekannt, daß die Literatur der Jugend lange Zeit — und dies in vielen Sprachge-
meinschaften und Ländern — ohne, beziehungsweise fast
ohne eigene ausformulierte Theorie bestand und sich entwickelt hatte. Dort aber, wo zumindesten ansatzweise
theoretische Einstellungen zur Kinder- und Jugendliteratur geäußert worden waren, hatten diese sich von außer-
ästhetischen Kategorien abgeleitet und hatten schon deshalb nicht eo ipso förderlich gewirkt, ja gelegentlich die
freie Entfaltung von Kunstwerken für Kinder und Jugendli-

che sogar aufgrund der Berufung auf Sittsamkeitsvorschriften und didaktischen Regeln behindert. Pädagogische Maximen aufstellen, religiöse Schranken ziehen, politische Programme vorschreiben heißt der Poesie die Flügel stutzen.

Einige weitsichtige Gelehrte wie etwa Walter Benjamin und Ernst Bloch haben zwar schon in den zwanziger, Paul Hazard in den dreißiger und Ortega y Gasset in den fünfziger Jahren unseres Jahrhunderts auf die große Bedeutung hingewiesen, welche die Lektüre und die Literatur der Jugend annehmen kann, aber dadurch war keine Kinder- und Jugendliteraturwissenschaft größeren Ausmaßes ins Leben gerufen worden.

Nunmehr, nachdem die neuere Kinder- und Jugendliteraturforschung noch kein halbes Jahrhundert alt ist, stehen dem Wissenschaftler und Studierenden dickleibige Kompendien, Materialsammlungen, Reader, Handbücher, Bibliographien, kommentierte Editionen, Monographien über Jugendschriftsteller, über geschichtliche Epochen der Kinder- und Jugendliteratur und Arbeiten motivgeschichtlicher Art zur Verfügung. An die Untersuchungen, Sammlungen und Bibliographien von Alfred Clemens Baumgärtner, Theodor Brüggemann, Otto Brunken, Malte Dahrendorf, Bern Dolle-Weinkauff, Dagmar Grenz, Aiga Klotz, Horst Kunze, Walter Scherf, Heinz Wegehaupt und Reiner Wild sei hier stellvertretend für viele andere erinnert. Die inzwischen eingetretene Differenzierung nach Methoden und Thematiken ist in den vergangenen drei Jahrzehnten soweit gediehen, daß schon vor ein paar Jahren von Juliane Eckhardt eine umfangreiche Abhandlung über die Forschungsentwicklung und Forschungsspezialisierung geschrieben werden konnte.

Die Eulen der Gelehrsamkeit sind im vergangenen Vierteljahrhundert hoch, ja auch in verschiedene Richtungen geflogen. Es ergaben und ergeben sich Wechsel von Sichtweisen und in ihrem Gefolge auch Paradigmenwechsel. War die Frage der pädagogisch orientierten Theoretiker immer wieder auf die Verwertbarkeit des erwähnten „guten Jugendbuchs" gerichtet — und „gut" bedeutete kindgemäß, auch kindertümlich, ganz gleich, wie diese Kategorien gewonnen und erklärt wurden —, so führte diese Einstellung zur Beispielsuche unter Werken, in denen Kinder als Protagonisten auftraten, Themen aus der Umwelt der jungen Leserinnen und Leser behandelt wurden und die Lösungen enthielten, welche den Erziehungsmaximen der Erwachsenen entsprachen. Kamen die Fragen aus literaturwissenschaftlicher Sicht, so zielten sie auf anderes, auf die Besonderheiten der Struktur, der Thematik, auf historische Einordnung, auch auf die Entwicklung der Kinder- und Jugendliteratur, der Wirkungs- und Werkgeschichte, der nationalen und internationalen Zusammenhänge und Durchlässigkeiten von Texten. Der Literaturwissenschaftler ist somit immer auch Komparatist, indem er Vergleiche interkulturell anstellen muß, aber auch innerhalb einer einzigen nationalen Kinder- und Jugendliteratur, etwa der deutschsprachigen.

Solches Fragen nach der Poetik der Literatur der Jugend ist in jüngster Zeit immer häufiger erfolgt, hat zur Aufdeckung von vielen Einzeltatsachen und Zusammenhängen geführt. Gelegentlich schaut es so aus, als ob die Theoriebildung der letzten Jahre in Deutschland für die Anstrengungen einen gewissen Pilotcharakter auch im Ausland gehabt hätten.

Ein paar Grundvorstellungen haben meine eigenen Untersuchungen von den ersten Anfängen in den ausgehenden fünfziger Jahren bis heute ständig begleitet. Dazu gehört die einfache Vorstellung, daß Wissenschaft im Sinn des Wortes zu verstehen sei, sie habe nämlich bisher Ungeklärtes zu erklären, neue Erkenntnisse zu erzielen und damit also tatsächlich Wissen zu schaffen. Es geht demnach um ein Suchen nach dem bislang noch nicht Gefundenen, seien es Fakten, Quellen oder Zusammenhänge und Gesetze. Die Kinder- und Jugendliteratur ist ein Phänomen unserer intelligiblen Welt. Sie hat ihre Geschichte. Sie folgt als eine Ansammlung von Sprachwerken bestimmter Strukturgesetzen und Formprinzipien, sie wird nach Regeln produziert, verbreitet und rezipiert, ja sie existiert erst dann, wenn dieses System funktioniert. Expeditionen in den literarischen Strukturkomplex, in die Welt der Rezipienten und der kollektiven Rezeption, in die Geschichte, die Sprachschichten und Entwicklungsprozesse sind deshalb selbstverständliche Aufgaben des Jugendliteraturwissenschaftlers.

Am Ende wie am Anfang steht aber immer wieder die Frage: Warum machen wir uns auf den Weg der Erkenntis? Diese philosophische Frage läßt sich meines Erachtens nicht eindeutig beantworten. Aber eine Teilantwort hat mich vor dem Rückzug in den elfenbeinernen Turm der Wissenschaft — das Bild enthält selbst eine Ideologie, die schon Jonathan Swift im Land Laputa von Gullivers Reisen karikiert und der Sinnlosigkeit geziehen hat — bewahrt: Ich habe Kinder- und Jugendliteratur stets als ein gesellschaftliches Phänomen betrachtet, das im einzelnen kritisierbar, das bis zu einem gewissen Grad manipulierbar und damit auch veränderbar ist. Wissenschaftliche Erkenntnis soll der praktischen Veränderung dienen. Um zu erkennen, wo die Grenzen des Formenreichtums, die Gründe für die Sprünge und Stagnationen in der Geschichte, wo die außerliterarischen Einflußzonen liegen und wie die Fähigkeit der Rezeption zustande kommt, zu all diesen Fragen bedarf es der Aktivierung von Wissen und der theoretischen Durchdringung. Hegels „Anstrengung des Begriffs" gilt auch für denjenigen, der sich der Literatur der Jugend mit dem Wunsch des Erkennenwollens nähert.

Von der Teilhabe
an der Zweiten Wirklichkeit

Die amerikanische Literaturwissenschaftlerin Francelia Butler hat 1980 einen Vortrag an der Harvard Universität gehalten und in ihm den dort anwesenden Kollegen folgendermaßen die Leviten gelesen: „The English department at Harvard should be among those taking the intellectual leadership for the entire country in the study of the literature for the future generation. Yet it totally ignores the field of children's literature — for children's literature is not a genre but an entire field".

Francelia Butler bestätigt nicht allein die auch für den deutschen Literaturwissenschaftsbetrieb lange Zeit gültige

Ignoranz gegenüber der Kinder- und Jugendliteraturtheorie auch für die USA, insistiert auch darauf, daß der Gegenstand Kinder- und Jugendliteratur nicht leichthin als Gattung an den Rand gestellt oder abgetan werden kann, sondern ein weites Feld ist. Sie stützt damit alle diejenigen, die sich näher auf die Erforschung der Kinder- und Jugendliteratur eingelassen haben.

Es geht nicht an, daß wir in unserem Bewußtsein Kinder- und Jugendliteratur und Erwachsenenliteratur grundsätzlich trennen. Dem, der für junge Menschen schreibt, steht das gesamte poetische Strukturfeld, ebenso das gesamte Repertoire an Themen, das die Textwelt entwickelt hat, zur Verfügung. Allerdings wurden und werden leider der Entfaltungsmöglichkeit immer wieder durch weltanschauliche Ansichten, pädagogische Auffassungen, religiöse Regeln, politische Doktrinen zensurhafte Abstriche gemacht.

Kinder treten in ganz frühen Lebensjahren, bevor sie schreiben und lesen gelernt haben, in die Welt der Literatur ein. Sie nehmen schon dann, wenn sie dem Abzählreim, dem Schlaflied, dem Kniereitervers begegnen, an den elementaren Formen lyrischer Evokation teil, und sie rezipieren im Märchen, das sie anhören, eine Phantasiewelt, die sie weit wegträgt aus der real für sie existierenden Wirklichkeit. Damit wird der junge Mensch heimisch in dem, was unser menschliches Leben ausmacht, nämlich in der Welt der Vorstellungen, der Gedanken, der Bilder und Phantasien. Sie gehört zu uns und haust in unseren Köpfen. Sie ist die andere Wirklichkeit. Theodor W. Adorno sprach von der „zweiten Realität". Alles, „was die Kunstwerke an Form und Materialien, an Geist und Stoff in sich enthalten", entstammte zwar der Realität, aber sei ihrer auch „entäußert". „Selbst Kunstwerke, die als Abbilder der Realität auftreten, sind es nur peripher: indem sie auf die erste reagieren" (Adorno, 1970, S.425). An dieser „zweiten Realität" teilzunehmen, gehört zu den Grunderfahrungen des Menschen, ob er ganz jung oder ganz alt ist. Wer sich demnach mit der Literatur der Kinder und Jugendlichen beschäftigt, der sucht sich in jenem Bereich der Welt zurechtzufinden, der als Inszenierungsvorgaben für die zweite Realität der jungen Menschen in Künstlerköpfen ausgedacht worden ist. Die Literaturwelten sind ebenso wirklich wie die des sogenannten wirklichen Daseins, der ersten Realität. Aber ihr Bereich der Wirklichkeit besteht gleichsam hinter dem Vorhang, der Außen- und Innenwelt trennt. Er wird von uns leichthin herumgetragen, gewichtslos, geruchlos, ohne materielle Ausdehnung. Wir haben Pippi Langstrumpf, Asterix, Alice und Robinson nirgends anders als in unserem Kopf. Sie sind Personen, die wir mühelos herholen können, denen wir begegnet sind und die in der Villa Kunterbunt, der Bretagne zur Zeit von Julius Caesar, in den verwirrenden Gängen des Albino-Kaninchens am Themse-Ufer oder auf der gelegentlich von Kannibalen besuchten Insel im Pazifischen Ozean leben. Die Phantasie sei ihm ein „großer Versammlungsraum", schreibt in einer seiner originellen Selbstinterpretationen der geniale Hamburger Maler und Illustrator Horst Janssen und drückt damit aus, wie weit für ihn die zweite Realität reicht, nämlich sie sei eine große Halle, in die ungezählte, einander fremde Personen hineinströmten. So gesehen, wäre Phantasie die Assoziation aller ursprünglich nicht miteinander verbundenen Erlebnisse. Und die Träume und Phantastereien des Zeichners sind die Verbindung aller gehabten Augenscheine, die zu ungewöhnlichen Vorstellungen zusammentreten.

Das Ensemble von literarischen Figuren in unserer Innenwelt als Leser ist nicht unbegrenzt, die Beschreibungen von Landschaften und Ereignissen sind in der Regel in dem Kopf eines einzigen anderen Menschen, eines Autors, der

Phantasiefiguren in Kinderbüchern sind oftmals international. Mikkymaus kommt aus USA, Pumuckl aus Deutschland, Mumin aus Finnland, Pünkelchen aus Holland, Urmel aus Deutschland, Pippi aus Schweden und Asterix aus Frankreich.

dort und dann gelebt hat, entstanden und tragen seine Handschrift. Manchmal allerdings sind sie auch — wie bei den anonym verfaßten von Märchen und Legenden — in den Köpfen mehrerer, ja vieler Nach- und Weitererzähler zustande gekommen.

Die Begrenzung durch die Endlichkeit unserer individuellen Vorstellungskraft ist angezeigt. Wir haben alle — als Anteilgebende und als Anteilnehmende der Literatur — nur Ausschnitte des Kosmos zu Gesicht bekommen, der das Reich der Phantasie ausmacht.

Solche Gedanken an die Dimensionen der Welt der Literatur fördern Folgeüberlegungen der verschiedensten Art zutage: Durch was werden die Phantasiewelten bei Erwachsenen, durch was die bei Kindern begrenzt? Wie weit sind Alterstufenabhängigkeiten, Bildungsgrade, soziale Umweltbedingungen ausschlaggebend für die Weite oder Enge des literarischen Horizontes von jungen Lesern?

Was E. Th. A. Hoffmann, der Romantiker, vor mehr als einhundertfünfzig Jahren einen der Serapionsbrüder im Anschluß an die Erzählung des Märchens vom Nußknacker und Mausekönig staunend feststellen läßt, sollte jedoch als Prämisse alles weiteren Erkundens angeführt werden:

Es ist . . . überhaupt meines Bedünkens ein großer Irrtum wenn man glaubt, daß lebhafte fantasiereiche Kinder, von denen hier nur die Rede sein kann, sich mit inhaltsleeren Faseleien, wie sie oft unter dem Namen Märchen vorkommen, begnügen. Ei — sie verlangen wohl was Besseres, und es ist zum Erstaunen, wie richtig, wie lebendig sie manches im Geiste auffassen, was manchem grundgescheuten Papa gänzlich entgeht. Erfahrt es und habt Respekt!

Der Zugang zur zweiten Realität wird hier für die Kinder mindestens in genauso hohem Maße beansprucht wie für die „grundgescheiten" Erwachsenen.

Ein nur ausgedachtes Ghetto

Eine Separierung der Kinder- und Jugendliteratur aus dem sonstigen literarischen Leben ist an vielen Stellen der Fall. Sei es, daß die Jugendschriftsteller als Sondergruppe unter den Autoren angesehen werden, mit all den gesellschaftlichen und auch wirtschaftlichen Folgen, sei es, daß die Jugendbuchverlage in einer Arbeitsgemeinschaft von Jugendbuchverlagen innerhalb ihres Berufsverbandes, des Börsenvereins des deutschen Buchhandels, ihre Interessen vertreten, sei es, daß im Bibliothekswesen und Buchhandel zwischen erwachsenen und jugendlichen Lesern klar unterschieden wird. Das Abtrennen vollzieht sich, wie schon erwähnt, bis in den Wissenschaftsbereich hinein, indem — nicht zuletzt aufgrund von in der literarischen Lebenspraxis erfahrenen und internalisierten Vorurteilen — Kinder- und Jugendliteratur noch immer nicht ohne weiteres als integrierbares Feld der Literaturwissenschaft gilt. Aus demselben Grund hat das Kinder- und Jugendtheater ähnliche Kämpfe um Anerkennung auszufechten. Und dem Kinderhörspiel ging es ähnlich. So konnten zum Beispiel im Hessischen Rundfunk Kinderhörspiele Jahrzehnte lang nicht mit Unterstützung des technischen Apparates der Hörspielabteilung produziert werden. Dem Kinderfunk stand auch nicht der gleiche Etat für ein Hörspiel zur Verfügung wie dem Erwachsenenfunk. Kinderhörspiele mußten seitab und improvisiert und ohne ausreichende technische Hilfe entwickelt werden.

Diese Abteilungsbildung, aus organisatorischen Gründen sogar verständlich, hat jedoch Folgen, die weit in den Bereich der Wertvorstellungen hineinreichen, zum Teil auch durch sie wiederum hervorgerufen sind. Wer nämlich Kinder als kleine, unvollkommene, besonderer Behandlung bedürftige Menschenwesen von den angeblich selbständig denkenden, starken, für entscheidungs- und kenntnisreich gehaltenen Erwachsenen abspaltet, begibt sich schnell auf den Pfad der ideellen Getthoisierung, die sich aber materiell und ideell auswirken kann.

In der Ghettoisierung sehe ich in der Tat eine Gefahr. Sie wird in der Kinder- und Jugendliteraturforschung meines Erachtens bis in die elementaren Ansätze hineingetragen, weil sie als Denkmuster längst internalisiert ist und sich in der Literaturgeschichte auf lang zurückliegende Ideologeme stützt. Romantik, aber auch die Aufklärung, haben Kindheitsmythen entwickelt, die in verschiedenen Trivialisierungsformen noch immer metakritisch wirksam sind. Die Internalisierung des Gedankens, daß Kinder- und Jugendliteratur etwas Besonderes sei, hat in der Forschung zu einer Verengung des Ansatzes und einer Einschnürung des Untersuchungsfeldes geführt.

Diese Blickwinkelverengung hat auch heute noch die Kinder- und Jugendliteraturforschung zum Verfolgen fremdbestimmter Methoden und dem vorschnellen In-Parallele-Setzen ihrer Ergebnisse mit denen aus anderen Bereichen der Germanistik veranlaßt. So ist zum Beispiel erstaunlich, wie leichthin auch jüngere Arbeiten sich stillschweigend einer Hierarchisierung insofern unterwerfen, als sie die Kinder- und Jugendliteratur als ein Subsystem der „großen" oder „hohen" Literatur ansehen. Dadurch können leicht ungerechtfertigte Maßstabsetzungen, mißverständliche Beispielnennungen und verhängnisvolle Abhängigkeiten des Urteilens entstehen.

Auch dies ist Verengung, wenn Trivialliteratur und Kinder- und Jugendliteratur miteinander verglichen und sogar auf eine Wertungsstufe gestellt werden.

Im Corpus der Kinder- und Jugendliteratur finden sich doch — für jeden nachlesbar — bedeutsame Kunstwerke, weltliterarisch renommierte Schätze, aber ebenso auch — wie in der Literatur für Erwachsene — jene schnellgemachte Tagesware, vergänglicher Kitsch, triviale Texte der Unterhalungsindustrie. Wer Trivialliteratur und Kinder- und Jugendliteratur gleichsetzt, engt letztere nicht nur ein, er setzt sie auch vorurteilend herab.

Oder auch diese Verengung: Wer Beispiele für Kinder- und Jugendliteratur allein auf sogenannte „intentionale Kinder-und Jugenditeratur" beschränkt, hat nur noch einen Teil dessen zum Gegenstand seines Nachdenkens gemacht, was die Jugend tatsächlich literarisch rezipiert. Er untersucht das, was von den Forschern selbst dazu gemacht, bestimmt oder aufgrund der Etikettierung von ihnen als solches erkannt werden kann.

So kommt es, daß manche Bereiche der Kinder- und Jugendliteratur bisher wenig Beachtung fanden. Zum Beispiel ist kaum einmal das Tagebuch der Anne Frank, eine doch entscheidende Jugendlektüre für ganze Generationen in vielen Ländern, von der Zunft der Jugendliteraturwissenschaftler untersucht worden. So kommt es auch, daß Kinder- und Jugendliteraturgeschichte manchmal zu eng und kurz gesehen wird, nur bis ins 18. Jahrhundert zurückreicht. So kommt es auch, daß nicht nur bei dem vor mehr als drei Jahrzehnten erschienenen Buch Richard Bambergers „Jugendlektüre" und dem vielmals aufgelegten Buch „Jugendschrifttum" von Karl Ernst Maier, sondern auch in Gundel Mattenklotts 1989 erschienenen Werk zur Kinderliteratur seit 1945 „Zauberkreide" die Jugendliteraturgeschichte de facto eine Geschichte fast ausschließlich des erzählenden Jugendbuchs ist. Die Poetik des Aristoteles mit ihrer klassischen Einteilung ist in der Kinder- und Jugendliteraturgeschichtsschreibung stellenweise außer Kraft gesetzt, beziehungsweise auf die Gattung der Erzählkunst eingeengt. Als ob es nicht wunderbare Kindergedichte gäbe und ebenso eine reichaltige Kultur und Geschichte des Kindertheaters! So aber geraten durch Vorentscheidungen, durch das Wegsortieren, ganze Teilstücke des literarischen Lebens und der jugendlichen ästhetischen Erfahrung aus dem Blickfeld der Theorie.

Die Ghettoisierung der Kinder- und Jugendliteratur ist selbstgewählt und hat Folgen. Wie töricht sie ist, können doch unser aller eigene Leserbiographien belegen. Kinder von heute werden in ihrem literarischen Horizont die Comics genau so hineinnehmen wie die Sachtexte und Reportagen in Kinderzeitschriften oder Lesebüchern. Junge Leute leben in und mit der Sprache der Schlager, einem Textsortiment, das auf seine eigene Weise Alltagsphilosophie, Liebeslyrik und balladeske, abenteuerliche Sehnsuchtsstillung liefert. Mit anderen Worten: Die Welt der

Texte der Jugendlichen ist nicht beschränkt auf das, was neuerlich Gelehrtenfleiß und Kritikeranalyse sortiert und für wichtig und wertvoll befunden haben. Wir sollten uns doch dem von Dieter Lenzen gemachten Vorschlag einer Entmythologisierung des Begriffs Kindheit und Jugend nicht verschließen, um so einer Absonderung des jungen Menschen aus der humanitären Gesellschaft — sei sie auch noch so gut gemeint und mit Schonraumgedanken gerechtfertigt — vorzubeugen. Der Ruf nach einer „Gesellschaft, in der Kindern ohne Einschränkung alle Bücher zugänglich sind", eine Formulierung Gundel Mattenklotts, sollte eine unüberhörbare Forderung für den Jugendliteraturtheoretiker von heute sein. In dieser Gesellschaft, so wird der Gedanke weitergesponnen, „öffnet sich dem Kind die ganze Welt der Schrift, von der es sich so viel erobern kann, wie Leselust, intellektuelle und ästhetische Neugier reichen" (S. 4). Mattenklott hat geradezu — und mit recht — angst vor der geschrumpften Welt auf das Format des Kinderbuchs.

Die Suche nach einer Poetik der Kinderliteratur dürfte durch bürgerliche Bildungsvorstellungen und Wertemuster bedingt sein. Sie sind Früchte von Weltanschauungen, welche sich im 19. und 20. Jahrhundert verbreitet haben. Man kann solche Anstrengungen auch in ihrer Intention in Zweifel ziehen. Ich tue dies und setze dagegen das elementare Denkmodell, daß sich Kinder- und Jugendliteratur nicht als Ableitungsfeld der „eigentlichen" Literatur verstehen läßt, sondern als Erscheinungsform der für Jung und Alt geltenden offenen Poetik. Was für die Welt der ästhetischen Produkte, der Texte, der Filme, Theaterstücke und Hörspiele gilt, gilt ebenso für die Welt der Rezipienten, denen jegliche Einschnürung mit Recht auch ein Anlaß zum Widerstand sein muß. Das Recht auf freien Zugang zu geistigen Gütern darf nicht durch ein auch noch so sublimes Oktroi der angeblich Erwachsenen eingeschränkt werden.

Verwoben in Zeitgeist und Gesellschaft

Wer Kinder- und Jugendliteratur als eine Erscheinung der gesellschaftlichen Wirklichkeit begreift, muß ständig das Hin und Her, ja den Bedingungszusammenhang zwischen jugendkulturellem Leben und jugendliterarischen Erscheinungen beobachten. So unterschiedliche Fragen wie die tauchen dann auf: Warum lasen in den fünfziger Jahren Jugendliche besonders gern Comics? Oder: Gab es nach 1945 eine „Stunde Null" auf dem Gebiet der Kinder- und Jugendliteratur? Oder: Hat der „Deutsche Jugendliteraturpreis" in seiner mehr als dreißigjährigen Geschichte etwas bewirkt? Oder: Warum ist die Reflexion über Kinder- und Jugendliteratur jahrzehntelang fast ausschließlich von Volksschullehrern, Bibliothekaren und Bibliophilen geführt worden?

So unterschiedliche Fragen wie diese haben eines miteinander gemein: Sie möchten Antworten haben, in denen zutage tritt, welche materiellen und ideellen Kräfte und Verflechtungen das Gebiet Kinder- und Jugendliteratur bestimmen. Denn die Antwort auf die Comic-Lesewut kann zum Beispiel nicht gegeben werden, ohne sich klarzumachen, daß die amerikanischen Importe von Bilderfolgen in Deutschland auf proamerikanische Jugendkulturideale stießen und demgegenüber das Erziehungs- und Bildungsklima traditioneller Bürgerlichkeit und eine Jugendliteratur mit braven Botschaften und heilen Weltansichten nicht gegenhalten konnte. Die Antworten auf solche Fragen suchen, heißt demnach, den Zustand der Gesellschaft im ganzen, aber besonders in den speziellen Zirkeln zu analysieren. Die Antwort auf die Frage nach den Verhältnissen der Kinder- und Jugendliteratur nach der Stunde Null 1945 erfordert die Recherchierung der seinerzeitigen Zustände im Verlagswesen angesichts Entnazifizierung, Zensur durch die Besatzungsmächte, Lizenzbedingungen und Papierknappheit. Sie erfordert damit auch, Einblicke in die Besatzungspolitik und die wirtschaftlichen Verhältnisse jener Jahre zu nehmen.

Erklären läßt sich vieles, verstehen auch, aber selbstverständlich lösen diese Erklärungen und Informationen nicht bis ins letzte die Fragen, wieso sich zum Beispiel Astrid Lindgrens „Pippi Langstrumpf" so schnell gegen Agnes Sappers „Familie Pfäffling" durchsetzen konnte, wieso Erich Kästners Jugendzeitschrift „Pinguin" ein nur kurzes Leben hatte oder warum Antoine de Saint-Exuperys „Der kleine Prinz" von da ab bis heute zu den Klassikern der Kinderliteratur und des Kindertheaters zählt. Die Antwort auf die Frage, was die Einrichtung des „Deutschen Jugend- buchpreises", heute „Deutscher Jugendliteraturpreis", letztendlich bewirkt hat, kann nur geben, wer ausgedehnte Untersuchungen in den Ausstrahlungsbereichen macht, die Literatur als kulturelles Phänomen nun einmal hat. Sie führen zu den Institutionen der Kritik — der Presse, dem Rundfunk, dem Fernsehen —, zu den Produzenten, näm- lich den Autoren, Illustratoren und Verlegern, in die Insti- tutionen der Verbreitung, also zum Buchhandel und zu den Bibliotheken, und last but not least zu den Rezipien- ten. Es wird deutlich, daß bei solchen Untersuchungen das Kommunikationssystem, innerhalb dessen Kinder- und Jugendliteratur entsteht, verbreitet und gelesen wird, eine zu beobachtende Einheit ist. Die Analyse gibt zu einem ge- wissen Grad deutliche Hinweise auf die Entstehungs-, Ver- breitungs- und Aufnahmebedingungen des Kunstpro- dukts. In dieser Hinsicht bekommt jedes Werk — ob Text, Film, Theaterstück oder Hörspiel — durchaus den „Waren- charakter", den Theodor W. Adorno im Zusammenhang mit seiner Charakterisierung der sogenannten „Kulturin- dustrie" erwähnt.

Es wäre falsch, wenn wir uns über die Eigenschaft des ju- gendliterarischen Werks als Ware einfach hinwegsetzen würden. Die Umweltbedingungen sind es doch letztlich, die das Profil des Kunstwerks mitbestimmen und die des- halb der Literaturwissenschaftler beachten muß. „Die ver- logene Ironie im Verhältnis lammfrommer Intellektueller zur Kulturindustrie", so heißt es bei Adorno in seinem „Ré- sumé über Kulturindustrie" (Ohne Leitbild, S. 66), schütze wohl kaum vor dem Faktum der materiellen Einlagerung von Ästhetik in die Ökonomie. Bei den Untersuchungen und Diskussionen zum „jugendliterarischen Leben", zum Netzwerk der Kinder- und Jugendliteratur-Szene und zum Beziehungsgeflecht zwischen Werk, Produzent, Verteiler und Rezipient gilt es, nicht lammfromm, sondern nüchtern und vorurteilslos zu sehen.

So ist es auch eine zwingende Aufgabe, der Lage der Jugendschriftsteller nachzugehen, letztlich um festzustellen, welche Rückwirkungen die wirtschaftliche Stellung, die Berufszugehörigkeit, das Lebensalter und die Lebensbedingungen auf das künstlerische Schaffen derer haben, die sich in ihren schriftstellerischen Werken an eine jugendliche Leserschaft wenden. So ist zum Beispiel in den sechziger Jahren die Frage interessant gewesen, warum in andern Ländern die Schulen besser funktionierende Bibliotheken hatten als die in der Bundesrepublik Deutschland. Damals suchte im Frankfurter Institut für Jugendbuchforschug eine Arbeitsgruppe nach den Ursachen für diese feststellbare ungelöste Problematik im Felde Schule und Literatur. Es stellte sich schnell heraus, daß autoritäre Grundstrukturen und veraltete Ordnungen innovationshemmend waren.

Und wenn ich an die vorhin erwähnte Frage erinnere, warum die Reflexion über Kinder- und Jugendliteratur jahrzehntelang fast ausschließlich von Lehrern, Bibliothekaren und Bibliophilen betrieben worden sei, dann kann sie nur durch bildungssoziologische Analysen und spezielle Befragungen der Schulgeschichte, der Geschichte des Deutschunterrichts und der Einschaltung von Kulturguttheorien beantwortet werden. Begriffe wie die der „volkstümlichen Bildung", der „Kindertümlichkeit", der „Alters- und Lesestufen" rücken dann in Sicht wie auch die Formen und Curricula der Lehrerbildung und Bibliotheksausbildung in Deutschland.

Wissenschaftskomplexe werden nun einmal durch Menschen und durch Maßnahmen kanalisiert, organisiert, zugeordnet. Das Gemenge und Geschiebe währte lange, ehe solche Schlüsselfakten wie die „Erweiterung des Literaturbegriffs", die Integrierung der gesamten Lehrerbildung in die Hochschulen, die Entwicklung der Literaturdidaktik aus den Fängen einer rezeptologisch verstandenen Methodik vonstatten gegangen waren, ehe Kinder- und Jugendliteraturforschung akademische Heimstätten fand.

Die Entwicklung der Kinder- und Jugendliteratur verantwortet sich ästhetisch nicht ohne Netz. Die Autonomie des

Kunstwerks ist immer begrenzt. Sie endet in dem Moment, in dem der Artefakt mit der Gesellschaft, die sich seiner annimmt, zusammentrifft.

Die fünf Übermittlungskanäle

Wer sich etwa auf Forschungen zum Thema Märchen und Kinder einlassen will und zunächst nach den Quellen Ausschau hält, aus denen der Märchenstoff kommt und in das Bewußtsein der Mädchen und Jungen eindringen kann, wird sich leicht ausrechnen können, daß diese heißen: 1. Der mündliche Erzähler beziehungsweise die Erzählerin, 2. der schriftlich fixierte Text, 3. die Schallplatte oder das Tonband, 4. das Theater und 5. der Film. Das sind fünf verschiedene Kontaktadressen, die alle das Märchen vom „Tapferen Schneiderlein" oder das vom „Fundevogel" dem Jungen oder Mädchen zur ästhetischen Erfahrung werden lassen können. Nicht anders ist es mit anderen Stoffen, seien sie nun unter dem Titel „Robinson Crusoe" oder auch „Die neuen Leiden des jungen W." in unserem Gedächtnis registriert. Eine Sicherheitsposition des herkömmlichen Jugendliteraturwissenschaftlers war seine Bindung an den Text auf dem Papier. Das Buch, das Bilder-, Kinder- und Jugendbuch, die gedruckte Erzählung, das Sachbuch, der Roman, das Gedicht auf weißem Papier sind die herkömmlichen Gegenstände seiner Analyse. Und wenn es ein illustriertes Buch ist, wenn womöglich, wie bei vielen Bilderbüchern, der Anteil an Abbildungen den an Text überwiegt? Der Literaturbegriff geriet vor etwa dreißig Jahren in die Diskussion, weil er innerhalb des philologischen Diskurses weithin mit dem der „Belletristik" identifiziert wurde, aber so gut wie nicht zuließ, Zeitungsreportagen, Sachtexte oder Comics in das Zuständigkeitsgebiet des Literaturunterrichts an Schulen und der literaturwissenschaftlichen Lehre und Forschung an Hochschulen einzulassen.

Sowohl die Rückbesinnung auf die Entstehungsgeschichte der Germanistik wie auch das uns umgebende Areal von Medien, die uns Sprachwerke übermitteln können, zwingen uns dazu, den Begriff der Literatur erneut zu erweitern. Das Märchen auf der Kassette heißt „Das tapfere Schneiderlein", das aus dem Mund der Erzählerin zu hörende gleichfalls, das im Theater oder auf der Leinwand zu erlebende ebenso. Gewiß, die Inszenierungen können recht verschieden sein. Sie greifen jedoch auf denselben Stoff, auf das selben Thema, auch auf die selbe Sprache zurück. Sie bieten jedoch Variationen, sie inszenieren den Stoff jeweils anders, und dies aus vielen Gründen, nicht zuletzt deshalb, weil sie ein bestimmtes, von Fall zu Fall auch unterschiedliches Publikum erreichen wollen.

Den Literaturbegriff allein auf den des Buchstabentextes festzulegen heißt, das Untersuchungsfeld der sprachkünstlerischen Welt der Jugend, wie sie realiter besteht, zu reduzieren. Wer die Begegnung der Jugend mit der poetischen zweiten Realität als ein gesellschaftliches Phänomen der Verflechtung von individuellen Bedingungen sieht, muß sich des „Kanalsystems" zwischen Werk und Rezipienten bewußt sein.

Wir alle können die persönliche Erfahrungen machen, die aufgrund vieler quantitativer Erhebungen abgestützt ist: Vieles, was nach Annahme der Literaturwissenschaftler gelesen wird, wird gar nicht gelesen, dringt vielmehr auf anderen Kanälen, via Ohr und Auge, in unser geistiges Dasein ein. Der bestohlene Junge aus „Emil und die Detektive" oder die Räubertochter „Ronja" sind für viele Rezipienten anschauliche Film- beziehungsweise Theaterheldinnen und -helden, nicht aber Buchfiguren, obwohl sie ursprünglich aufs Papier entworfen worden sind.

Die humane Welt ist im Sinne Jaques Derridas stets die zur Sprache gebrachte Welt. Sie ist in uns und dringt uns als Wort-, als Gebärden-, Ton- und Bildkonstrukt durch jeweils verschiedene Kanäle entgegen, wie wir uns ebenso an ihr — der „anderen Wirklichkeit" — auf verschiedene Weise „entäußernd" beteiligen. Sie ist aber erst dann existent, sozusagen lebendig, wenn sie von einem oder vielen Menschen in Besitz genommen, gebraucht und erfahren wird. Texte, Hörwerke, Theaterstücke, Filme, Bildergeschichten, also Wörter, Bilder und Töne, — mehr oder weniger zu einem Gesamtkunstwerk verschmolzen — füllen unsere geistige Welt an, und zwar die der Jugend genau so wie die der Erwachsenen. Hier gibt es wiederum keine prinzipiellen Unterschiede, allenfalls nur graduelle.

Das Wahrnehmen der multimedialen Kulturlandschaft, welches die frühen Germanisten des 19. Jahrhunderts, zumindest die Brüder Grimm, durchaus schon den damaligen Umständen entsprechend kannten — nämlich das sprachliche Kunstwerk nicht als Papierspiel, sondern als Kunstprodukt zu sehen, das uns über alle Sinne, also auch oral, erreichen kann — darf nicht verloren gehen. Die Grimms nahmen sowohl mündlich erzählte als auch gedruckte Quellen gleich ernst. Die Einsicht in die erwähnte multimediale Kulturlandschaft von heute zwingt zur Öffnung der Literaturwissenschaft gegenüber den anderen Kanälen, den anderen Medien, weil in diesen Institutionen Sprachkunstwerke produziert und ausgesendet werden, die Kinder und junge Menschen erreichen.

Die „ästhetische Erfahrung" — um diesen von Hans-Robert Jauß geprägten Begriff zu verwenden — ist aus allen genannten Medien gewonnen. Insofern müssen die Bereiche Kindertheater, Kinderfilm, Kinderfernsehen und ebenso Jugendtheater, Jugendfilm und Jugendfernsehen in die Reflexionen über unsere literarische Jugendkultur einbezogen werden. Auch die Comics sind ein solcher Kanal des Sagens. Aus ihm dringt „Literatur" in eigentümlicher, in besonders expressiver Form hervor.

Ich darf im übrigen daran erinnern, daß die Autoren, die für Kinder und Jugendliche Geschichten, Bilder und Stimmungen ausgedacht haben und weiterhin ausdenken,diese Medienfrage schon früh in unkonventioneller Weise gesehen haben und sehen. Bert Brecht, Lisa Tetzner und Walter Benjamin widmeten sich — kaum gab es das Radio in Deutschland — dem Hörfunk für junge Menschen. Und heutige Autoren knüpfen an die uralte Tradition des mündlichen Vortrags gerne an, gehen auf ausgedehnte Lesereisen, schreiben fürs Fernsehen und freuen sich in der Regel über die Dramatisierungen und Verfilmungen ihrer Bücher.

Angemerkt sei noch dies: Die Erweiterung des kinderliterarischen Beobachtungshorizontes hat Paradigmenwechsel und auch Methodenwechsel zur Folge. Wer sich zum Beispiel mit Shakespeares „Sommernachtstraum" als Jugendtheaterstück abgibt und damit dieses Kunstprodukt als jugendliterarisches Exemplum akzeptiert, hat sich semiologisch mit dem Stil der Inszenierung, mit der Gebärdensprache der Mitwirkenden, mit dem Bühnenbild und der Beleuchtung auseinanderzusetzen, ohne den Rückgriff auf die Textgrundlage und den Vergleich zwischen Strichfassung und vollständigem Text aus dem Auge zu verlieren. Der Philologe ist nach wie vor gefragt.

Resumierend sei am Ende der versuchten Standortbestimmung die Lage folgendermaßen gekennzeichnet:

Erstens: Das Anwachsen eines wissenschaftlichen Apparates zur theoretischen Aufschlüsselung der Kinder- und Jugendliteratur korrespondierte in den vergangenen Jahrzehnten mit dem Aufblühen des literarischen Feldes selbst, führte jedoch zu fremd- und auch zu selbstverschuldeten Sichtverengungen beziehungsweise zu einer dem realexistierenden Corpus der Jugendlektüre nicht adäquaten Selektion von Kinder- und Jugendliteratur. So gilt es, noch viele Quellen unterschiedlichster Herkunft und Strukturen zu erschließen.

Zweitens: Die Lektüre vieler ideenreicher und fleißiger Einzelbetrachtungen zur Kinder- und Jugendliteratur nährt die Vermutung, ja läßt sie fast zur Gewißheit werden, daß der Gegenstand der Erforschung noch immer pejorativ belastet ist, unter Vorurteilen gesehen und auch systematisch als subkulturelle Erscheinung abgewertet wird. Das ist nicht gut und nicht gerechtfertigt. Es ist die späte Frucht der langanhaltenden Ghettoisierung der Kinder- und Jugendliteratur.

Drittens: Von Medialisierung zu sprechen hat lange Zeit dazu geführt, die theatralische Sendung auf Bühne, Leinwand oder dem Tonband als Second Hand-Ware abzutun und der Beschäftigung mit dem geschriebenen Text nachzuordnen. Kinder und Jugendliche nehmen jedoch erwiesenermaßen in hohem Grad an der erwähnten Zweiten

Realität teil, indem sie zuschauen, zuhören und nicht nur lesend „Kopfinszenierungen" vornehmen. Insofern ist es gegenüber dem Corpus Literatur sozusagen ein „Hörausfall" oder ein „Sehausfall", ein Sinnenverlust, wenn allein Texte auf dem Papier Gewicht haben und Gegenstände der Kinder- und Jugendliteraturforschung sind. Deshalb muß die Reflexion über Kindertheater, Kinderfilm und Kinderfernsehen mehr als seither ihren Platz neben der über Schriften bekommen.

Viertens: Werke der Sprache existieren erst dann, wenn sie einen Rezipienten haben. Der junge Mensch als Leser ist es demnach, der Kinder- und Jugendliteratur erst zur Existenz bringt. Er ist der Inszenator und Interpret im Rezipierprozeß. Mögen Teilgebiete der Literaturwissenschaft in ihrem Analyse-Ansatz ohne den Leser auskommen, so kann doch die Jugendbuchforschung nicht ohne die Erforschung des Lesers bestand haben. Der junge Mensch als Leser aber ist noch immer ein weitaus unbekanntes Wesen, zwar statistisch erfaßt, in seinem Konsum an Lektüre registriert, aber nicht in seiner ästhetischen Erfahrungsdimension ausgelotet.

Fünftens: Kinder- und Jugendliteratur ist — wie auch immer sie gewertet wird: als Trivialliteratur, Durchgangsliteratur, als Literatur der einfachen Formen — ein Teil des gesamten Literaturcorpus. Und ihre Rezipienten nehmen am literarischen Leben teil. In einer Zeit, in der so viel vom Abbau von Grenzen und Mauern die Rede ist, sollte auch das Plädoyer für eine Literatur der Jugend ohne Grenzen, sowohl nach der Form als auch dem Inhalt, erlaubt sein. Immer wieder taucht Neues auf, Experimente werden gemacht, Übersetzungen bringen bisher Fremdgebliebenes in unseren, in der Jugend Gesichtskreis. Texte mit flachen Informationen stehen neben solchen mit mythologischem Fundament. Parodistische Distanz findet ihren Platz neben pathetischer Sentimentalität. Liebe, Tod, Freude und Trauer, Genuß und Verzicht werden in der Kinder- und Jugendliteratur thematisiert. Da muß sich der kritische Wissenschaftler hüten, selbstgefertigten, allzu engen Vorstellungen und Systemzwängen zum Opfer zu fallen, beziehungsweise die gut gemeinten gesellschaftlichen Einstellungen unreflektiert zu übernehmen, ja womöglich zum

Maßstab des eigenen Handelns und Urteilens werden zu lassen.

Hier hat die Jugendliteraturwissenschaft als Ort einer kritischen Theorie ihre Verantwortung, indem sie stets darauf hinweist: Der junge Mensch wird erst dadurch zum Teilnehmer am literarischen Leben, daß ihm das Feld ästhetischer Erfahrung ohne Schranken eröffnet wird. Die Geschichte, nicht nur die der Kinder- und Jugendliteratur, belegt allerdings, wie weit dieser Weg in die Freiheit ist.

Die gesellschaftliche Verstrickung der Kinderliteratur

Gelegentlich ist es ein weiter und langer Weg über Erdteile und durch Jahrtausende, der von dem Ort und Zeitpunkt der Entstehung einer Geschichte bis zum Wiedererstehen derselben im Kopf und Gemüt eines Lesers führt. Da ist dann ein Stück „erfundener Wirklichkeit" mit Hilfe der generationenlangen Kette mündlicher Überlieferung oder über das Medium des bedruckten Papiers und seit diesem unserem Jahrhundert über andere Kanäle ausgesandt und bewahrt worden. Sehr oft kann der heutige Teilhaber einer solchen einstens inszenierten Kopfwelt gar nicht mehr erkennen, unter welchen Umständen sein Text seinerzeit entstanden ist. Und dennoch müssen wir davon ausgehen, daß die äußeren Umstände, unter denen ein Künstler seine Erfindung gemacht hat, für die Konsistenz des Werkes, für seine Thematik, seinen Stil und seine Botschaft ganz entscheidende Bedeutung haben. Wir können die Aussagen der Texte besser verstehen, wenn wir wissen, wie zum Beispiel die soziale Lage ihres Schöpfers war, oder welcher Personengruppe bestimmte Texte zugedacht sind, oder auch welche politische Lage einen Schriftsteller anregte, seine Meinung in Bildern und Geschichten, für Kinder verständlich, zum Ausdruck zu bringen. Dazu nun drei Beispiele. Sie liegen zwar zeitlich und thematisch extrem weit auseinander, können aber — vielleicht gerade deswegen — zeigen, wie wirklichkeits- und gesellschaftsverstrickt Kinderliteratur im konkreten Fall ist.

Eine Fabel als politischer Ratgeber
im antiken Griechenland

Eine der vielen dem Aesop zugeschriebenen Fabeln lautet in deutscher Übersetzung:

> Beim Überschreiten eines Flusses geriet einst der Fuchs in eine Felsschlucht. Da er nicht herauskommen konnte, hatte er längere Zeit allerlei Unbilden zu ertragen, und viele Hundsläuse setzten sich in seinen Pelz fest. Ein umherstreifender Igel gewahrte ihn und fragte voller Mitleid, ob er ihm nicht die Hundsläuse ablesen solle. Er wollte aber nichts davon wissen. Auf die Frage, weshalb er es ablehne, meinte er: „Diese haben sich schon vollgesogen und saugen nur noch wenig Blut; wenn du sie wegnimmst, dann kommen andere, ausgehungert, die zapfen mir den Rest meines Blutes ab.

Aesop soll diese Fabel anläßlich einer Demagogenverurteilung auf der Insel Samos erzählt haben. Es folgt in dem überlieferten Text (Mader, S. 67) noch folgende Passage:

> Auch Euch, Ihr Männer von Samos, wird dieser eine nicht mehr schaden; er ist jetzt ein reicher Mann. Wenn ihr ihn hinrichtet, dann kommen andere, Habenichtse, die werden euch mit ihren langen Fingern den Rest geben.

Das berichtete Ereignis liegt mehr als zweieinhalbtausend Jahre zurück. Man stelle sich die Situation vor. Ein Demagoge ist verhaftet worden, zu Recht oder zu Unrecht, wir wissen es nicht. Es gab auf jeden Fall demzufolge politische Unruhen. Eine Gerichtsverhandlung ist angesetzt. Das aufgebrachte, geschröpfte Volk ruft nach Verurteilung eines Schädlings, es will, daß dieser Kerl hingerichtet wird. Da tritt Aesop auf. In wessen Namen? Mit welcher Absicht? Wir wissen es nicht genau. Jedoch gibt es deutliche Hinweise: Er ist Berater des Machthabers, und er handelt im Sinne einer Beruhigung der Öffentlichkeit. Nichts wäre schlimmer als Aufruhr, als Bürgerkrieg. So die Botschaft der alten Fabel.

Diese Fabel — auf den ersten Blick für einen heutigen Leser scheinbar abgehoben und harmlos belehrend dahererzählt, eine Geschichte vom Fuchs, vom Igel, von den Hundsläusen — ist in Wahrheit ein kalkuliertes rhetorisches Mittel, um eine „Staatsaffäre" zu verhindern. Die gesellschaftliche Verstrickung betrifft den Text und den Autor. Die Fabel bietet im Bilde eine Lösung an, sie interpretiert im nachgeschobenen „fabula docet" das Erzählte, sie will beschwichtigen, zur politischen Ruhe gemahnen. Aber auch der Erzähler Aesop offenbart sich als Person, die als politischer Ratgeber des Herrschers in die Parteiungen verstrickt gewesen sein dürfte. Man muß allerdings hinzufügen: Ob es den Fabeldichter überhaupt gegeben hat, wissen wir nicht. Jedoch: Eine Geschichte hatte hier einen situativen Anlaß, ist aus dem Augenblick eines politischen Ausnahmezustandes geboren worden.

Heute ist sie eine der vielen in Lese-, Bilder- und Kinderbüchern wiedergegebenen Beispielgeschichten geworden, die eine allgemeine Lebensweisheit enthält, nämlich die vom Laissez-faire, laissez passé gegenüber mancher ungerechten Blutsaugerei.

Reime regeln Kinderspiele

Ganz anderer Art ist hier die angedeutete gesellschaftliche Verstrickung von literarischen Gebilden. Bei den Kinderreimen, jenen Versen und Gedichten, die man heute wie schon vor langer Zeit auf Straßen und in Schulhöfen, in Kinderzimmern und am Ferienstrand hören kann, haben wir es mit transportablen ästhetischen Gebilden zu tun, manchmal nur ein paar Wörter umfassend und zwei Zeilen lang. Aber sie haben eine Funktion im alltäglichen Leben.

Eins, zwei, drei, vier, fünf, sechs, sieben.
Eine alte Frau kocht Rüben.
Eine alte Frau kocht Speck,
und du bist weg.

Diese vier Zeilen haben die Aufgabe, ein Spiel zu regeln, sie erlauben denen, die sie benutzen, besser miteinander umzugehen. Sie fordern Kinder auf, sich im Kreise aufzustellen, rhythmisch und laut zu sprechen und mit Hilfe lauten und rhythmischen Vortrags Ordnung in die Handlung des Versteckspiels zu bringen. Diejenigen, die „Eins, zwei, drei, vier, fünf, sechs, sieben ..." in den Mund nehmen, die Mädchen und Jungen auf den Spielplätzen, haben mit diesem sprachlichen Konstrukt ein Verständigungmittel, das ihre soziale Verhaltensweise regelt. Das winzige Wortkunststück hat somit eine klar definierbare Funktion. Dieses Kinderspiel braucht den Kinderreim. Es trägt ihn und umgekehrt. Hier ist meines Erachtens eine ganz elementare Form der Poesie im praktischen Lebensvollzug zu beobachten.

Die UNO-Friedenspolitik als Ursache für ein Kinderbuch

Die Verankerung ästhetisch-literarischer Produktionen im realexistierenden weltpolitischen Geschehen zu zeigen, dafür dürfte die Entstehung von Erich Kästners „ Die Konferenz der Tiere" geeignet sein. Im Jahre 1947 nämlich trafen und sprachen einander zwei für die Geschichte der Kinder- und Jugendliteratur in Deutschland besonders entscheidende Persönlichkeiten, nämlich Jella Lepman, die Gründerin der Internationalen Jugendbibliothek in München, und der seit Kriegsende ebenfalls in München lebende und bei der ersten großen überregionalen Tageszeitung, der „Neuen Zeitung", das Feuilleton leitende Erich Kästner. Die aus der Emigration zurückgekehrte Jüdin und der unter Hitler verfemte Schriftsteller hatten aufgeatmet, als die Waffen schwiegen und der Krieg zu Ende war. Man war voller friedvoller Aufbaugedanken im Trümmerdeutschland der vier Besatzungszonen, aber man hörte, zwei Jahre nach dem Waffenstillstand, immer wieder von politischen Konferenzen, ohne daß friedvolle Ordnung zwischen den Staaten geregelt werden konnte. „Die Zahl der gescheiterten Konferenzen" — so Jella Lepman in ihrem autobiographischen Buch „Die Kinderbuchbrücke" — „wuchs mit jedem Monat, es machte Mühe, sie im Gedächtnis zu behalten. Wie viele gleichfalls gescheiterte uns noch bevorstanden, ahnte man gnädigerweise nicht" (S. 107). In dieser aufgrund der weltpolitischen Situation deprimierenden Stimmung entstand — ganz genau „geortet" im Biedersteinhaus in München — die „Konferenz der Tiere" in einer Art Werkgemeinschaft zwischen Erich Kästner, seiner Lebensgefährtin Luiselotte Enderle und Jella Lepman. Dabei muß es wohl eine Rollenverteilung gegeben haben, wenn man der Darstellung Lepmans Glauben schenken darf. Die Idee, einen „fabelhaften" Entwurf der Lösung des internationalen Zwistes der Politiker aufs Papier zu bringen und in die Welt zu senden, scheint ursprünglich in Jella Lepmans Kopf geboren worden zu sein, wenn es auch in ihren Memoiren heißt: „Wir saßen in unserer geborgten Geborgenheit, tranken Wein, knabberten PX-Süßigkeiten und warfen uns Ideen wie Bälle zu. Es knisterte und loderte in unseren Köpfen!" (S. 108). Und weiter: „Zunächst hatten wir erst einen Entwurf in Händen, nun begann Erich Kästner das Buch zu schreiben" (S. 109). Luiselotte Enderle hat offensichtlich „die komische Seite der Dinge aufzufangen" verstanden. So kamen Idee, Konzept, Text und am Ende auch noch die Illustration zusammen: „In einer Mischung von Ernst und Humor und dem Wissen um das Animalische im Menschen, und das Menschliche im Animal, gab er (i.e. Erich Kästner) der Konferenz der Tiere die humorvolle und bewegende Form, der die Illustrationen von Walter Trier besonderen Zauber verliehen. Das Buch erschien in vielen Sprachen, sogar auf Hebräisch und Japanisch." Jella Lepman beendet den betreffenden Absatz in ihrer „Kinderbuchbrücke" mit dem Stoßseufzer: „Vielleicht werden die Menschen sein Happy End doch noch beherzigen" (S. 109). Dieses hier gemeinte Happy Ending lautete mit Kästners Worten:

Als die Menschen durch den Rundfunk erfuhren, daß ihre Staatshäupter den Tieren nachgegeben und den ewigen Friedensvertrag feierlich unterzeichnet hätten, brach ein solcher Jubel aus, daß sich die Erdachse um einen halben Zentimeter verbog. Wo früher die Grenzen gewesen waren, errichteten sie Blumenpforten und zogen Girlanden. Sogar die Polizei half tüchtig mit. Und nun gab es kein Hüben und Drüben mehr, und alle schüttelten einander die Hände.

Liest man diesen Text auf dem Hintergrund des damaligen politischen Geschehens, dann gewinnt die geschilderte Utopie an Deutlichkeit. Sie enthält die Sehnsucht nach einer besseren Welt und ist als Opposition zu der tatsächlich zum Zeitpunkt der Entstehung der „Konferenz der Tiere" existierenden Realität der UNO-Weltpolitik verständlich.

Aus der Entstehungsgeschichte dieses berühmt gewordenen Kinderbuchs geht deutlich hervor, daß das Mißvergnügen politisch interessierter und engagierter Menschen an der 1947 eingetretenen Weltlage Anlaß zur Kreation des Stoffes und letztlich der textlichen und illustrativen Gestaltung war.

Einüben von Demokratie im Nachkriegsdeutschland: Die Jugend-UNO der Zehn- bis Vierzehnjährigen tagt in der Internationalen Jugendbibliothek in München.

Zur selben Zeit: Verhinderte Demokratie durch Militärs in Erich Kästners „Die Konferenz der Tiere", illustriert von Walter Trier.

48

Wiederum muß man jenen widersprechen, die von der Vorstellung ausgehen, Kinderliteratur sei schon im Ansatz eine Sammlung von apolitischer Dichtung, von Werken einer isolierten, ins gesellschaftliche Geschehen nicht verstrickten Phantasiewelt. Ob allerdings auf dem Wege von der Idee über die Schaffung des künstlerischen Produktes bis hin zur Rezeption durch junge (und auch ältere) Menschen die ursprünglich vorhandene Stoßkraft der pazifistisch gemeinten politischen Gedanken eingebüßt hat, ja einbüßen mußte, wäre einer eigenen Untersuchung wert.

So läßt sich an Beispielen aus ganz verschiedenen, ja zunächst entlegen anmutenden Bereichen der Literatur immer erneut der Nachweis führen, daß sowohl bei der Entstehung als auch bei der Verwendung der einzelnen Werke außerliterarische Umstände den Anstoß gegeben haben und daß die politisch-gesellschaftliche Kulisse nicht ohne Einfluß auf die Gestaltung und auch die Rezeption gewesen ist. Die Verstrickung des künstlerischen Werks jeglicher Art hat Einfluß auf seine Form und seinen Inhalt. Die Umwelt bestimmt die Seinsweise des Texts und der Illustration, der Sprache und des Stils, der Thematik und der Motive tiefgreifend mit.

Eine Kinder- und Jugendliteraturgeschichte schreiben zu wollen, ohne dieses Netzwerk an Beziehungen, dieses oftmals verwirrenden Verbundes von Personen, Zeitgeist, politischer, ökonomischer und weltanschaulicher Groß- und Kleinwetterlage eingedenk zu sein, hieße eine theoretische Position vertreten, in der die materiellen Bedingungen von Kunst unberücksichtigt bleiben und in der somit das Kunstwerk „bodenlos" existiert.

Drei Zeitschnitte:
1970 — 1912 — 1845

Geschichtliches dringt in einem Text aus seiner Sprache, seinen Figuren und aus den in ihm berichteten Ereignissen an den Rezipienten. Kinderbücher teilen direkt oder indirekt mit, wie es im erlebbaren Kleinraum des Menschen ausschaut. Sie machen Geschichte konkret erfahrbar. „Erfahren" in diesem Sinne meint, das Sich-bewegen, das Kommunizieren, das Verhalten von Personen zueinander, wie es Text und Illustration „vormachen", im Geiste nachvollziehen. Die Widersprüche zwischen offizieller Geschichte und ästhetischer Erfahrung lassen eine „andere" Geschichte — wir könnten vielleicht im Sinne von Norbert Elias' ständiger Verweisung auch von Alltagsgeschichte im Spiegel der „zweiten Wirklichkeit" sprechen — ebenso erfahrbar wie erkennbar werden.

Ich bin mir des verwirrenden Gemenges von Gesichtspunkten, welche bei der Begründung von Entstehung und Verbreitung der Kinder- und Jugendliteraturwerke zu beachten sind, bewußt. Biographisches bei Schöpfer und Leser, Zeitgeisteinflüsse, ökonomische, die politische und geistige Situation auf beiden Seiten, bei Produzenten wie Rezipienten, sind wie geheime Stricke, die den Text auf dem Boden halten. Und auch der rechte Augenblick des Zusammentreffens von jungem Menschen und literarischem Werk, jenes imponderabile Ereignis des einmaligen, nicht wiederholbaren Erlebens von inszenierter Welt, vor dem alle Erklärung nur noch als kleinkarierte Beckmesserei erscheint, gilt es ins Kalkül zu nehmen. Andernfalls verkürzt der Jugendliteraturwissenschaftler die Erkenntnis und beläßt es bei den „blinden Stellen", die er als der Wagner aus Goethes Faust dann übersieht.

Kehrt man den Blick in die Vergangenheit vom einzelnen Werk ab und auf die historische Gleichzeitigkeit von Titeln hin, dann ergibt sich schnell ein erstaunlich bunter Teppich von Ereignissen, auf dem bekannte Jugendbücher aufliegen. Zeitschnitte legen heißt somit, das Erscheinen von Literaturwerken in weitere Zusammenhänge einbetten.

Die folgenden drei Schnitte in der Kinder- und Jugendliteraturgeschichte sind in gewisser Weise zufällig. Die Jahre 1970, 1912 und 1845 stehen in keinem inneren Zusammenhang. Aber aus unserer heutigen Sicht und literarischen Erinnerung waren diese Jahre wichtig, haben sie doch bedeutende und heute noch immer aufgelegte und gelesene Werke hervorgebracht. Es dürfte von Erkenntnisinteresse sein zu erfahren, mit welchem geistigen und gesellschaftlichen Umfeld die Autorinnen Ursula Wölfel und Christine Nöstlinger, die Autoren Peter Härtling und Volker Ludwig 1970 und wie „Peterchens Mondfahrt" und die „Biene Maja" 1912 und der „Struwwelpeter" 1845 in den jeweiligen Zeitgeist eingelagert waren.

1970: Durchbruch des sozialkritischen Realismus

Eine entscheidende Wende in der Geschichte der Kinder- und Jugendliteratur in Deutschland in der zweiten Hälfte des 20. Jahrhunderts läßt sich mit der Jahresmarke 1970 treffend festmachen. Es ist erstaunlich, wieviel einschneidende Ereignisse in jene Tage fallen: Sowohl Christine Nöstlingers als auch Peter Härtlings erstes Kinderbuch erschienen damals. Es waren „Die feuerrote Friedrike" und „Und das ist die ganze Familie". In Berlin wurde um 1970 von der Truppe des „Reichskabaretts" das Gripstheater gegründet. Ursula Wölfel gab in einem von Studenten gerade neu gegründeten Verlag — also nicht in ihrem Stammhaus — das kleine, aber für die Entwicklung dieser damals schon bekannten Jugendschriftstellerin wichtige Sammlung von Kurzgeschichten heraus: „Die grauen und die grünen Felder". Die erwähnten Ereignisse könnten in ihrer Zusammenstellung bedeutungslos sein, würden sie nicht aus mehreren Gründen zusammenpassen.

Peter Härtling (* 1933)

Erstens sind es in jedem Fall Neuanfänge. Denn Peter Härtling, Christine Nöstlinger, auch andere wie Angelika Kutsch, gehörten bis dahin nicht zu den beachteten Jugendschriftstellern. Und Ursula Wölfel hat nicht nur einen neuen Verlag gefunden, sondern auch bewußt eine für sie neue Thematik bearbeitet. Und das Reichskabarett in Berlin wandelte sich in demselben Jahr vom politischen Kabarett zum richtungsweisenden, einen bislang noch nicht vorhandenen Stil praktizierenden Kindertheater. Volker Ludwig mit anderen (Rainer Hachfeld, Carsten Krüger) schrieb Stücke wie „Stokkerlok und Millipilli" (1969), „Maximilian Pfeifferling" (1969) und „Die Mugnog-Kinder" (1970), in denen Kinder nicht mehr in märchenhafter Illusionswelt gezeigt wurden, vielmehr in ihrem sozialen Spannungsfeld und in der Gegenwart, ja es im Lauf der Handlung fertig brachten, uneinsichtige Menschen einsichtig und verständnislose Erwachsene verständnisvoller werden zu lassen. Kinder erreichten unter den Mitmenschen Veränderungen zum Besseren.

Zweitens hatten alle genannten Autoren und Produzenten ein neues, aber in der Grundrichtung doch sehr ähnliches Programm, das sie wieder und wieder in Diskussionen, in Vor- und Nachwörtern erklärten und verteidigten. Es ging ihnen um die soziale Wirklichkeit, um die gegenwärtige Lage, und es ging ihnen in vielen Varianten, Bildern, Texten und Stücken um das, was Ursula Wölfel in dem ganz kurzen Vorwort ihres genannten Buches mit den Geschichten aus der heutigen Welt so ausdrückte:

> Diese Geschichten sind wahr, darum sind sie unbequem: Sie erzählen von den Schwierigkeiten der Menschen, miteinander zu leben, und wie Kinder in vielen Ländern diese Schwierigkeiten erfahren, Juanita in Südamerika, Sintajehu in Afrika, Manni, Corinna, Karsten und viele andere bei uns.

> Wahre Geschichten haben nicht immer ein gutes Ende. Sie stellen viele Fragen, und jeder soll die Antwort selber finden.

> Diese Geschichten zeigen eine Welt, die nicht immer gut ist, aber veränderbar.

Eine Revision des Status von Jungsein und Kindsein vollzog sich in den Köpfen der Autorinnen und Autoren und damit in der Literatur. Junge Menschen wurden zu einsichtigen, sozialintegrativen, auf Ausgleich und Gleichheit hinarbeitende Mitbürger stilisiert.

Christine Nöstlinger
(1936)*

Drittens ließen Volker Ludwig im Berliner Gripstheater auf der Bühne, Peter Härtling, Christine Nöstlinger, Ursula Wölfel, Irina Korschunow und andere in ihren Büchern ihre Kinderheldinnen und -helden in einer Sprache reden, die möglichst nahe an der gesprochenen Alltagssprache entlang entworfen war, ja bei Härtling sogar anfänglich den Charakter von Tonbandwiedergaben der Kindesmundart hatte, so in seinem erwähnten ersten Kinderbuch „Und das ist die ganze Familie". Härtling läßt zum Beispiel seine Tochter Friederike nach Wortwahl und Grammatik folgendermaßen erzählen:

> Immer weckt mich der Clemens auf. Meine Puppe drückt mich auf den Bauch, wenn ich liege. In der Nacht habe ich geschrien. Da hat mich auch der Clemens aufgeweckt. Wenn ich mit dem Luc spazieren gehe, muß ich aufpassen. Der Luc ist klein. Er hat krumme Beine. Er kann gut rennen. Mamma schimpft, ich soll mich selber anziehen. Die Hose ist verkehrtrum. Ich zieh mich wieder aus. Ist gut . . .

Diese Merkmale der Gemeinsamkeit, die damals aufhorchen ließen, treffen für die erwähnten Autoren heute, nach mehr als zwanzig Jahren, so nicht mehr zu. Aber sie läuteten um 1970 die Phase eines neuen Realismus in der Kinder- und Jugendliteratur ein. Nach zwanzig Jahren schreibt jeder seinen eigenen Stil. Die Gruppe hat sich inzwischen auseinanderentwickelt.

Warum aber haben sich um das Jahr 1970 herum so viele vergleichbare Elemente des Denkens, Empfindens und Sich-Ausdrückens ergeben? Die Ideen- und Stilverwandtschaft ist sicherlich im Zusammenhang mit der damaligen gesellschaftlich-politischen Lage zu sehen. Es hatte sich nach der Zeit der Trümmer aufgrund der Zerstörungen im Zweiten Weltkrieg und ebenso in der Epoche des sich daran anschließenden Wirtschaftswunders der fünfziger und sechziger Jahre viel materieller Wohlstand angehäuft, jedoch wenig innovatives Denken ergeben. Die gesellschaftlichen Verhältnisse verfestigten sich. „Keine Experimente" hatte auf Wahlplakaten gestanden. Die Mauer, die Berlin zerschnitt, und die Grenze durch Deutschland wurde in der Zeit des Kalten Kriegs mehr und mehr auch zu einer ideologischen. Die Artikulation des Strebens nach mehr sozialer Gerechtigkeit im Bereich von Jugend und Erziehung, vorgetragen von ganz verschiedenen Gruppen – ob von Gewerkschaften, ob von Vertretern der in Deutschland lebenden Minderheiten, ob von Jugendlichen oder Studenten – wurde leichthin und schnell als Aufmüpfigkeit angesehen und abgetan. In diesem Klima der sechziger Jahre bekam der Ruf nach „mehr Demokratie" zündenden Charakter. Er begleitete die Studentenbewegung, die ihrerseits internationale politische Dimensionen annahm. Ereignisse wie die Demonstrationen beim Besuch des Schahs in Berlin, der Tod des Studenten Ohnesorge, das Ende des Schah-Regimes in Persien, der Vietnamkrieg und Maos Kulturrevolution führten in den späten sechziger Jahren zu einem viele Gebiete des gesellschaftlichen Lebens betreffenden kritischen Reflektieren der Zustände. Die autoritären Strukturen, ja die Angst vor Veränderungen, waren auch im intellektuellen Bereich vorhanden. Sie nisteten in Redaktionsstuben und Kulturverbänden, in Preisgerichten und Bildungseinrichtungen, in Stätten der Wissenschaft und ebenso auch in den Köpfen der Jugendschriftstellerinnen und -schriftsteller. So sind die Verkrustungen im kulturellen Bereich nicht nur etwa im „bürgerlichen" Theater, den Programmen der Sendeanstalten und in den Lehrplänen der Schulen damals sichtbar zu machen, sondern ebenso auch in der seinerzeit verbreiteten Kinder- und Jugendliteratur. Was die etablierten Verlage, die Öffentlichen Bibliotheken und die Buchhandlungen an Märchenausgaben und Mädchenbüchern, harmonisierenden Umweltgeschichten und Abenteuerromanen mit heroisch-heldischer Attitude der Jugend zur Verfügung stellte, wurde als „von gestern" angesehen, sei „schlimm". Kinderbücher seien, wie es der Titel eines Buches, 1974 von Dieter Richter und Jochen Vogt herausgegeben, verlauten ließ, „die heimlichen erzieher". Viele erzögen zu einem „falschen Bewußtsein".

In diesem politischen und ökonomischen Netzwerk von Opposition gegen bestehende Formen der Gesellschaft ist das Jahr 1970 auch in der Geschichte der Kinder- und Jugendliteratur zu sehen. Die vorhin genannten Autorinnen und Autoren schrieben – wie bewußt sie das tun, ist eine andere Frage – aus der Opposition. Sie ergriffen Partei für mehr soziale Gerechtigkeit, für die Akzeptanz der Minderheiten, der Unterdrückten, der Schwachen und Behinderten. Und sie entdeckten dabei, daß Kinder zu jenen Gruppen gehören, die zwar in der bürgerlichen Gesellschaft gehegt, aber dennoch klein gehalten werden, keineswegs jedoch als gleichberechtigte Partner anerkannt sind.

Das Jahr 1970 ist zwar ein jugendliterarisch ereignisreicher Zeitpunkt. Aber was sich damals herausstellte, war längst im politischen und gesellschaftlichen Umfeld vorbereitet. Im Klima öffentlicher Diskussionen und Demonstrationen, Hearings, Go-ins und Sit-ins hieß für Kinder schreiben, sie mit künstlerischen, wenigstens jedoch mit sprachlichen Mitteln, zur Teilnahme auffordern, hieß aber auch, über dieses Tun und Denken öffentlich zu reflektieren. Erinnert sei an die mit aufklärerischen, veränderungsbereiten Intentionen geführten Debatten um eine neue Theorie der Kinder- und Jugendliteratur. Kaum eine Tagung, kaum eine Rede in den Jahren um 1970 verging, ohne daß die sogenannte Heile Welt-Theorie der des sozialkritischen Realismus gegenübergestellt wurde. Hans Magnus Enzensbergers Gedicht „ins lesebuch für die oberstufe" lief schon seit Mitte der sechziger Jahre um und bildete 1967 das Motto für „Lesestücke", ein Buch für „junge Leser" von Klaus Klöckner:

lies keine oden, mein sohn, lies die fahrpläne:
sie sind genauer. roll die seekarten auf,
eh es zu spät ist. sei wachsam, sing nicht.

Es rief nicht nur auf, das Pathos schöner Reden sein zu lassen, sondern auch, sich gegen Indoktrination und kalte Machtanmaßung zu wehren. Es endet:

. . . wut und geduld sind nötig,
in die lungen der macht zu blasen
den feinen tödlichen staub, gemahlen
von denen, die viel
gelernt haben,
die genau sind, von dir.

Dann hatte Volker Ludwig trotz seiner großen Erfolge sein Theater vor dem Vorwurf der politisch indoktrinierenden Agitprop-Methode zu verteidigen. Und Peter Härtling war mit der bestehenden Kinder- und Jugendliteratur in seiner Rede anläßlich der Verleihung des Deutschen Jugendliteraturpreises in Bayreuth im Jahre 1969 erst einmal ganz hart ins Gericht gegangen, ehe er sich ans Niederschreiben der Geschichten seiner eigenen Kinder und dann erst ans Aufschreiben erdachter, der Wirklichkeit nachgezeichneter Figuren machte.

Hatte nicht auch ein Buch wie die „kritischen Betrachtungen" der — so der Titel — „Klassischen Kinder- und Jugendbücher", jene 1968 herausgegebene Analyse, viele Proteste hervorgerufen? Das „gesunde Kindesempfinden" wurde gegen die „kritischen Betrachtungen" angeblich nörgelnder Intellektueller gehalten.

„Wer hätte gedacht", so hieß es in einer Replik im Nachwort der zweiten Auflage, „daß mit diesem Buch, vor allem mit seinen Kapiteln über Johanna Spyris ‚Heidi' und über die Kindergestalten in den Grimmschen Märchen, so viel Staub in der deutschen und schweizerischen Presse aufgewirbelt werden könnte? Noch vor Erscheinen — aufgrund einer Sendung im Westdeutschen Rundfunk über das erwähnte Schweizer Kinderbuch aus dem 19. Jahrhundert und wohl auch durch das zufällige Zusammentreffen der vorliegenden Veröffentlichung mit dem Heidi-Fernsehfilm an Weihnachten 1968 — begann die Boulevard-Presse in sensationellem Ton, mit Überschriften wie ‚Gift in der Limonadenflasche', ‚Gericht über Kinderbücher' oder gar ‚Herr Professor zieht gegen Heidi zu Felde' die Öffentlichkeit auf ihre Weise zu unterrichten. Wie konnte ein Theoretiker es wagen, Kritik an klassischen Kinderbüchern vorzubringen? Wie konnten seine Mitarbeiter und er auch noch zu dem Ergebnis kommen, daß zum Beispiel ‚Heidi' heutzutage verstaubte, sentimentale Heimatkunst sei — und dies trotz der millionenfachen Verbreitung, trotz Verfilmung und Übersetzung in alle Weltsprachen?" (S. 158).

Die Einwände gegen die kritischen Betrachtungen der klassischen Kinder- und Jugendbücher waren vor allem in zwei Richtungen gegangen: Einmal wurde grundsätzlich das Urteil von Theoretikern über Kinder-und Jugendbücher abgelehnt bzw. als inkompetent betrachtet, zum anderen wurden zwar solche Wertungen und Reflexionen begrüßt, aber die vorgebrachten ideologiekritischen Argumente als unzureichend oder inadäquat bezeichnet.

Folgt man dem, was diejenigen sagten, die zur Abstinenz der Erwachsenen im Hinblick auf die Beurteilung von Kinderbüchern rieten, dann bleibt man allerdings genau in dem „unsinnigen circulus vitiosus der ästhetischen Geschmacksbildung" hängen.

Im soeben zitierten Nachwort heißt es an dieser Stelle weiter: „Ich kann nur noch einmal eindringlich die späten Anhänger der von Paul Hazard vertretenen ästhetischen Autonomie-Vorstellungen des jugendlichen Lesers davor warnen, die literarische Erziehung aus der Verantwortung der Erwachsenen zu entlassen" (S. 157). Und weiter: „An dem Satz des Schweizer Kritikers Philipp Wolff-Windegg in den „Basler Nachrichten" vom 7. September 1969, der schrieb: ‚Die Lektüre dieses Buches bestätigt, daß die letzte Instanz für Kinder- und Jugendbücher nicht Institute für Jugendbuchforschung sein können, sondern nur die Kinder selbst‘, mag die Bemerkung noch richtig sein, daß die letzte Instanz nicht die wissenschaftlichen Institute und ganz gewiß nicht allein das Frankfurter Institut für Jugendbuchforschung, aus dem diese Untersuchung stammt, sein kann. Letzte Instanzen sind sowieso recht zweifelhafte Einrichtungen. Bestimmt falsch und verantwortungslos ist es aber, die Kinder schutzlos alleine zu lassen, ihnen die Entscheidung über ihre Lektüre aufzubürden, zu meinen, sie seien der reflektorischen Hilfe nicht bedürftig" (S. 157).

Zum andern wurde in den Stellungnahmen deutlich, daß viele Leser und Kritiker die ihnen nun einmal lieb gewordenen und hoch geschätzten Jugendbücher nicht einer negativen Beurteilung ausgesetzt sehen möchten. Dann würden die in diesen Klassikern steckenden gemütsbildenden Kräfte einer soziologischen Sezierkunst preisgegeben, meinten sie. Sehr leicht wurde dann Kritik mit „Zerstörung" und „ungesundem Verhalten" gleichgesetzt.

Wer sich so gegen Argumente sperrt, der negiert den emanzipatorischen Charakter jeglicher Auseinandersetzung als einen notwendigen Schritt auf dem Wege kulturellen Lebens. Der Kritiker bekommt Schelte, wenn er nicht lobt. Die Vermutung liegt nahe, daß genau die unreflektierte Emotionalität und blinde sentimentale Anhänglichkeit ans Hergebrachte, gegen die sich die Analyse der Jugendliteraturklassiker wandte, die Reaktionen und Attacken gegen die erste Auflage verursachten. Diese Polemik um „Heidi" und die Grimmschen Märchen paßte in die kulturpolitischen Diskussionen der Zeit der Studentenbewegung.

Symptomatisch für die vorurteilsbehaftete Diskussion über Literaturkritik im allgemeinen und Jugendliteraturkritik im besonderen in diesen Jahren um 1970 dürfte auch ein leidiger Rechtsstreit wegen dieses soeben erwähnten Buchs sein. Er mußte geführt werden, weil in einer Entscheidung des Landgerichts Berlin vom 11. Februar 1970 — der Kläger bekam recht! — stand, es sei nicht auszuschließen, „daß ein flüchtiger Betrachter . . . meinen könnte, das Werk von Kästner werde negativ kritisch gewürdigt." Welch Widerspruch sich allein in der Formulierung „negativ kritisch gewürdigt" auftut! Es ging konkret darum, daß die Abbildung der illustrierten Titelseite von „Emil und die Detektive" auf dem Umschlag der ersten Auflage des Werkes „Klassische Kinder- und Jugendbücher" optisch mit den Wörtern des Untertitels „Kritische Betrachtungen" zusammengeraten war.

Kritik als zerstörerischen Eingriff in sanktionierte Jugendkunstzonen, diese Vorstellung war wohl um 1970 in weiten Kreisen der Gesellschaft noch vorhanden. Sie gehört zu jenen Vorurteilen, die die Kinder-und Jugendliteratur in die gefährlich beschauliche Ecke gestellt hatten, in der sich nichts mehr bewegen ließ. Insofern wollten die um 1970 sich zu Wort meldenden jungen Produzenten — Autoren, Verleger, Illustratoren, Theatermacher, Filmer —, wenn sie sich der Kinderkultur zuwandten, etwas „am Wege liegen gebliebenes" in den humanistisch kritischen Diskurs zurückholen, die „blinden Stellen, die der Dialektik entronnen sind" — um die „ Minima Moralia" Theodor W. Adornos zu zitieren (S. 286) — aufnehmen.

Das Gemenge von politischer, gesellschaftskritischer und materieller Argumentation ist hier nicht gänzlich zu entwirren. Jedenfalls kamen die Schübe einer neuen „realistischen" Kinder- und Jugendliteratur um 1970 nicht aus kunsttheoretischer Reflexion, nicht aus der Insider-Auseinandersetzung mit der seinerzeit bestehenden traditionellen Kinder- und Jugendliteratur, sie kamen vielmehr

aus gesellschaftspolitischen Gedanken und real existierenden materiellen Bedingungen.

1912: Jugendliterarische Mobilmachung im Kaiserreich

Die Jahre vor dem Ersten Weltkrieg haben jugendliterarisch in Deutschland eine nicht zu unterschätzende Zahl
von Werken der verschiedensten Genres hervorgebracht.
Erinnert sei nur daran, daß das Mädchenbuch als Erzie-
hungs- und Bildungsroman für die Töchter des Bürgertums damals seine Gestalt gefunden hatte, daß das
exotische, aber auch das die moderne technische Welt wi-
derspiegelnde Abenteuerbuch entwickelt war, daß ein aus
den Quellen der Romantik des 19. Jahrhunderts gespeister
Hausschatz an Geschichten in Almanachen, Jahrbüchern,
Zeitschriften zum obligatorischen Lesegut gehörte und daß
die deutsche Vergangenheit in Götter- und Heldensagen-
Ausgaben weite Verbreitung hatte. Nicht übersehen werden darf die für selbstverständlich erachtete Vorstellung,
daß die „deutschen" Volksmärchen — sie waren im 19.
Jahrhundert national vereinnahmt worden, obwohl sie,
selbst im Bewußtsein der Brüder Grimm, aus internationalen Quellen geschöpft waren, wie zum Beispiel das Rot-
käppchen — in die Kinderstube gehörten, als Vorlesegut,
als Lesegut, als Weihnachtsmärchen im Theater.

Prüft man die materiellen Gegebenheiten des Kinder- und
Jugendliteraturwesens vor dem Ersten Weltkrieg genauer,
so ist schnell herauszufinden, daß schon allein durch den
Besuch unterschiedlicher Schulsysteme eine spezifische
Schichtung und Interessenlenkung der jugendlichen Leserschaft gegeben war. Eine längere Schulzeit in den „höheren" Schulen läßt bei den so bevorrechteten Knaben und
Mädchen des gehobenen Mittelstandes und Großbürger-
tums mehr Lesefreizeit vor Beginn der Eingliederung in
den Arbeitsprozeß zu. So ist die sogenannte „Jugendzeit"
— also die nachpubertäre Phase bis zum 18., 19. oder auch
20. Lebensjahr — als die Zeit der Jugendlektüre nur in bürgerlichen Kreisen vorhanden.

Aufgrund des von den Deutschen gewonnen Krieges gegen Frankreich von 1870-1871, der prosperierenden Wirtschaft in den sich anschließenden Gründerjahren, aber auch eines anschwellenden Nationalbewußtseins, des politisch immer deutlicher werdenden Weltmachtdenkens, des Verlangens nach der Eroberung von Kolonien in fremden Erdteilen und eines sich entwickelnden Stolzes auf militärische Stärke kommt auch in die damalige deutsche Kinder- und Jugendliteratur eine chauvinistische Freund-Feind-Ideologie hinein. In der Untersuchung von Marieluise Christadler über „Kriegserziehung im Jugendbuch − Literarische Mobilmachung in Deutschland und Frankreich vor 1914" ist diffizil und überzeugend herausgearbeitet worden, wie fast durchweg in deutschen Kinder- und Jugendbüchern vor dem Ersten Weltkrieg Frankreich zum Erzfeind gestempelt wird, wie aber auch umgekehrt in der damaligen französischen Kinder- und Jugendliteratur der Deutsche zum häßlichen, bösen, feindlich gesinnten, arroganten Nachbarn im Osten stilisiert ist.

Die nationalistischen und militanten Ideen hatten zur Folge, in der Jugend die Ideale der Treue zum Vaterland und des Gehorsams gegenüber der gottgewollten Obrigkeit, des dienenden Fleißes und der Ergebenheit gegenüber Thron und Altar aufzurichten. In diesem Sinn wurde die Kinder- und Jugendliteratur instrumentalisiert.

Es darf aber nicht übersehen werden, daß es um und nach 1900 außerhalb der in die Ideen des Kaiserreichs fest eingebundenen Literatur für Mädchen und Jungen auch einige Innovationen im jugendliterarisch-künstlerischen Bereich gegeben hat. Da kamen die Strömungen des Naturalismus und des Impressionismus auf. Beide Bewegungen verstanden sich als oppositionelle Gruppierungen gegen den „hochgerüsteten" wilhelminischen Prunk und Protz. Da waren auch Jugendstil und Jugendbewegung ebenfalls oppositionelle Richtungen. Man geht nicht fehl, wenn man die Jugendschriftenbewegung Heinrich Wolgasts und Ernst Lindes in ihrer Tendenz hier einreiht. Am deutlichsten sind die Gedanken in Heinrich Wolgasts Buch „Das Elend unserer Jugendliteratur" artikuliert worden. Jugendliteratur müsse endlich Kunstwerkcharakter haben, dürfe nicht weiter militant-nationalistischer oder sentimentalunterwürfiger Kitsch bleiben. Die Theorie kam aus dem Kreis der Schulreformer, der großenteils aus Volksschullehrern bestand, ein Stand, der in der gesellschaftlichen Hierarchie nicht besonders viel galt, keine akademische Ausbildung in Anspruch nehmen konnte und im Bewußtsein der herrschenden Gesellschaftsschicht die Rolle des Hüters und Verbreiters nationaler Kultur, aber auch die des Einpaukers und geistigen Ordnungshelfers auszuüben hatte. Ihm stand es kaum zu, Kritik am Moral-, Ehren-, Themen- und Stilkodex vorzubringen. In jenem Jahr vor dem Ersten Weltkrieg, auf das der Zeitschnitt hier zielt, gab es den Fall Wilhelm Lamszus. Dieser Lehrer brachte eine dichterische Zukunftsvision über das Grauen eines zukünftigen Krieges zu Papier und erhielt darob Berufsverbot. Das war 1912. Expressionistische Bilder vom „Menschenschlachthaus" — so lautete der Titel des aufsehenerregenden pazifistischen Erzählwerks — durchziehen diese Prosa.

Während die meisten Jugendschriften der Zeit vor dem Ersten Weltkrieg längst vergessen sind, gibt es jedoch aus dem Jahr 1912 zwei Texte, die die Epoche ihrer Entstehung überlebt haben und noch achtzig Jahre später Lektüre beziehungsweise textliche Grundlage eines Schauspiels für Jungen und Mädchen von heute sind: Das ist zum einen Waldemar Bonsels Kinderbuch „Die Biene Maja und ihre Abenteuer". Es erlebte damals seine erste Auflage. Und zum anderen Gerdt von Bassewitzens „Peterchens Mondfahrt". Dieses Theaterstück war zum ersten Mal 1912 auf der Bühne zu sehen.

Beide Texte passen auf ihre je eigene Weise genau in das Beziehungsgeflecht von gesellschaftlichen und kulturellen Vorstellungen und politischen Bedingungen der Vorweltkriegszeit hinein. Sie enthalten Versatzstücke des damaligen herrschenden Denkens und Empfindens, spiegeln Verhaltensmuster und legen über eine doch wohl hochgerüstete und national verfeindete Welt der Erwachsenen in der Kaiserzeit den Flimmer des schönen Scheins.

Die Verfremdung ins Märchenhafte verbindet beide Geschichten miteinander. Im Fall der „Biene Maja" gerät der junge Leser in seiner Vorstellung in ein Bienenvolk und lernt, der Hauptfigur folgend, ein Stück heimatlicher Fauna kennen. Scheinbare Idylle tritt zutage. Selbst die auftretenden, sich liebenden Menschen — übrigens eine zentrale Begegnung für die Biene Maja auf ihrem Flug in die weite Welt, aber auch für den Leser im Fortgang der Geschichte — überhöhen die naturphilosophische Betrachtung des von Jugendbewegung und Jugendstil affizierten Weltwanderers und Dichters Waldemar Bonsels. Der Jugendstil lieferte gleichsam das Muster der Naturverbundenheit. Keine moderne Technik und kein wissenschaftsbestimmtes Fortschrittsdenken machen sich breit, vielmehr die genau in die antiindustrielle Weltanschauung der Neuromantiker und Jugendbewegten passende Verherrlichung natürlichen Lebens. Organische Formen, organische Wesen gegen geometrische Formen und Maschinen. Letztere gibt es nicht bei Bonsels. Aber das ist nur die eine Seite des vermittelten Weltbildes in der Biene Maja. Da werden noch ganz andere Versatzstücke von möglichen und vor dem Ersten Weltkrieg kursierenden Gesellschaftsbildern zugeschoben: Die junge Biene nämlich folgt ihrer Erzieherin nicht mehr, lehnt sich auf, verweigert den Gehorsam, fliegt davon. Richard Dehmels Zeilen aus dem Gedicht „Lied an meinen Sohn", damals wie ein Fanal wirkend, klingen in den Ohren:

Und wenn dir einst von Sohnespflicht,
mein Sohn, dein alter Vater spricht,
gehorch ihm nicht, gehorch ihm nicht . . .

Die Jugendbewegungsrufe — bei Dehmel männlich, in der Biene Maja weiblich getönt — , auch die Zeilen aus dem Lied der Wandervögel „Aus grauer Städte Mauern ziehn wir durch Wald und Feld . . .", lassen sich übertragen und hineinsimulieren in die Handlungsweise der Hauptfigur Maja. Sie machen ihren Oppositionsgeist aus. Aber die anthropomorphen Regungen des Insekts im Kinderroman von der Biene Maja beschränken sich nicht auf die individuellen menschlichen Regungen, die der jungen Biene unterstellt werden. Die Regungen sind am Ende genau die, welche die militante, kaisertreue, etablierte bürgerliche Gesellschaft als Kodex der moralischen Erziehung haben wollte: Tapferkeit vor dem Feind, Einsatz für die Nation und den von Gott eingesetzten Herrscher. Im Grunde genommen ist dieses Buch ein politischer Roman, geschrie-

„Laß Doch, Kerlchen", läßt 1912 Waldemar Bonsels die gepanzerte Hornisse zur Biene Maja sagen. „Es dauert nur so lange, bis es vorüber ist". Illustration von Franziska Zörner-Bertina.

ben mit der didaktischen Intention, staatserhaltende Gedanken in den Köpfen der jungen Leserinnen und Leser zu erzeugen, ein Roman, der — ins Reich der Bienen verlegt — auf völkisch-nationalstaatlichen Gedanken basiert und die Ideologie des Freund-Feind-Denkens enthält.

Um es noch einmal zu sagen: Wir befinden uns beim Ersterscheinen dieses Buches genau zwei Jahre vor Beginn eines Weltkriegs. Die literarische Mobilmachung hat offensichtlich schon längst begonnen. Noch bis heute haben sich zumindest Titel und Kernfabel in den vielen Bearbeitungen, die es inzwischen von diesem Werk der Kinderliteratur gibt, erhalten. Im Grunde enthalten auch die neueren Varianten das ideologische Gemenge des ursprünglichen Werks.

So mischen sich mehrere Vorstellungen von der Welt, die alle im Kaiserreich vertreten worden sind. Im Kinderbuch von der kleinen Biene Maja kommen sie zusammen und bilden ein Konglomerat divergierender Auffassungen. In anschaulichen Bildern werden einerseits naturmythologische Harmonie und Liebeserfüllung ausgemalt. Andererseits erleben der Leser und die Leserin einen großen Schuß brutalen Darwinismus — immerhin wird geschildert, wie sich Insekten die Köpfe abbeißen. Einerseits rührt sich der Oppositionsgeist der jungen Generation im Sinne der Jugendbewegung. Maja entzieht sich der autoritären Erziehung. Andererseits aber werden Natursymbolik, Harmoniebewußtsein und individuelles Heldentum staatspolitisch vereinnahmt. Das tapfere Eintreten des kleinen Ausreißers für das Staatswesen wird am Ende belohnt, geehrt, gefeiert.

„Peterchens Mondfahrt", das zweite heute noch immer verbreitete Werk der Kinderliteratur des Jahres 1912, scheint bei oberflächlicher Betrachtung wenig Vergleichsmöglichkeiten mit dem Biene Maja-Thema zu bieten. Sein Autor war ein früh pensionierter Offizier, der in Berlin lebte, zunächst das Bühnenstück und erst dann die episierte Form niederschrieb. Wir begegnen in „Peterchens Mondfahrt" sowohl Figuren, die menschliche Wesen, wie Peterchen selbst, seine Schwester, das Kindermädchen und die Mutter verkörpern, wie auch symbolisierten Naturgewalten wie der Regenfrau, dem Donner usw. Der Anthropomorphismus als Stilmittel — letztlich soll ja einem sprechenden und leidenden armen Käfer das verlorengegangene Bein zurückgeholt werden — läßt alle miteinander in Sprechkontakt kommen. So wird, wie bei Bonsels Biene Maja, Natur belebt und menschlich animiert dargestellt. Die Regungen des Mitleids, der Trauer und Freude, der Hilfsbereitschaft und der Zuneigung werden der Natur beziehungsweise den sie symbolisierenden Gestalten unterstellt. In einer gemeinsamen Aktion helfen sie dem beraubten Maikäfer Sumsemann, sein Bein vom Mond zurückzuholen. Der böse Mann im Mond, der einzige Feind in dieser Geschichte, wird bezwungen. Bruder und Schwester sind die Helden dieses Märchens, in das auch noch eine vom Verlauf der Handlung her überflüssige Weihnachtsszene hineinmontiert ist. So läßt es sich besser als sogenanntes „Weihnachtsmärchen" auf der Bühne verwen-

den. Aber der alte kaiserliche Offizier und Autor des Stücks
Gerdt von Bassewitz läßt Peterchen, also den Jungen, die
Heldentat vollbringen. Das Schwesterchen assistiert nur.
Bassewitz läßt auch eine Kanone auffahren, in der Peterchen zum Mond geschossen wird. Daß Menschen durch
die Luft fliegen, daß sie mit Hilfe einer Kanone die Schwer-
kraft überwinden können, ist übrigens vor dem Ersten
Weltkrieg eine bekannte Zirkusattraktion gewesen. Sie
wird in unserem Theaterstück kinderliterarisch manifest.
Sie ist angestautes Sinnbild für die mit Hilfe des technischen Fortschritts erreichte Überwindung der Schwer-
kraft.

*Eine „gewaltige Kanone", deren Lauf mit einem „Kanonenwischer"
fachgerecht vom Sandmann geputzt wird, ist einsatzbereit für die
„Eroberung des Beinchens". Illustration von Hans Baluschek in
Gerdt von Bassewitzens „Peterchens Mondfahrt" (1912)*

Die von Peterchen, dem kleinen Jungen, gezeigte Tapferkeit entspricht dem Ideal der damaligen bürgerlichen Kna-
benerziehung. Der zukünftige Offizier findet sein kinder-
tümliches Vorbild. Die Hilfsbereitschaft der Schwester
wird gezeigt. Womöglich waren unter den Premierenbesu-
chern von 1912 junge Mädchen, die ein paar Jahre später
Krankenschwestern zur Betreuung der verwundeten
Frontsoldaten waren.

Wiederum haben wir ein Ideengemenge und eine Collage
seinerzeit vorhandener Versatzstücke von gesellschaftlichen Einstellungen. Die Kinder in „Peterchens Mondfahrt" haben eine Kinderfrau, die sie zu Bett bringt. Das
herrschaftliche Muster der Kindererziehung bei gut situierten Bürgersleuten im Kaiserreich wird gleich im ersten Akt
des Dramas demonstriert. Erst, wenn die leibliche Vor-
bereitung der Nachtruhe durch die Kinderfrau vollzogen
ist, tritt die Mutter auf. Ihre Rolle ist, den Segen zu spenden. Das gesellschaftliche Klischee des hierarchisch geordneten, am feudalistischen, letztlich höfischen Verhalten
orientierten Familienleben im Bürgerhaus läßt sich auf der
Bühne anschaulich vorführen.

Die Siege des Bienenvolks über die feindlichen Hornissen
und Peterchens Sieg über den bösen Mann im Mond sind
kindertümlich drapierte Haupt- und Staatsaktionen. Sie
spiegeln auf ihre Weise Sozialgeschichte im Kinderbuch
vor dem Ersten Weltkrieg wider.

1845: Die Einlagerung des „Struwwel-
peter" in Vormärz und Biedermeier

Wenn Heinrich Hoffmann, ein Frankfurter Arzt und 1845
junger Vater, behauptete, er habe drei Jahre vor der Nationalversammlung in der Paulskirche für seinen Sohn vor
Weihnachten kein geeignetes Bilderbuch finden können,
so sollte man dieser Behauptung näher nachgehen. Denn
erstens lebte dieser Mediziner in einer der auch damals
schon bedeutendsten Handelstädte mit einem ausgedehn-
ten Buchhandel. Und zweitens war Hoffmann literarisch
ambitioniert. Er verkehrte in Verlegerkreisen. Er hätte
doch informiert sein können. Und es gab schon einige interessante Bilderbücher in den vierziger Jahren des vorigen
Jahrhunderts. Handelt es sich vielleicht um eine Selbst-
rechtfertigung dafür, daß er einen eigenen, einen ihm gemäßen Weg gehen wollte? Oder war das Distributionssy-
stem des Buchhandels für Kinder in den vierziger Jahren
des 19. Jahrhunderts so unvollständig, daß das, was in den

Geschichten der Kinder- und Jugendliteratur heute als Kontinuum von Entwicklung dargestellt wird, vom „Verbraucher" so damals nicht wahrgenommen werden konnte, daß dieser vielmehr dem Zufall des ad hoc-Angebots ausgesetzt war? Folgt man der Geschichte des Bilderbuchs in Deutschland, dann gab es seinerzeit immerhin Werke wie „Die Ammenuhr" der Dresdner Künstler um Ludwig Richter, die „Fabeln" von Wilhelm Hey und Otto Speckter, es gab die „Mutter- und Koselieder" von Friedrich Fröbel, es gab die spätromantischen, biedermeierlichen, kleinformatigen Ausgaben und ebenso auch jene handfesten, bebilderten Bändchen mit moralischen Beispielgeschichten und Fabeln, die seit dem endenden 18. Jahrhundert verbreitet waren. Die Bemerkung Hoffmanns, man habe ihm im Buchhandel nur Exemplare zeigen können, deren Inhalte ihm zu aufklärerisch-rational, zu erzwungen-naiv, zu unkindlich, zu unwahr, „verkünstelt" erschienen seien, läßt vermuten, daß er selbst ein eigenes Konzept hatte.

Nein, er war unzufrieden mit dem Bestehenden. Deshalb kreierte er sein eigenes Bilderbuch. Praktische Erfahrung mit Kindern, auch mit Kindern als Patienten und die Theorie einer Abschreckpädagogik, aber auch seine künstlerische Ambition wirkten zusammen. Seit seiner Premiere hat der „Struwwelpeter" die unterschiedlichsten Beurteilungen erfahren, hat Varianten erzeugt, Übersetzungen verursacht, Parodien hervorgebracht hat und ist auch dementsprechend ganz unterschiedlich ge- und mißbraucht worden. Diese Variationsvielfalt an Reaktionen kann aber nur verständlich werden, wenn man sich die Zeitumstände seiner Entstehung und das Netzwerk an ideellen Implikationen vor Augen führt.

Zurück in das Jahr 1845 blicken heißt, sich in den Alltag eines Frankfurter Bürgers versetzten, der mit Strebsamkeit seinen beruflichen Aufstieg verfolgt — ein paar Jahre später wird er Direktor der Irrenanstalt —, der medizin-reformerische Gedanken hegt, der politisch zu den Liberalen gezählt wird, Freimaurer war (später verläßt er die Loge, als sich in ihr antisemitische Ideen breit machten), bald im Vorparlament für die erste deutsche Nationalversammlung in der Paulskirche des Jahres 1848 tätig werden wird und der wohl einen ausgeprägten Hang zur standesgemäßen und in der

Epoche des Biedermeier auch besonders gepflegten Geselligkeit hatte. Couplets zu allen möglichen Gelegenheiten dichtete er und trug sie dann vor. Er ist der Verfasser eines Lustspiels, dem er den Titel „Die Mondzügler" gab und in dem die hegelsche Philosophie durch den Kakao gezogen wurde.

Vormärz und Biedermeier, Aufklärung und Romantik treffen sich im Kopf dieses Mannes. Die Gedanken- und Empfindungswelten dieser doch so unterschiedlichen und zumeist theoretisch so säuberlich getrennt gesehenen Richtungen ergeben am Ende den Geist des „Struwwelpeter", wobei das leutselig-humorvolle Temperament des Autors den unterhaltsamen Ton bestimmt.

Gewiß sind die moralisch strengen Züge der aufklärerischen Vernunftpädagogik vorhanden: Lektüre der Beispielgeschichten soll zur Einsicht des Betrachters führen und in ihm eine Verhaltenskorrektur hervorrufen. Auch das kleine Kind, dem das Buch vorgelesen und dem die Abbildungen gezeigt werden, kann ja denken und damit durch negative Beispiele zur Vernunft kommen. Soweit geht der rationalistische Ansatz. Wer zum Beispiel die Zappel-Philipp-Geschichte verfolgt und verstanden hat, wird — so die Intention Heinrich Hoffmanns — bei Tische in Zukunft ruhig sitzen. Kinder, welche die Hans-guck-in-die-Luft-Geschichte zuende verfolgt haben, werden beim Gehen besser auf den Boden achten. Wer gesehen hat, was aus Paulinchens Spiel mit den Zündhölzern geworden ist, wird in Zukunft die Finger von solchem Zeug lassen. So etwa lauten doch die erwarteten Schlußfolgerungen, auf die hin die Bildergeschichten konstruiert sind.

Recht besehen ist sowohl in der Struwwelpeter-Figur als auch im „Fliegenden Robert", im Häschen mit dem Jäger und in anderen Gestalten ein gewisses Potential an widerständlerischer Selbständigkeit des Individuums zu spüren. Die Verweigerung des Peter, die Hochnäsigkeit des Robert, die Verkehrung der Positionen von Jäger und Gejagtem sind Bilder mit dem Gestus der Aufmüpfigkeit. Eine solche Haltung war in der Epoche des Vor-März, in der Pressezensur und Polizeiaufsicht für Ruhe und geistigen Stillstand sorgten, die Haltung des fortschrittlichen Bürger-

tums. Wiederholt wurde so auch auf die Namensverwandt-
schaft des „Struwwelpeter" mit dem des Revolutionärs Peter Struve hingewiesen und die Frage gestellt, ob nicht in
einer Zeit der Perücken und Pomade, der Etikette und des
graziösen Benimms, wie es die Reaktionäre in der Restaurationszeit allüberall zur Schau trugen, der Struwwelpeter
als der doch letztendlich liebenswerte Oppositionelle, der
Verweigerer zu verstehen sei. Im fliegenden Robert kann
man mit einiger Phantasie und auch nicht ohne Grund eine
Symbolfigur für denjenigen Menschentyp erkennen, der
sich mehr des Gedankens Blässe überläßt als dem praktischen Leben. Hegels idealistische Philosophie und die sich
leicht verflüchtigende Evasion romantischen Lebensgefühls schimmern silhouettenhaft aus der Biedermeier-
welt auf, nunmehr karikiert, der Lächerlichkeit preisgegeben, als nichtsnutzig entlarvt. Wer den Blick zu hoch in
die Sterne richtet, muß ins kalte Wasser fallen. Wer ver-
meint, fliegen zu können, verschwindet irgendwo am Horizont.

Und dann wiederum treffen wir ebenso auf die trauliche
Atmosphäre der vierziger Jahre des 19. Jahrhunderts. Ein
Hauch von Familienidylle in Räumen mit Butzenscheiben-
fenstern. Nach Möglichkeit ist alles Bedrohliche, Gefähr-
liche, alles Unüberschaubare „weit hinten in die Türkei"
verbannt, wo „die Völker aufeinanderschlagen". Trauliche
Welt findet sich ebenfalls im Struwwelpeter-Buch. Girlanden umrahmen die Geschichten von Paulinchens Flam-
mentod. Das Christkindlein mit Engelsflügeln ist zu sehen.
Selbst noch der Struwwelpeter steckt in geordneten Klei-
dern, hat einen Kragen auf dem Kittel und zeigt alle seine
Abweichungen vom braven Verhalten des Bürgerkindes
on face vor. Und im Entwurf zur „Geschichte von dem
Schwarzen Buben" marschiert dieser über eine Schlangen-
linie mit luftigen Phantasieblumen.

Die „Antinomie des Kunstwerks" — wir sollten auch beim
Struwwelpeter die Kriterien des Artifiziellen wahrnehmen
— läßt sich im Falle von Heinrich Hoffmanns Bilderge-
schichtenbuch nicht allein mit der synkretistischen Verei-
nigung verschiedener Zeitstile und der figurativen und
szenischen Veranschaulichung zeitgenössischen Denkens
definieren. Das Originelle am „Struwwelpeter" ist seine

satirische Verfremdung. Hoffmann kippt gleichsam den Ernst der schwarzen Pädagogik und das Sentimentale der Familienidylle in die Ebene des Phantastischen, der Irrealität. Die Sensation der Zweiten Wirklichkeit im Struwwelpeter-Bilderbuch ist mit den Mitteln der Übertreibung zustande gekommen. Hoffmanns Gestalten sind Charakterkarikaturen — übrigens nicht unähnlich den „Konturwesen" Max und Moritz bei Wilhelm Busch —, sie haben sich der Strukturvorstellung ihres Erfinders und dessen Erzählintention zu beugen. So formieren sich etwa die Tränen der Katzen zu akkurat symmetrischen Bächlein in der Paulinchen-Geschichte, so ordnet Hoffmann die fortschwimmende rote Mappe seines Hans-guck-in-die-Luft mehrfach und in übertreibender Perspektivik an, so steigert er den Abmagerungsprozeß des Suppenkaspers ins Abstrakte, nämlich bis zum Erscheinen der Fädchen-Figur, ja er stellt eine Suppenschüssel als Urne auf das Grab. Hier ist kein Mensch gestorben, hier ist ein Gedanke konsequent zuende gedacht und veranschaulicht worden.

Die Umstände der Entstehung dieses Bilderbuchs reflektieren, bedeutet auf eine Reihe von seinerzeit zeitgemäßen Wirklichkeitsdetails stoßen, die der Verfasser aufgegriffen

Der „kohlpechrabenschwarze Mohr" aus dem „Struwwelpeter" wandelt im Urmanuskript Heinrich Hoffmanns (1844) noch über eine Blumengirlande durch die Luft. In späteren Fassungen muß er über festen Gartenboden marschieren.

hat. Feuersgefahr in Dörfern und Städten war zum Beispiel aufgrund der vielen offenen Feuerstellen auch im 19. Jahrhundert noch erhöht gegeben.gerade waren in Schweden die Zündhölzer erfunden worden. Sie erleichterten das Feuermachen, aber lagen dann auch leicht greifbar für Kinder auf dem Tisch. So auch in der Paulinchen-Geschichte. Kinderkleidung wird bei Hoffmann, dem Illustrator seiner Geschichten, dem „Reimerich Kinderlieb", wie er sich noch in der ersten Ausgabe nannte, standesgemäß wiedergegeben. In der „Geschichte von den schwarzen Buben" kann man deutlich erkennen, wie er den „Gassenbuben" mit Reif von dem feinen Jungen mit Mütze und Fähnchen und hinwiederum von dem Mohren mit blankem Oberkörper abhebt. Die vorherrschende Familienstruktur läßt sich erkennen: Dem Vater ist die ganze Autorität gegeben, er hat das Sagen. Der Mutter obliegt die häusliche Versorgung, sie „blicket stumm auf dem ganzen Tisch herum". Die Herrschaft der Erwachsenen verlangt von den Kindern den absoluten Gehorsam, wenn nicht, ja wenn nicht Heinrich Hoffmann augenzwinkernd immer wieder darauf hinwiese, daß die Welt und die bürgerliche Gesellschaft doch nicht ganz so perfekt und humorlos funktionierten.

Das geistige Milieu einer Mischung von aufklärerischen und ebenso biedermeierlichen Verhaltens-, Denk- und Empfindungsweisen spiegelt sich in Bild und Text, aber wird mit den Mitteln der Surrealität gebrochen. So ist Heinrich Hoffmann auch ein aufmüpfiger Autor, dessen Sympathie ein klein wenig bei den Chaoten, bei den Zerstörern der Idyllen liegt.

Die realen und geistigen Entstehungsumstände eines literarischen Werkes sind das eine zu beachtende Feld, das andere sind die Umstände seiner Rezeption. Der „Struwwelpeter" ist ein besonderer Fall, an dem Rezeptions- und damit auch Werkgeschichte ausführlich studiert werden können. In der Werkgeschichte spiegelt sich die gestalterische Mitarbeit Heinrich Hoffmanns von Ausgabe zu Ausgabe über viele Jahre hinweg. So hat er zum Beispiel die Titelfigur später zeichnerisch stark verändert, ja die ursprünglich im freien Raum surreal schwebende Figur auf einen Denkmalsockel gehoben und dort fest aufstehen lassen. Selbst hierin spiegelt sich ein Stück Geistesgeschichte des 19. Jahrhunderts. Spätromantische phantastische Evasion gerinnt und läßt sich erstarrt auf ein Monument setzen. Die Denkmalkultur der wilhelminischen Ära wirft ihre Schatten. Die Werkgeschichte umfaßt aber auch die Tatsache der vielen Übersetzungen, die Verbreitung des Werks in vielen Ländern und Sprachen sowie die Entstehung von Struwwelpetriaden, von Parodien und Travestien. Die überaus reiche Wirkungs- beziehungsweise auch die Rezeptionsgeschichte, inzwischen fast anderthalb Jahrhunderte alt, zeigt, wie ein Werk auch gegen die Intention seines Verfassers einseitig interpretiert und benutzt werden konnte. Je größer die Wirkung des „Struwwelpeter" wurde, desto zerklüfteter wurde auch seine Aura.

„Zum Schein des Kunstwerks gehört seine Wirkung . . .", so beginnt Leo Löwenthal seine Studie zur „Rezeption Dostojewskis im Vorkriegsdeutschland". Zum „Schein" des „Struwwelpeter" gehört vor allem sein Ansehen und seine Wirkung in der Hand von Menschen, die sich familien- und schulpädagogisch engagieren wollten. Schnell wurden die ironisch-satirischen Töne des Werks überhört, die phantastisch-surrealen Züge nicht mehr wahrgenommen und auch die verspielten Seiten übersehen. Es blieb der „Struwwelpeter" übrig als eine Sammlung von bebilderten Drohgeschichten, als eine Kollektion von Mustern ungehorsamer Kinder.

Das so vielfältig in der Zeit des Vormärz verankerte Bilderbuch vom „Struwwelpeter" ist für die Probleme, mit denen sich die Rezeptionsästhetik zu befassen hat, ein Modellfall ganz besonderer Art. Nationale, pädagogische, soziale und moralisch einseitige Beschlagnahmen des Werks haben bis heute ihre Wirkung. Sie haben wiederum kontroverse Stellungnahmen herbeigeführt, dies vor allem in Zeiten, in denen reformpädagogische Strömungen aufgekommen sind, so zum Beispiel in den zwanziger Jahren und in der Phase antiautoritärer Erziehung um 1970. Den „Struwwelpeter" als Werk mit einer autoritären pädagogischen Botschaft abzulehnen, dies ist dann oft die zu findende Meinung. Andererseits wird vom „Geniestreich eines liebenswerten Sonntagsmalers und -dichters" gesprochen, der ein „Epos vom unartigen Kind" vorgelegt habe. Daß in Hoffmanns „Struwwelpeter" nicht so sehr „schwarze Pädagogik", vielleicht aber „schwarzer Humor" stecken, ist offensichtlich schwer zu vermitteln, vor allem dann, wenn sich Kinder in den Händen humorloser „Erziehungsberechtigter" befinden.

Wenn Kinderliteraturgeschichte nicht nur als Geschichte der Texte, sondern auch als die ihrer Wirkung auf die Menschen verstanden wird, also als Sozialgeschichte, dann ist dieses Gelegenheitswerk eines aufgeschlossenen, humorvollen, kinderfreundlich eingestellten Frankfurter Arztes aus der Restaurationszeit des vorigen Jahrhunderts tatsächlich ein Beleg dafür, wie ästhetische Produkte nicht nur im Prozeß ihrer Entstehung, sondern ständig im Prozeß ihrer Rezeption umlagert und bedingt sind von den moralischen, sozialen, pädagogischen und materiellen Vorstellungen aller Gruppen von direkten und indirekten Konsumenten. Dabei ist noch zu beachten, daß im Falle der Kinder- und Jugendliteratur in der Regel die indirekten Konsumenten, das sind die Erwachsenen, die Käufer und Vermittler, mehr Macht und Autorität besitzen als die direkten Konsumenten, die den „Schein" leider als Schatten schon vielfach zu spüren bekommen.

Zeitschnitte legen bedeutet, schnell zu erkennen, daß es falsch ist, Epochen und Stile zu geschlossenen Einheiten zu erheben, die im einzelnen literarischen Werk wiederzuerkennen sind. Das je einzelne Kunstprodukt läßt sich nicht mit abstrakten Stilkategorien messen. Die Einteilung in Stilrichtungen setzt wohl immer voraus, daß die Idealtypik im Einzelwerk nur streckenweise erfüllt ist. Wie zu sehen war, mischen sich im Werk Einflüsse verschiedenster Art.

Dichter erfinden Kindheiten

Gäbe es eine Volkszählung der ausgedachten Gestalten auf dem jugendliterarischen Kontinent, würde man all die Figuren in Märchen, Sagen und Fabeln, in Kurzgeschichten und Umwelterzählungen, in Abenteuerromanen und Mädchenbüchern erfassen, auszählen, sortieren und dann im ganzen überschauen wollen, dann würde gewiß deutlich werden, wie reich an irdischen und auch ,jenseitigen' Wesen, an armen und reichen, schönen und häßlichen, traurigen und fröhlichen Naturen die fiktive Population ist, die dem jungen Menschen lesend, hörend und schauend begegnet. Und gäbe es eine quantitative Motivforschung für die Kinder- und Jugendliteratur, so hätte diese vermutlich viel zu tun, um die Zahl und die Arten der Motive wie Liebe und Eifersucht, Feindschaft und Freundschaft, Ehrgeiz und Lässigkeit, Treue und Untreue, Prüfung und Vertrauensbeweis, Friedenssehnsucht und Kriegertum festzustellen.

Eines dürfte von vornherein sicher sein. Die Menschen, die leichthin vermuten, daß das Reservoir an Figuren und Themen in der Literatur für Kinder und Jugendliche eingeschränkter sei als das in der Fiktion für Erwachsene, würden schnell eines Besseren belehrt werden. Denn der Reichtum an Charakteren, Themen und Motiven ist außerordentlich groß.

Und dennoch schiebt sich im Bewußtsein vieler Erwachsener ein Filter über die tatsächliche Erfahrung, wenn es um die Rückerinnerung an die eigene literarische Enkulturierung im Kindesalter geht. Dann wird Kinder- und Jugendliteratur leicht als ein „schmackhafter Brei" voller heilsamer Kräuter, voller Kuchen und Süßigkeiten, voller Wundertüten und Feuerwerk, als die Darbietung einer Welt der

Clowns, Kasperlfiguren und der harmlosen Tiere, aus dem Gedächtnis ins vermeintlich „erwachsene" Bewußtsein geholt. Selbst Krokodile sind nur noch aus dem Holz aller anderen Kasperfiguren. Alle kindlichen Erfahrungen mit der Phantasiewelt erscheinen im Nachhinein als harmlos. In der Retrospektive verändert sich Kindheit als Lebensphase. Das tatsächlich Erlebte, Erfahrene, Erlesene verschönt sich oder wird zur Lappalie. Vergangenes Leben wird mit Patina überzogen.

Macht man sich jedoch die Mühe, einmal in seiner eigenen Biographie zu kramen und nimmt dabei den süßen Schmelz hinweg, mit dem man allerorten aufgefordert wird, Kinder- und Jugendliteratur ideologisch zu überziehen, dann sind in ihr nicht nur Zuckerwerk versteckt, nicht nur brave Kinder, lustige Lausbuben und naiv dreinschauende Blaustrümpfe, hilfreiche, entmannte Zwerge und letztendlich doch noch besiegbare Riesen, Stiefmütter als überlistete Zurückgebliebene, sowie Blaubärte und Menschenfresser als Gegner ohne Chancen eines letztendlichen Sieges, dann sind in ihr auch Untergänge zu finden, und sei's im Bauch eines Fischs, sterbende, krankheitsbehaftete, sozial benachteiligte Kinder ohne Überlebenschancen wie das Mädchen mit den Schwefelhölzern, „Helden", die ausgesetzt, in Gefangenschaft geraten, erniedrigt werden. Gewiß, das tragische Ende, der offene Ausgang, die Fragwürdigkeit des Weiterlebens werden oftmals weniger stark artikuliert als die Ängste im Binnenraum des Erzählten, sei es im Märchen, im Abenteuerroman, im balladesken Erzählgedicht oder im phantastischen Epos.

Es fragt sich, wieso es zu der ideologischen Verniedlichung, zur Vorstellung von der Kinderbuchwelt als einer fast ausschließlich fröhlichen, lustigen, harmlosen Bühne gekommen ist. Wieso werden Kinder zum Abladeplatz für kitschige Erwachsenen-Utopien benutzt, zum Abnehmer scheinheiliger Bilder von stets tröstbaren kleinen Wesen? Wieso stülpt sich dieses Muster der Trivialliteratur so breit, so vielgliedrig und tief dimensioniert über die Kinder- und Jugendliteratur? Hinzu kommt, daß gerade die Vertreter der fröhlichen Kinderliteratur auf einer Welle breiter Zustimmung schwimmen, ja als Propagandisten des pädagogischen Wertes der Kinder- und Jugendliteratur auftreten können, aber wahrscheinlich gerade dadurch die Fortentwicklung dieser Literatursparte am meisten hindern, indem sie für eine schnelle Instrumentalisierung der „guten" Jugendbücher eintreten, sie von vornherein als nutzbringend und verwendungsfähig ansehen.

Wer aber unter ernstzunehmenden Schriftstellern möchte schon für diese schöngefärbte Zuckerbäckerkinderwelt schreiben? Die Souveränität des Autors als Wahrheitssucher, als ehrlicher Erzähler von Geschichten für diese unsere unvollkommene Welt darf nicht dadurch eingeschränkt werden, daß die Leser Kinder sind. Für die „Kleinen" zu schaffen, kann nicht heißen, auch nur „Kleines" zu Wege zu bringen. Erich Kästner warnte vor dem „In Kniebeuge"-Schreiben, die Brüder Grimm lehnten es, als sie ihre Märchensammel- und Bearbeitungstätigkeit zu rechtfertigen hatten, ab, „überhaupt für Kinder" etwas Besonderes zu schreiben, und Peter Härtling hat den noch nicht erwachsenen Leser als einen im Auge, der dennoch reif ist, die Konfessionen des Dichters anvertraut zu bekommen. Literarische Reife und biologische Reife sind nicht identisch.

Die jungen Menschen sind mit ihren drei oder vier, sieben oder acht, zehn oder elf Jahren doch schon ganz individuelle, unterschiedlich begabte Teilhaber unserer komplizierten Sprachwelt, können schon als Kleinkinder phantasievolle Sprachschöpfer, ja Autoren von Briefen, Tagebuchnotizen und womöglich gereimten Texten sein, sind Wortspielereien zugänglich und lassen sich von den eine beängstigende Wirklichkeit eröffnenden Aufzeichnungen im Tagebuch der Anne Frank tief erschüttern oder im Roman Astrid Lindgrens von den Brüdern Löwenherz über den Tod hinaus nach Nangiyala tragen.

Es geht um die Wegnahme des Verdiktes, der junge Leser sei ein unselbständiges, gleichsam genormtes Stück literarischer Unmündigkeit.

Im hier folgenden Teil soll zunächst die Struktur der „Bevölkerung" des jugendliterarischen Kontinents beobachtet, sollen aber auch die geheimen Wächter einer noch immer bestehenden Umsäumung des Kontinents dingfest gemacht werden. Danach ist nach der Utopie von Kindheit und ihren diversen Varianten sowie nach der Herkunft ihrer Modelle bei Theoretikern zu fragen. Zuletzt soll gezeigt werden, wie sich bei einigen Autoren über die eigene Kindheit ein Film der Interpretation gelegt hat, wie sich dadurch das Bild der selbsterlebten Jugendzeit verändert hat. An Beispielen von Astrid Lindgren und Peter Härtling dürfte Kindheitsdeutung interpretationserleichternd wirken.

Es ist daran zu erinnern, daß innerhalb der literarischen Motivforschung erst spät das Motiv der Kindheit aufgegriffen wurde. Dies geschah mit den Arbeiten von Aries, de Mause und anderen, griff dann aber schnell über auf die Jugendliteraturwissenschaft. Was uns im folgenden interessiert, sind drei Fragen:

Erstens: Hat sich im Zusammenhang mit dem Wandel der Kindheitsmodelle zugleich auch eine Wandlung des Status der Kinder- und Jugendliteratur im gesellschaftlichen Ansehen ergeben?

Zweitens: Ist im Laufe der Zeit ein vertretbares Modell von Kindheit entwickelt worden, das zur „Entzäunung" der Kinder- und Jugendliteratur geführt hat?

Drittens: Inwieweit ist bei herausragenden Autoren deren literarisches Kindheitsbild Spiegel ihrer selbsterlebten Kindheit?

Das bunte Figurenarsenal in Kinder- und Jugendbüchern

Figuren, Gestalten, Personen verschiedenster Art bevölkern die Werke der Kinder- und Jugendliteratur. Damit tritt dem Rezipienten schon sehr früh in seinem geistigen Leben eine außerordentlich reichhaltige, erfundene Welt von Gestalten entgegen. Es fragt sich, ob nicht gar das Kindesalter diejenige Phase des menschlichen Lebens ist, in der die erfundene Bevölkerung, das Personal in der Phantasie bunter gemischt ist als später beim Erwachsenen. Auch wenn im Hinblick auf die Bedeutsamkeit und Einprägsamkeit für den jungen Menschen zwischen Haupt- und Nebenfiguren unterschieden werden muß, so gilt doch: Die kindliche Phantasie wird mit einem erstaunlich bunten Gemisch von Personal konfrontiert.

Dabei unterscheiden sich die literarischen Gattungen durch die Art des benutzten Figurenarsenals. Es gibt verschiedene Gruppen von Personal. So kann etwa in der Fabel jeder Gegenstand zur handelnden Haupt-und Nebenfigur werden. Tiere, Gebrauchsgegenstände, Pflanzen und viele andere Dinge treten handelnd auf. Sie alle werden Personal der Fabel, nehmen die Kontur von Akteuren an, können denken, sprechen und handeln. Sagen, Legenden und Mythen nehmen Götter, historische Persönlichkeiten und Phantasiefiguren wie Elfen, weise Frauen und Riesen auf. Märchen haben ebenfalls außermenschliche Wesen, Phantasiefiguren wie Hexen und Zwerge zu Handlungsträgern. Hauptanteil am Figurenarsenal der übrigen Gattungen der Kinder- und Jugendliteratur dürften menschliche Charaktere sein, so in den sogenannten Umweltgeschichten, in Kindererzählungen und Jugendromanen. Folgt man der herkömmlichen Unterscheidung nach Mädchen- und Jungenbüchern, dann bemerkt man in der ersteren Gruppe in vielen Fällen ein Mädchen, in der letzteren einen männlichen Jugendlichen als Helden, als Haupt- und auch als Identifikationsfigur für den Leser. Tiere werden in Tierbilderbüchern und Tierbüchern dem jungen Leser in jedem Alter als Helden offeriert.

Bei dem Versuch, die Population der Kinder- und Jugendliteratur zu klassifizieren, darf nicht übersehen werden, daß es einen strukturell besonders auffälligen Typ im Kinderbuch gibt, der durch seine Doppelschichtigkeit auffällt. Einerseits mit menschlichen Zügen ausgestattet hat er jedoch wunderbare Kräfte und Eigenschaften. Alice zum Beispiel ist zunächst einmal ein ganz normales kleines Mädchen, ehe es in dem Kaninchenloch verschwindet. Pippi Langstrumpf ist durch Kinderfreundschaft und Nachbarschaft mit Thomas und Anika in die Gesellschaft real existierender Kinder integriert und kann doch Pferde stemmen, mit einem Affen zusammenleben und nur wegen der Ferien in die Schule gehen. Timm Thaler ist ein ganz normaler Junge, der aber sein Lachen verkauft hat und damit den Boden der Wirklichkeit verlassen muß. Pinocchio war einmal ein Stück Holz, ehe er ein Lausbub wurde.

Die mit surrealen Eigenschaften und Erlebnismöglichkeiten ausgestatteten Figuren sind mehr als einfache Akteure in der literarischen Fiktion, sie sind geniale Schöpfungen, sind Leitfiguren, mit deren Hilfe die Wunschträume von jungen Lesern Gestalt annehmen können. Nicht selten verbreiten sie um sich herum einen „Schein", der realere Auswirkungen hat, als man es gemeinhin der Literatur zutraut. Sie können Trost spenden, Angst nehmen, Stärke geben, Freundschaft ersetzen, Einsamkeit überwinden helfen. Und sie können Kindern schon deshalb viel Spaß bereiten, weil sie ihnen das Gefühl geben, es besser zu wissen, dem „Unsinn" des Nonsense auf die Sprünge kommen zu können. Josef Guggenmos' Titel von Gedichten deuten in diese Richtung: „Wer nie ein Nilpferd gähnen sah . . ." oder „Was denkt die Maus am Donnerstag."

Josef Guggenmos
(* 1922)

Ein Teil der folkloristischen Kinderliteratur arbeitet mit bewußt eingesetzten Stereotypen-Gruppen. So zum Beispiel können im Märchen jederzeit Könige und Königinnen, Prinzen und Prinzessinnen, aber auch Hexen und Zwerge auftreten. Das Kasperletheater wiederum hat in seiner heutigen deutschen Ausprägung zum festen Bestand nicht nur das Kasperle selbst, sondern auch den Seppl, die

Großmutter, den Räuber und das Krokodil. Ähnliche stereotype Gruppierungen enthalten die Comics — die Peanuts, Mickey Mouse, Superman, Asterix. Sie, wie alle Serien, brauchen als Strukturelement den wiederkehrenden Helden.

In den realistischen Erzählungen und Jugendromanen enthält andererseits die Kinder- und Jugendliteratur psychologisch durchgezeichnete Gestalten, welche den Anspruch erheben, wirklichkeitsgetreu wirkende Individuen darzustellen. Dies trifft auf Werke aus den verschiedensten Epochen der Jugendliteraturgeschichte zu, sowohl auf abenteuerliche Romane wie „Die Schatzinsel" von R.L. Stevenson, auf Mark Twains „Tom Sawyer", Karl Mays „Winnetou", als auch auf Entwicklungsromane wie Johanna Spyris „Heidi" und Scott O'Dells „Insel der blauen Delphine", ebenso auf historische Erzählungen wie die Rosemary Suttcliffs oder auf die Umweltbücher Astrid Lindgrens „Wir Kinder aus Bullerbü" und „Ferien auf Saltkrokan". Die in solchen Texten agierenden Figuren sind darauf angelegt, den Leserinnen und Lesern zu zeigen, welche seelischen Erschütterungen und nervlichen Anspannungen sie ertragen, ja welche charakterlichen Wandlungen und menschliche Entwicklungen sie womöglich durchmachen müssen.

Die agierenden Gestalten der Kinder- und Jugendliteratur haben zwei elementare Funktionen. Erstens tragen sie die Handlung, und zweitens veranschaulichen sie Verhaltensweisen und Denkprozesse. Durch beide Faktoren wird eine emotionale und ebenso eine kognitive Identifikation des Lesers mit der Figur ermöglicht. Sobald Stereotypen gegeben sind — zum Beispiel der Wolf in der Fabel, Old Shatterhand in Karl Mays Indianerromanen oder die Mikkey Mouse im Comic —, ist aufgrund des Vorbewußtseins über deren Verhaltens-, Denk- und Empfindungsweise die Figur als Handlungsträger besonders in den Aufmerksamkeitsbereich des Konsumenten gerückt. Bei allen Serienprodukten — seien es Comics, Bücher oder Filme — ist der Leser, Hörer oder Zuschauer — natürlich auch der Autor und Darsteller — ab der ersten Fortsetzung von der Aufgabe der Erstidentifizierung des Helden entlastet.

Die Entstehungs-, Herkunfts- und Wirkungsgeschichte der Figuren ist unterschiedlich. Die aus der Folklore stammenden stereotypen Figuren wie die Hexe im Märchen, der Löwe in der Fabel, Kyffhäuser in der Sage sind teilweise Jahrhunderte, ja Jahrtausende alt. Ihre Entstehung ist dann kaum mehr zu rekonstruieren. Internationale Zusammenhänge sind sehr oft feststellbar. Man denke nur an des deutschen Rotkäppchens französische ältere Schwester. Solche Figuren werden als Bauelemente benutzt. Man kann eben mit dem „Fitzlibutzli" auch neue Geschichten erfinden, auch wenn dieser Hausgeist uralt ist. Mit der Mickeymaus-Figur aus dem 20. Jahrhundert sind Abenteuer immer wieder zusammenzureimen. Der Kasper taucht seit mehr als zwei Jahrhunderten stets in neuer Lage auf und kommt immer wieder davon. Autor und Leser, beziehungsweise Zuschauer sind in einer Art „Werkgemeinschaft" miteinander verbunden. Sie wissen beide in gewisser Weise, was sie zu erwarten haben. Man hat es mit alten Bekannten zu tun.

Die meisten Haupt- und Nebenfiguren der Kinder- und Jugendliteratur sind Eigenschöpfungen der Schriftsteller. Ihre Existenz bleibt in der Regel auf den Text beschränkt, in dem sie zum ersten Mal auftreten. Dasselbe gilt in Variation auch für Serien. Hier allerdings überleben sie gelegentlich ihren Autor, auch den ursprünglichen Darsteller der Rolle, wenn Verfilmungen vorliegen. Die Babar-Geschichten wurden zum Beispiel von dem Sohn Laurent de Brunhoff fortgesetzt, als sein Vater Jean de Brunhoff starb. Die Comic-Heldin „Blondie" ist ebenso nach dem Tod ihres Schöpfers Murat Bernhard (Chic) Young (†1973), der sie 1930 zum Leben erweckt hatte, weiterhin in ihren Abenteuern erschienen. Tarzan-Filme wurden weitergedreht, auch wenn der langjährige Darsteller Johnny Weißmüller ausfiel. Das gegebene Klischee erlaubt, Schreiber (Texter) und Darsteller zu ersetzen.

Nicht nur Bücher, auch einzelne Figuren aus Büchern haben — wie schon angedeutet — ihre Geschichte. Dies gilt einmal insofern, als eine, sogar statistisch feststellbare ständige Veränderung und Gruppenverschiebung des Figurenarsenals in der Kinder- und Jugendliteratur stattfindet. Zum Beispiel haben Jahr für Jahr andere Tiere den Vorzug im Tierbilderbuch. Mal sind es Nilpferde, mal Löwen, mal

Dinosaurier oder Pferde. Nach dem Zweiten Weltkrieg gab es das sogenannte Schlüsselkind als häufig vorkommende Figur in Kinderbüchern und die Stewardeß in Mädchenbüchern. Im Bilderbuch des 19. Jahrhunderts hat eine zeitlang aus ganz anderen Gründen die Figur des Invaliden eine bestimmte signifikante Rolle gespielt. Er war als vereinsamter und versehrter Mensch zur Mitleidsgestalt avanciert. Das Figurenarsenal der Kinder- und Jugendliteratur reflektiert oftmals die Probleme und Wunschvorstellungen der Gesellschaft.

Die Betrachtung der Bevölkerung des jugendliterarischen Kontinents darf sich weder auf die Aufzählung der verschiedenartigsten Wesen noch auf die Betonung der Variationsbreite innerhalb des Arsenals, sowohl realistischer wie auch „jenseitiger" Gestalten, beschränken. Vielmehr ist bei einer Beobachtung dieser Art wert darauf zu legen, die Position einzelner fiktiver Figuren in ihrer jeweils ebenso fiktiven Umgebung zu erkennen. Dabei läßt sich sehr schnell herausfinden, daß jede erzählte Geschichte ihre Handlungsträger in ein Sozialgefüge hineinstellt.

Das läßt sich ganz leicht demonstrieren, nimmt man sich nur eine winzige und einfach strukturierte Erzähleinheit vor, nämlich die alte Fabel vom Wolf und vom Lamm. In ihr ist sofort zu erkennen, wer hier herrscht, nämlich der Wolf, und wer hier der Unterlegene ist, nämlich das Lamm, obwohl es die besseren Argumente hat. Die Beziehung zwischen Wolf und Lamm spiegelt Machtverhältnisse wieder, läßt den Leser auf das Netz gesellschaftlicher Gegebenheiten schließen. Die Fabel zeigt, daß der eine sich mehr herausnehmen kann als der andere. Der Stärkere braucht aber den Schwächeren, um sich selbst als den Mächtigeren zu verwirklichen.

Dieses Bestehen eines Sozialgefüges in den fiktiven Texten der Kinder- und Jugendliteratur läßt sich ebenso an einem völlig anderen Beispiel, nämlich an der Gestalt des Robinson Crusoe erkennen. Dieser junge Mann aus gutem Haus möchte sich zwar, so berichtet es Daniel Defoe, des sozialen Netzes in seinem Elternhaus in der englischen Stadt Hull entziehen, er haut ab. Aber immer wieder gerät er in Abhängigkeit oder baut selbst solche Abhängigkeit um sich herum auf. So tritt er als Befreier seines Helfers „Freitag" und später als Kaufherr und Inselherrscher in Kommunikation mit anderen Menschen.

Das Vorhandensein des sozialen Netzes im fiktiven Erzählraum läßt sich aber auch, und wiederum ganz anders, im Märchen vom Sterntaler zeigen, in dem es letztlich darum geht zu demonstrieren, daß soziale Zuwendung belohnt wird.

Die Kinder- und Jugendliteratur spiegelt in Motiv, Personal und Handlung direkt oder metaphorisch die menschlichen Lebensverhältnisse. Sie schildert die Machtverhältnisse zwischen einzelnen und Gruppen, zwischen Minderheiten und Mehrheiten, zwischen Besitzenden und Armen, zwischen Fremden und Einheimischen. Randfiguren, Behinderte, Krüppel und Fremde sind Teile der fiktiven Gesellschaft. Sie dienen als Movens der Handlung oder auch als Staffage.

Kinder- und Jugendliteratur zeigt im Spiegel weithin die Hierarchie der menschlichen Gesellschaft. Sie bringt aber auch in manchen ihrer utopischen Entwürfe den Traum von der Verschwisterung von Arm und Reich, der Aufhebung von Unterschieden zwischen mächtig und ohnmächtig hervor.

Dabei ist die Position des Autors entscheidend. Denn er kann in dem von ihm eingerichteten Gesellschaftsspiegel durch die Art seines Blickwinkels zugleich demonstrieren, was er für gut und was er für kritikwürdig hält. So können Gastarbeiter zur Metapher für Fremdes werden, das der Zuwendung bedarf, oder auch desjenigen, das nur scheinbar fremd ist, in Wirklichkeit vertraut mitmenschlich ist. So können in manchen Grimmschen Märchen Kinder Symbol für die Bravheit, Hingabebereitschaft und den Gehorsam in einer hierarchisch gegliederten Obrigkeitsgesellschaft sein, wie im „Wolf und die sieben Geißlein", in „Hänsel und Gretel" und „Fundevogel". Oder sie können auch Symbole naiver Ignoranz biederer Bürgerlichkeit werden, etwa in dem Märchen vom „Hans im Glück."

Mit anderen Worten: Die bunten Figuren der Bevölkerung der Kinder- und Jugendliteratur und ihre Agitationen werden in der Hand der Autoren zu Spiegeln, aber auch zu Zerrspiegeln der menschlichen Gesellschaft. Der Dichter interpretiert mit Hilfe seines fiktiven Personals und Szenariums die Menschenwelt für Kinder und Jugendliche.

Dabei hat er die Möglichkeit, seine Akzente zu setzen. Er gibt Ausschnitte vor, er gestaltet Räume aus, er drapiert Figuren, damit der Leser sich mit ihnen identifizieren kann. Die Identifikationsfiguren müssen dabei keineswegs Altersgenossen der Leser sein, aber sie sind es oft. Insofern läßt sich auch besonders leicht an den Kinderfiguren aus der Kinder- und Jugendliteratur die Vorstellung von Kindsein und Jungsein der einzelnen Autorinnen und Autoren ablesen. Und daß der Autor jeweils in seiner genuinen Gestaltung nicht unabhängig von Zeitgeist und Epochalvorstellung ist, dürfte sich schnell belegen lassen.

Verhüllte und gewickelte Kleinkinder sind in Jean Bernard Basedows berühmtem „Elementarwerk" (1774) auf den Kupfern Daniel Chodowieckis zu sehen. Hier ein Ausschnitt aus Tafel I. Vom Essen und Trinken.

Drei Entwürfe von Kindheit

Wenn nach den geschichtlichen Wurzeln der heutigen Kinder- und Jugendliteratur gefragt wird, dann muß man schnell auf ihre doppelte Herkunft hinweisen: nämlich die aus dem Geist der Aufklärung und die aus dem Geist der deutschen Romantik. Zwei konträre Positionen, die zwar zunächst kurz nacheinander entstanden sind, dann aber bis heute ineinander verschränkt erscheinen, haben sich am Ende des 18. und zu Beginn des 19. Jahrhunderts herausgebildet und kennzeichnen bis heute die Widersprüchlichkeit literarischer Herrschaftsverhältnisse im Bereich der Kinder- und Jugendliteratur. Denn die aufklärerische Richtung erklärte Kinder zu zwar vernunftbegabten, aber noch unmündigen Wesen. Die Romantiker vertraten genau das Gegenteil, sie meinten nämlich, die eigentlich mündigen Menschen seien die Kinder. Heute gilt es, eine dritte Position einzunehmen.

Das Kind ist auch schon im „Orbis pictus" (1653) des Johann Amos Comenius vorgestellt, zunächst aber ohne Sprache, also „unmündig" in des Wortes einfachster Bedeutung. Der Erwachsene verleiht ihm den Mund, indem er es die Sprache lehrt. Bei den deutschen Aufklärern Joachim Heinrich Campe, bei Eberhard von Rochow oder Christian Felix Weiße im späten 18. Jahrhundert stoßen wir auf dieselbe Grundposition des zunächst für unmündig erklärten Kindes. Der junge Mensch sei der Erziehung zum menschlichen Verhalten bedürftig, sonst bleibe er fernab der Zivilisation, bleibe im Zustand der Wilden. Aber nunmehr werden von den Schriftstellern den jungen Wesen zwar die Vernunftbegabung zuerkannt, noch nicht aber die moralischen Einsichten. Unvernünftig handelt der, der noch nicht gelernt hat, seine Verstandeskräfte zu gebrauchen. „Die Vernunft der Väter" — so lautet der Titel des Buches von Reiner Wild, in dem deutlich wird, wie männlich bestimmt die Ideale der Erziehung in der Aufklärung waren — zu erlangen heißt, mit Hilfe von veranschaulichenden Beispielgeschichten die Einsicht gewinnen, daß die Welt der vernünftigen Erwachsenen die beste aller Welten ist. Diese rationalistische Auffassung ist keineswegs auf das späte 18. Jahrhundert beschränkt geblieben. Es gibt aus jüngeren Epochen Exempel genug, ob es der Struwwelpeter aus den vierziger Jahren des 19. Jahrhunderts, der Trotzkopf und der Pinnochio aus der zweiten Hälfte des 19. Jahrhunderts, die Birne-Geschichten Herburgers oder die Schnurreschen Fabeln sind, stets soll, vom Erzähler so angelegt, etwas gelernt werden, was letzten Endes aus seinem durch Unmündigkeit verursachten Fehlverhalten herausführt. Es sind die Älteren, die Erwachsenen, die es eben wissen und die deshalb Geschichten erzählen, weil sie das zu Sagende am besten, am anschaulichsten demonstrieren können. Daß diese Attitude bei Erich Kästner ebenso wiederzufinden ist wie bei den meisten literarischen Werken der sogenannten antiautoritären Phase, daß dieser didaktische Grundzug, dieses Schreiben wider die Unvernunft und Unmündigkeit, aus der Geschichte der Kinder- und Jugendliteratur bis in unsere Tage nicht wegzudenken ist, dies gilt es nicht nur hier festzuhalten, nein, auch mit der Bemerkung zu versehen, daß dieses Gestaltungsmodell keineswegs der Kinder- und Jugendliteratur allein zugehört, vielmehr eine grundlegende Intention von Literatur überhaupt ist. Lessings „Nathan der Weise", Schillers „Räuber", Brechts „Kaukasischer Kreidekreis" können daran erinnern, daß die Autoren etwas mitteilen wollten, was die Zuschauer zur Besinnung bringt, was vor Unvernunft warnt.

Auch die Geißenmutter im schon aus dem 15. Jahrhundert bekannten Märchen vom „Wolf und den sieben Geißlein" warnt, und die Jungen müssen ihre Erfahrungen machen. Robinsons Vater im fernen englischen Städtchen Hull warnt den gepflegten, gut situierten Jüngling Robinson Crusoe. Der muß ebenfalls seine Erfahrungen machen. Die Mutter in der Paulinchen-Geschichte des Struwwelpeter warnt ihr Kind, bevor sie das Haus verläßt. Das Kind macht Bitteres durch, es verbrennt. Der Alm-Öhi in Johanna Spyris Heidi-Buch ist aufgrund seines früheren schlechten Lebenswandels gänzlich vereinsamt. Das Naturkind mit christlicher Erziehung bringt eine Bekehrung zustande. Der alte Mann lernt dazu und bessert sich.

Gewiß, in der Zeit der Aufklärung wurde diese Struktur des Warnerzählens zur Mustergattung erkoren. Die Beispielgeschichte als säkularisierte Form des Gleichnisses und auch als realistischere Variante der Fabel hatte damals ihre Blütezeit. Wer damals erzählte, erzählte um zu belehren. Er formulierte gewissermaßen nicht mehr von der Kanzel, aber dafür vom Katheder herunter. Er formulierte nicht etwa Geschichten, um zu trösten oder zu beruhigen, er tat es vielmehr, um einem Unwissenden, auch einem Unerzogenen, einem „Wilden" zu sagen, wo es lang zu gehen hat.

Darin liegt pädagogische Penetranz und Arroganz der Aufklärung. Die Unmündigkeitserklärung kann den jungen Leser auch in eine bestimmte Ecke drücken, in der er klein und unerfahren gehalten wird, sich aber zum Einsichtigen, Klugen, Vernünftigen läutern kann, wenn er die Autorität der Erwachsenen akzeptiert, wenn er in Gedanken und Taten den veranschaulichten Belehrungen der Älteren Folge leistet. Mutatis mutandis gilt diese Haltung des auktorialen Erzählers, der mit der Intention ans Schreiben geht, Botschaften zu verbreiten und affirmative Aufnahme hervorzurufen, für alle Literatur, in der der Autor auf den Leser in dem Bewußtsein des Besserwissens einwirken will.

Letztendlich ist sogar noch der moderne Autor, der in der Absicht ans Werk geht, man solle den Kindern viel Lustiges, viel Spaß vorsetzen, meines Erachtens ein gewissermaßen kryptischer Anhänger der gerade beschriebenen Position. Denn er intendiert in seinem Schaffen offensichtlich, die Schonraumpädagogik literarisch zu verstärken, und zwar nach der Devise: Wer „ein Herz für Kinder" habe, müsse für deren fröhliche Kinderwelt sorgen.

Wer demnach der soeben beschriebenen Position folgt, stößt darauf, daß die Kinder- und Jugendliteratur auf diese Art und Weise als Erziehungmittel funktionalisiert worden ist und heute noch wird. Erlaubt ist dann nur, was im Sinne einer vorherrschenden Moralpädagogik der Erwachsenen mitteilenswert erscheint. Hinter einem solchen Konzept verbergen sich verschiedene Schattierungen ein und desselben Kindheitsbildes, wobei wiederum anzumerken ist, daß Kindheit hier nicht ein Lebensalter, sondern dasjenige Stadium meint, in dem nach dem dictum der Erwachsenen der Mensch noch nicht seinen vollen Verantwortungsgrad erreicht hat.

Insofern ist der junge Mensch aus einer solchen Sicht heraus sowohl das noch ungläubige Wesen, das Gott erst schauen lernen und durch Einsicht in die Größe der Allmacht fromm werden soll, als auch das noch unvernünftige Wesen, das erst seine in ihm schlummernden Kräfte trainieren muß, und ebenso das unwissende Wesen, das erst Kenntnisse erwerben und Erfahrungen sammeln muß. In allen Fällen ist das Kind im Grunde ein Mensch, der noch Defizite aufweist, der noch unfertig ist.

Die ebenso traditionsreiche Gegenposition zu der soeben geschilderten ist die, bei der das Kind umgekehrt zu einem idealen Wesen, zu einem durch zivilisatorische Einflüsse noch nicht entmündigten, noch nicht verbildeten, noch im Stadium reiner, naiver Menschlichkeit sich befindenden Geschöpf hochstilisiert wird. Es ist — im Bild gesprochen — nunmehr die Erhebung des Kindes in den Königsstand, während in der anderen Position die Degradierung der Kinder in den Stand der Abhängigen vorlag. Es wäre ein Irrtum, würde man meinen, diese Position könne historisch auf die Zeit der Romantik eingeschränkt und in ihrer Bedeutung als längst überholt angesehen werden.

Sicherlich finden sich besonders deutliche Beispiele für die Idealisierung des Kindes in der Romantik selbst. Man denke etwa an die Grimmschen Märchen. Schon die Idee, sie zu sammeln, hing mit der Hochschätzung des Kindheitsstatus eng zusammen. Die Brüder sagten sich nämlich, nur noch in der Kinderstube hätten Mythos, Sage und der Glaube der Vorfahren überdauern können. Die Kinder seien diejenigen, welche noch frei von der Überlagerung durch kulturelle Fremdeinflüsse seien. Sie bewahrten am meisten und reinsten die eigene, die deutsche, die gewachsene Kultur, während die Erwachsenen — gemeint waren die Gebildeten unter ihnen — längst die klassischen Normen, Formen und Vorbilder und die des französischen Stils akzeptiert, nachgeahmt und idealisiert hätten. Im Kinderreim und Kinderlied sahen Achim von Arnim und Clemens Brentano ähnliche Reste wie die Brüder Jacob und Wilhelm Grimm im Märchen und später Joseph Görres auch noch in den deutschen Volksbüchern. Wo aber die Kinder als Transporteure wertvollsten Gutes angesehen wurden, da ist der von Erwachsenen der Kindheit zuerkannte Status hoch. Kinder werden zu Mythos-Trägern, zu Sängern und Idolen reiner Anschauungen erhoben. In der Vorrede zu den Kinder- und Hausmärchen sprachen die Brüder Grimm metaphorisch davon: „Kinder deuten ohne Furcht in die Sterne, während andere, nach dem Volksglauben, die Engel damit beleidigen." Kinderliteratur ist somit gleichsam eine reine und deshalb auch besonders schöne Literatur. Sie sei sozusagen direkt verbunden mit dem Himmelsgesang, sie enthielte die bewahrte Metaphysik der Vergangenheit.

Diese Anschauung vom reinen Wesen des Kindes gegenüber der oftmals verderbten Welt der Erwachsenen hat zur Folge, daß auch des Kindes Literatur sanktioniert wurde – soweit sie für das reine Ursprungsprinzip Modell abgeben konnte. Die Sage, die Legende, das Märchen, die anonym verfaßten und uralten Gattungen volkstümlicher Erzählung fanden besondere Beachtung.

Es wäre meines Erachtens zu eng gegriffen, ginge man davon aus, eine solche Auffassung sei nur in der Epoche der Romantik vertreten worden. In kleine Münze umgewandelt dürfte sie noch heute verbreitet sein. Die idealistische Vorstellung von Kindern als noch unverdorbenen und naiven Menschen, denen die alten Märchen und Sagen eine Ursprungswelt mit mythischen Dimensionen erschlösse, ist auch noch im 20. Jahrhundert vertreten worden. Diese Grundposition ist zum Beispiel deutlich und ernsthaft von denen bezogen worden, die als Reformpädagogen um die Jahrhundertwende die Kindersprache als genuine Ausdrucksweise entdeckten und verteidigten und sie nicht, wie bis dahin üblich, als unfertigen Agrammatismus und als Gestammele von Unbedarften abgetan haben. Aus der Perspektive der Entdeckung des Kindes als kleinem Künstler und Kunstverständigen – im Geiste des Jugendstils – geschah es vor dem ersten Weltkrieg, daß Paula und Richard Dehmel ganz kleinen Mädchen und Jungen in Kindergedichten nach dem Munde dichteten, deren Kindersprache nachahmten, daß Berthold Otto die Faustsage in sogenannter „Altersmundart" nacherzählte und daß die

Schulreformer in ihre neuen Lesebücher Texte aufnahmen, die von Schulkindern selbst verfaßt waren. Des kleinen Berni Erlebnisse, aufgeschrieben 1908 von Heinrich Scharrelmann in dem Band „Berni. Ein kleiner Junge. Was er sah und hörte, als er noch nicht zur Schule ging", oder siebzehn Jahre später die Notizen aus dem Leben eines Proletarierkindes, von Carl Danz 1925 unter dem Titel „Peter Stoll. Ein Kinderleben. Von ihm selbst erzählt" aufgeschrieben, enthalten mehr Wahrheit über die gesellschaftliche Wirklichkeit als andere Werke der überkommenen Kinder- und Jugendliteratur.

Hochachtung für das Kind als Literat, als kleiner Künstler, als mit Kritik und Geschmack ausgestatteter, voll handlungsfähiger Mensch zollte auch der französische Literaturwissenschaftler Paul Hazard, der 1932 ein Buch herausgab, das später in der erst 1952 erschienenen deutschen Übersetzung „Kinder, Bücher und Große Leute" hieß und von Erich Kästner mit einem zustimmenden Vorwort versehen worden ist. Ein wenig nüchterner als der romantisierende und mythologisierende Italiener Luigi Santucci, der 1964 ein Buch unter dem Titel „Das Kind, sein Mythos und sein Märchen" herausgab, aber dennoch mit Begeisterung für die Sache beschreibt Paul Hazard genau die Position: Er behauptet, Kinder seien literarisch mündig. Sie seien imstande, sich ihre Literatur selbst zu erobern. Die allmähliche Verwandlung des ursprünglichen Robinson- oder des Gulliver-Romans in eine kindgemäße Version bewiese, daß die jungen Leser erstens mächtig seien und zweitens einen Geschmack für Weltliteratur hätten.

Beispiele, aus denen hervorgeht, daß Erwachsene den Kindern eine Kraft der literarischen Kritikfähigkeit, gar des Anschlusses an ein weltliterarisches Bewußtsein und ein schöpferisches Vermögen zutrauen, sind noch mehrere zu finden. Die Märchen der Brüder Grimm, des Cervantes „Don Quichote", „Münchhausens Abenteuer" und des „Oliver Twist" gehören dazu. Die Position ist deutlich: eine literarische Mündigkeitserklärung der Jugend. Zieht man die Linie von der Zeit um 1800, als die Romantiker lebten und wirkten, bis heute, so gibt es auch neuerdings Äußerungen, in denen ein ähnliches Zutrauen zum literarischen Vermögen der Kinder zu spüren ist, nicht nur bei so be-

kannten Autoren wie Peter Härtling und Christine Nöstlinger.

Aber wir müssen uns fragen, ob diese Mündigkeitserklärung einlösbar ist. Der jugendliche Leser als autonomes
Wesen, als Mythenbewahrer, als Sprachartist, als Eroberer
der Weltliteratur? Ist es tatsächlich so, daß Kinder solche
Fähigkeiten haben? Oder rufen vielleicht die Erwachsenen
die Macht der kindlichen Phantasie herbei, um sich ihre eigenen Träume zu erfüllen?

Die Erwachsenen haben ein Ideologem errichtet. Dieses
leistet der Suche nach einer speziellen Poetik der Kinder-
und Jugendliteratur Vorschub und läßt somit sogar die wissenschaftliche Ghettoisierung nur der gesellschaftlich
praktischen folgen.

Man möge aber an ein paar Beispielen die kühne, aber auch
illusionäre These von der literarischen Mündigkeit der
Kinder überdenken. *Erstens:* Die Kinder- und Hausmärchen der Brüder Grimm kamen zum Beispiel nicht aus
Kindermund, sind auch gar nicht vordringlich oder gar ausschließlich für Kinder geschaffen worden. *Zweitens:* Wir
können mit Hilfe der Leserforschung belegen, daß Kinder
auf Texte von Kindern — sei es im Kindertheater, beim Lesen im Buch oder auch beim Hören von Gedichten — keineswegs anders reagieren als auf Texte von Schriftstellern,
die als Erwachsene schreiben. *Drittens:* Wir wissen, daß
sich nicht die Kinder die Weltliteratur erobert haben, daß
vielmehr das Kind als potentieller Konsument, auch als
Zögling, vielfachen verlegerischen und schriftstellerischen
Experimenten ausgesetzt war, ehe es den Robinson und
den Gulliver, den Don Quichote und Moby Dick annahm
und die Märchen zu rezipieren lernte.

Die Position derer, die den jungen Menschen kurzent-
schlossen literarisch für mündig erklärten, dürfte ebenso
wie die erstere, also derer, die ihn zwar für vernunftbegabt,
aber noch nicht für wissend genug hielten, eine Illusion der
Erwachsenen sein. Nach wie vor wird das literarische Bewußtsein der Kinder gelenkt.

Was aber dann, wenn sowohl mit der einen als auch mit der
anderen Position um die Kinder- und Jugendliteratur Zäu-

ne errichtet würden, wenn sie den Blick für das, was tatsächlich ist und auch noch sein könnte, verstellten?

Bei einem Blick in alte Lesebücher und Katechismen, oder auch in neuere Mädchenbücher und gegenwartsbezogene Umweltgeschichten, ebenso in viele sogenannte Problembücher für die Jugend ist zu erkennen, daß die dem Erwachsenen jeweils passenden Texte abgedruckt sind. Hier die für das brave Kind, dort die für das fromme, hier die für das gehorsame, fleißige Mädchen und dort die für den belehrbaren, aufgeschlossenen Jungen. Hier die für das Erlernen der Friedfertigkeit, dort die für das Erlernen des richtigen ökologischen Bewußtseins. Hier die zur sexuellen Aufklärung und dort die zum Erlernen der Folgen von Tschernobyl. Riesige Portionen an didaktischem Ideengut in scheinbar schöner belletristischer Verpackung müssen von dem kleinen Leser konsumiert werden. Manchem jugendliterarischen Werk haftet der Geruch der pädagogischen Auftragsarbeit an.

Zu bedenken ist jedoch: Jeder Leser, der erwachsene wie der jugendliche, braucht Texte, die ihn aufklären, die also aus der ersten Position heraus geschrieben sind. Denn irgendwo sind wir alle unmündig, möchten mehr wissen, mehr erkennen. Und jeder Leser, der erwachsene wie der jugendliche, braucht ebenso Texte aus der zweiten Position, die ihn an jenem Unheimlichen, dem Numinosen, dem Imponderabilen teilhaben lassen, das ihn erfahren läßt, auch er habe an der Allmündigkeit teil, von der der deutsche Romantiker Novalis schrieb:

Wenn nicht mehr Zahlen und Figuren
Sind Schlüssel aller Kreaturen
Wenn die, so singen oder küssen
Mehr als die Tiefgelehrten wissen . . .
. . .
Und man in Märchen und Geschichten
Erkennt die wahren Weltgeschichten,
Dann fliegt vor einem geheimen Wort
Das ganze verkehrte Wesen fort

Die beiden soeben geschilderten Positionen allein dürfen meines Erachtens nicht die Poetik der Kinder- und Jugendliteratur konstituieren. Wenn der junge Leser entweder in die Abhängigkeit der Lehrdichtungen oder in die des

„Phantasiens" genommen wird, wenn er gezwungen würde, lesend in einem der beiden literarischen Kontinente ganz aufzugehen, dann würde er entweder Opfer der Didaktik oder Opfer der Mythologie.

Hier eröffnet sich, wie ich meine, eine dritte Position der Betrachtung von Kinderliteratur, deren Beschreibung vielleicht erkennen läßt, daß sie mindestens genau so alt wie die beiden anderen ist, aber eine andere Haltung der Erwachsenen enthält. Ich halte diese dritte Position für die einzige, die aus dem Dilemma ghettoisierter Kinder- und Jugendliteratur, wie wir sie heute weithin — praktisch wie theoretisch — haben, herausführen kann.

Diese Position der Akzeptanz des Kindes als Partner auf der Rezipientenebene bedeutet zugleich eine Akzeptanz der Kinder- und Jugendliteratur als Literatur auf der Ebene der Poetik. Kinder sind dann nicht mehr die eingekreisten Opfer beziehungsweise eine knetbare Masse in den Händen der Erwachsenen, vielmehr gleichberechtigte Leser, denen kommunikativ vertraut, das heißt auch alles Mögliche zugetraut werden darf. Insofern gibt es dann auch keine tabuisierten Themen mehr. Und Kinder- und Jugendliteratur hat dann keine anderen Formen und Gehalte als die Literatur der Großen Leute.

Es bedarf hier nicht des Zitierens von zustimmenden, schon wiederholt herangezogener Äußerungen nachdenklicher Schriftsteller — von Theodor Storm im 19. Jahrhundert über Erich Kästner und Astrid Lindgren bis hin zu James Krüss oder Christine Nöstlinger —, es bedarf nur der Erinnerung, daß die Formulierungen dieser Menschen allesamt in die Richtung gehen, die auch Maxim Gorki meinte, als er davon sprach: „Für Kinder muß man ebenso schreiben wie für Erwachsene . . ." Er fügte verschmitzt noch hinzu: „. . . nur besser."

Ich sehe nicht nur in solchen Absichtserklärungen, vielmehr ebenso in vielen Werken der neueren Kinder- und Jugendliteratur einen erstaunlichen, permanent sich erweiternden Öffnungsprozeß gegenüber bislang nicht betretenen Themenfeldern. Besonders große Fortschritte in Richtung auf eine ernsthafte, qualitätvolle literarische Leistung haben sich meines Erachtens in den Jahren nach dem

Zweiten Weltkrieg ergeben. Man betrachte nur einmal das großartige Lebenswerk der schwedischen Erzählerin Astrid Lindgren. Ist es nicht bezeichnend, daß sie am Anfang ihres Schreibens dieses hypertrophe Kind Pippi Langstrumpf entwarf, das sich gegen jede Herrschaft der Erwachsenen energisch zur Wehr setzt, und daß sie in ihren jüngeren Romanen die Themen Tod, Selbstmord, aber auch Feindschaft, Liebe und Versöhnung ausformuliert, sich auch nicht scheut, die Macht des Bösen in Form der Diktatur der Freiheit bei individueller Gleichberechtigung im Lande Nangiyala gegenüberzustellen. Kinder wachsen wie bei Astrid Lindgren auch bei Benno Pludra, bei Ursula Wölfel, bei Christine Nöstlinger oder bei Michael Ende und vielen anderen Autoren schlichtweg zu Handlungsträgern mit lebensphilosophischer Perspektive heran, wobei eine Gleichstellung der Lebenshaushalte von Kindern und Erwachsenen sehr oft schon dadurch dokumentiert ist, daß junge Menschen in eine zeitweise oder auch ständige Lebensgemeinschaft mit älteren Menschen geraten. Bei Peter Härtling ist dieses Hineingestelltsein der jungen Protagonisten in die verletzte Welt der Erwachsenen geradezu das Bewährungsfeld humaner Beziehungen, wenn alt und jung in wechselseitiger Anerkennung — die Erzählungen „Oma" und „Krücke" können dies eindringlich veranschaulichen — ihr Leben meistern.

Härtling will in der Erzählung „Oma" aber auch „belehren", nämlich darüber, wie das Zusammenleben zwischen Alt und Jung aussehen könnte. Und er spielt dem Kind eine entscheidende Rolle als Hoffnungsträger zu. So ist die Position des Didaktikers mit der des Verteidigers einer mündigen Kindheit und — last but not least — mit der der ideellen Partnerschaft ineinander verschränkt.

Gegenstand der Betrachtung ist eine fiktive Welt, eine unwirkliche, eine ausgedachte, ja eine utopische Kinderwelt, wie sie der Jugend in Geschichten auf dem Papier der Bilder- und Kinderbücher, auf den Bühnen der Jugendtheater, auf der weißen Wand der Lichtspielhäuser und auf den Bildschirmen in den Stuben erzählt und ausgemahlt wird. Man muß sich dessen bewußt sein, daß dieser zusammenphantasierte Kontinent der heutigen Kinderliteratur aus den Gedanken und Phantasien erwachsener Autorinnen und Autoren besteht. Das Reservoir an Wunschträumen ist dank der unermeßlichen Phantasie des Menschen groß und dennoch begrenzt durch das Vorstellungsvermögen der Schriftsteller, auch durch die Wirksamkeit des Mythos der Kindheit, wie er sich heutigen Tages kulturindustriell an allen Ecken und Enden manifestiert und als ideologie-bildende Einflußsphäre existiert, der kaum zu entfliehen ist.

Zweimal Groß und Klein. Links: Lehrhafte Haltung des Erwach-senen im 18. Jahrhundert (Klauers Silhouette „Goethe und Fritz von Stein"). Rechts: Tolerantes und kameradschaftliche Haltung in e.o. plauens „Vater und Sohn" — Geschichten aus den dreißi-ger Jahren.

Jede Gesellschaft zimmert sich ihre eigene Idee von der Kindheit zurecht. Danach bietet sie den jungen Menschen den Rahmen für das Erleben ihrer je individuellen Kind-heit, gewährt entweder viel Freiraum oder fordert — wie in früheren Jahrhunderten — harte Mitarbeit schon in jungen Lebensjahren, entwickelt Wunschvorstellungen und Rol-lenerwartungen je nach gesellschaftlicher Herkunft. Von da aus gesehen sind die Bücher, wie alle Literatur zu allen Zeiten, ein Instrument, mit Hilfe dessen die Gesellschaft auch die ihr gemäßen Ideen von Kindheit zu der in der jun-gen Generation vorherrschenden machen möchte.

Es dürfte demnach Zusammenhänge zwischen der realen und der erdichteten Kindheit dergestalt geben, daß in der einen die erfahrbare Wirklichkeit und in der anderen der dazu passende Traum von dieser Wirklichkeit zu finden ist. Das gerade macht, so meine ich, die Untersuchung der literarischen Kindheit so faszinierend, weil wir offensichtlich einiges über das Selbstverständnis unserer Gesellschaft daraus erfahren können, aber auch erkennen können, wie, ja ob überhaupt die Jugend die ihr gemachten Angebote annimmt.

Der Traum vom starken Ich

In den vergangenen zweihundert Jahren hat kaum einmal eine Kinderfigur — ausgenommen vielleicht Johanna Spyris Heidi — einen so nachhaltigen Eindruck hinterlassen wie das 1945 zuerst am Horizont erschienene schwedische Mädchen, das eigentlich gar kein Kind ist, vielmehr ein Superkind, nämlich Pippi Langstrumpf. Dieses surreale Wesen, gutmütig, hilfsbereit, stark, frei, naiv, ohne Hemmungen, symbolisiert eine Kindheit, die erträumt und erwünscht wird. Sie konterkariert die Wirklichkeit nach dem Zweiten Weltkrieg, in der in der kärglichen Umwelt zerstörter Städte verschüchterte Kinder weithin autoritären Erziehungspraktiken ausgeliefert waren. Pippi Langstrumpf in ihrer Villa Kunterbunt profiliert Sehnsüchte zur anschaulichen Utopie. „Gesucht und gespiegelt wird das goldene Zeitalter, wo bis ganz hinten ins Paradies hineinzusehen war". So meinte Ernst Bloch einmal im Hinblick auf das, was das Märchen auszumalen imstande ist (Bloch, S.409). Pippi Langstrumpf ist eine Märchenfigur. Sie ist ein Wesen aus dem goldenen Zeitalter.

Der Traum vom starken Kind, das diese Welt in Freiheit und Ungebundenheit besteht, ist übrigens anders als der vom Leben im alten Schlaraffenland, in dem man sich nur den Bauch vollschlagen und faulenzen kann, auch anders als der vom hingebungsvollen Leben des Mädchens im Sterntaler-Märchen. Der Himmel belohnt die Opferbereitschaft und die christliche Nächstenliebe des braven Kindes mit Reichtum. Nein, der Traum vom starken Kind Pippi Langstrumpf, vom Bestehen dieser Welt in Freiheit und Ungebundenheit, ist zugleich der Traum vom Befreitsein von Unterdrückung, vom Erreichen der Selbständigkeit und der Selbstbestimmung.

Pippi Langstrumpf hat in den Jahrzehnten seit dem Zweiten Weltkrieg viele Verwandte bekommen, ob sie nun Karlsson vom Dach, Bumfidel, Wanja, Hans mein Igel, Zottelbär, ja womöglich auch Momo heißen. Die Kinderliteratur der letzten Jahre ist voll von Figuren, die Stärke beweisen, ihren Weg gehen, Erfolg haben. Manchmal wird zwar die Utopie im Text als Illusion entlarvt wie in der Geschichte von Janosch „Ich bin ein großer Zottelbär", aber der Traum vom starken Ich bleibt als Motiv des Kindseins ganz deutlich und durchschlagend erhalten.

Janoschs Geschichte beginnt:

> Immer wenn meine Mutter mich ärgert und sagt: „Du sollst deine Suppe essen! Du sollst die Ellenbogen vom Tisch nehmen! Du sollst . . .", dann stehe ich auf und sage: „Hokuspokus hin und her — ich bin ein großer Zottelbär." Und dann gehe ich weg . . .

Ab hier wird aus dem kindlichen Traum vom starken Ich literarische Wirklichkeit. Der Autor fährt nämlich fort:

> Vor der Tür treffe ich den gemeinen Hund Ringo-Bingo, der mich immer so frech anbellt. Ich sehe ihn scharf an; und er ergreift die Flucht, denn vor starken Bären fürchtet er sich. Natürlich.

> Dann gehe ich in die große Schule, denn ich muß meinen Freund Peter Freese herausholen. Ich sage zum Herrn Direktor: „Heute ist Hitzefrei. Heute fällt die Schule aus. Haben Sie mich verstanden?"

> Ich glaube, der Herr Direktor fürchtet sich vor mir, weil ich ein großer Zottelbär bin . . .

Die Geschichte mit dieser Utopie vom starken Ich endet auf folgende Weise:

> Und dann gehe ich alleine weiter. Ich gehe zu meiner Freundin Putti. Und ich gebe ihr einen schönen Schmatz. Dann erzähle ich ihr alles, was ich heute getan habe. Sie sagt: „Oh, du bist ja ein großer Zottelbär!"

> Aber der Hansl bin ich auch.

100

Das Eingeständnis, daß dem nicht so ist, wie es der Hansl gerne hätte, ist das, was diese Geschichte ein Stück realistischer erscheinen läßt als ihre märchenhaften Vorläufer, wie die Grimmschen Märchen vom tapferen Schneiderlein, vom Daumesdick, vom Klugen Knecht oder von der Klugen Gretel.

Das Element der in die Geschichte eingebauten Desillusionierung des zauberhaften Landes, in dem jeder Widerstand zu brechen, die gesteckten Ziele zu erreichen und das persönliche Glück herstellbar sind, ist ein erst spät aufgetretener Zug in der deutschen Kinderliteratur. Auch Gina Ruck-Pauquets kleine Erzählung „Ich bin Simmy" funktioniert so. Ein Junge simuliert sich ein Krokodil in eine Pfütze und ist mit ihm freundschaftlich verbunden, bis er aus eigenem Antrieb, aber geschubst durch die Püffe und Kniffe der Umgebung, aus seiner Einsamkeit heraus und zu anderen Kindern hinfindet.

Schaun wir uns das Grundmuster solcher erzählten Kindheiten noch einmal an. Ob nun unaufgelöste oder aufgelöste Phantasie dem Leser oder Hörer entgegentritt, die Helden der kleinen Geschichten sind souverän in dem Sinn, daß sie allein, ja mutterseelenallein agieren. Was sie gewinnen, gewinnen sie letztlich nur aus sich selbst. Sie tun es in dem Kampf mit einer Welt, die zum Fürchten ist. So auch in Maurice Sendaks großartigem Bilderbuch „Wo die wilden Kerle wohnen".

Solche Geschichten für Kinder enthalten eine sympathische und eine erfolgreiche Identifikationsfigur. Das macht sie beliebt. Aber sie haben auch noch ein anderes Motiv, das innerhalb des eigenen realen Kinderlebens ebenso vorhanden ist: die Einsamkeit. Die Gestalten sind isoliert. Sie müssen sich gegen die Umwelt kraft eigener Anstrengung durchsetzen: allein gegen die ganze Welt! Die Lösung, auch die Erlösung aus der oft bedrückenden Lage, vollzieht sich durch einen Kraftakt der kindlichen Helden. Im Märchen vom Sterntaler, so wie es die Brüder Grimm Anfang des 19. Jahrhunderts aufzeichneten, hat noch der liebe Gott für die Belohnung gesorgt. Er läßt es Goldstücke regnen. Die kindlichen Helden der modernen Autoren belohnen sich selbst, sie handeln kraft ihrer eigenen Stärke, auch wenn sie viel Angst überwinden müssen.

Kindliches Selbstbewußtsein: Nikolaus Heidelbach läßt dieses acht-jährige Mädchen sagen: „Ich mache eine große Karriere als Tanzleh-rerin, und dann habe ich viel mehr Publikum als heute" (1991).

Die Utopie
einer kinderfreundlichen Gesellschaft

Eine andere Version des dargestellten Kinderlebens in der Kinder- und Jugendliteratur wird sichtbar, wenn man zum Beispiel Günter Herburgers Geschichte vom „Sandmäd-chen" folgt. Das versteckte Spiel mit dem Wort „Sandmäd-chen"-„Sandmännchen" ist deutlich. Die Erfindung der Phantasiefigur des Sandmädchens begründet der Autor folgendermaßen:

Da es sowieso mehr Frauen als Männer gibt in unserem Land, die außerdem mehr arbeiten müssen, dafür aber schlechter bezahlt werden, was ungerecht ist, habe ich Sandmädchen erfunden.

Mit Hilfe dieser Gestalt entwickelt Herburger seine Kinderwunschträume. Diese allerdings eröffnen einen anderen Blick auf die Struktur des literarischen Kinderkontinents. Denn in Herburgers Erzählung ist nicht das isolierte Kind Thema, nicht der einzelne, der sich durchschlägt, vielmehr das Schicksal einer Gruppe. Die Beziehungen der Figuren untereinander in der fiktiven Kinderwelt werden problematisiert. Es kommt zur Darstellung, wie sich einzelne für die Verbesserung der Verhältnisse in der Gesellschaft einsetzen. Das Sandmädchen Herburgers taucht — um im Beispiel zu bleiben — mitten unter vielen Menschen in der Stadtbahn einer großen Stadt auf und erreicht in dieser Phantastischen Erzählung, daß sich der gesamte Zug in ein Flugmobil verwandelt und in ein Traumland der geheim gehegten Wunscherfüllung umgeleitet wird. Die hektisch-verspannte Menschenmenge im Zug wird allmählich zur friedvollen Gesellschaft. Soziale Motive geraten ganz deutlich ins Spiel, es heißt:

Abends, wenn die vielen Arbeiter, Sekretärinnen, Verkäuferinnen, Lehrer und Kaffeetanten nach Hause unterwegs sind, gibt es in den S-Bahnen kaum mehr Platz. Die meisten müssen stehen, besonders Kinder, denen Erwachsene nie eine Ecke auf einer Bank anbieten. Sie glauben, wer jung ist, könne besser stehen. Sie irren sich. Kleinere Füße und Beine haben noch nicht so viel Kraft wie große Latschen.

Die Kinder werden vom Autor als sozial Benachteiligte gezeichnet. Schaut man genauer hin, dann wird deutlich, daß Herburger diese Unterdrückung der Kleinen durch die Großen im wörtlichen und übertragenen Sinn verstanden wissen will. Die ganze Gesellschaft zerfalle noch zu sehr in Groß und Klein. Alle Menschen müßten noch viel Freiheitsraum erfahren, um mehr zu sich selbst zu gelangen. Herburgers Utopia ist ein Schlaraffenland für alle. Ein Gebiet, in dem man aufgehört hat, auf den anderen Jagd zu machen, in dem man tun kann, was man gerne tut, in dem man frei ist, in dem die Kaffeetanten „ihre Blusen ausgezogen und sich mit Erde die bloßen Mamabrüste eingeschmiert haben", in dem gute Luft vorhanden ist und jeder auch das erreichen kann, was er sich normalerweise kaum zutraut. Alles rückt am Ende der kleinen Geschichte wieder ins alte enge Gleis ein. Nur ein Geruch nach Zimtsternen bleibt noch ein wenig zurück.

Herburgers Geschichte ist symptomatisch für eine ganze Reihe ähnlicher Utopien, wie sie sich nach 1968 in der Kinderliteratur neuerer Art entfaltet haben. Solche Texte geben sich im Ansatz mehr oder weniger realistisch, weisen zunächst auf Gegenwart und Kinderumwelt hin, wie das aus der antiautoritären Phase stammende schwedische Buch vom Doktor Gormander „Als die Kinder die Macht ergriffen", wie Christine Nöstlingers „Feuerrote Friederike", wie Renate Welshs „Alle Kinder nach Kinderstadt" oder auch die kurze Geschichte „Die Kinderstadt" von Rudolf Otto Wiemer. Da werden soziale Konfliktsituationen zum literarischen Thema erhoben. Eine Gruppe von Jungen und Mädchen wird zum Beispiel in einem Kinderheim sinnlos gemaßregelt. Oder auch: Kinder machen sich lustig über ein Mädchen, das rote Haare hat. Oder: Eine Stadt soll schematisch und autoritär verwaltet werden. Oder: Ein Junge möchte die Umwelt ganz nach seinen eigenen Wünschen gestalten. Aber die sozialen Konflikte, die Streitigkeiten zwischen Gruppen, das Ringen des einzelnen um sein Eigenleben, die Kämpfe für mehr Liberalität und gegen Gleichmacherei, sie werden im Verlauf der Geschichten und im Zug der artifiziellen Verarbeitung zum abstrakten Spielmodell und zum luftigen und lustigen Lehrstück. Wenn nämlich bei Renate Welsh der Neustädter Stadtrat auf den Gedanken kommt, zur vernünftigeren Regulierung der Kommune und zur größeren Zufriedenheit der einzelnen die gesamte Bevölkerung umzusiedeln — die Dicken und ebenso die Dünnen jeweils zusammen wohnen zu lassen, die Schachspieler alle in ein Quartier und ebenso alle Fußballfreunde, die Alten nach Altenstadt und die Kinder nach Kinderstadt zu schicken —, dann soll die Geschichte an vielen kleinen Beispielen demonstrieren, was bei einem so monokausalen Verfahren, die Menschheit einzuteilen, tatsächlich passiert. Im Fall von Renate Welshs „Alle Kinder nach Kinderstadt" wird von der Autorin der Beweis angetreten, daß damit zum Beispiel der Großvater nicht mehr mit seinem Enkelkind zusammenleben kann, daß Grenzen zwischen den Menschen gezogen werden, statt solche aufzuheben. Dies wiederum beweist, wie inhuman solche nur scheinbar gleichmacherischen, in Wirklichkeit jedoch bürokratischen und diktatorischen Nützlichkeitsentscheidungen sind. Eine negative Utopie wird vor Augen geführt. Dies auch in Michael Endes Märchenroman „Momo", wo die „grauen Herrn" die Herrschaft antreten und alles unter ihrem Effektivitätsanspruch und Tempobedürfnis begraben, was nach Fröhlichkeit, Unbeschwertheit, Muße und innerlicher Ausgeglichenheit dreinschaut. Momo, das Wunderkind der menschlichen Nähe, hat allerdings die naive Kraft des Widerstands und kann heilen.

Diese erwähnten Erzählungen Michael Endes, Christine Nöstlingers, Rudolf Otto Wiemers, Günter Herburgers und Renate Welshs wollen eine Art Nachweis führen, daß es so, wie es sich manche engstirnigen Weltverbesserer ausgedacht haben, nicht geht, auch dann nicht, wenn, wie in Rudolf Otto Wiemers Geschichte „Die Kinderstadt", die totale Selbstbestimmung der Kinder eingeführt wird. Die Konsequenzen der Ideologie der „grauen Männer" mit ihrer machtvollen und eiskalten Ordnungs- und Tempodiktatur sind die Zerstörung des sozialen und persönlichen Lebens, sind Untergang und Chaos. Hinter der gezeigten negativen Utopie lugt, dialektisch arrangiert, der Wunschtraum der Idealwelt hervor. Und der ist: In einer Welt leben dürfen, die alle Konflikte hinter sich gelassen hat, in der der Großvater mit dem Enkel spielen, in der jeder nach seinem Tempo und seinem Sinn leben darf, in dem die Verhältnisse real geworden sind, die Christine Nöstlinger ihre „Feuerrote Friederike" in dem „roten Buch" schon 1970 finden ließ:

> Es gibt ein Land, dort sind alle Menschen glücklich. Alle Kinder werden dort sehr gescheit. Sie gehen in schöne Schulen. Kein Kind wird ausgelacht. Alle helfen einander.

> Die Väter und Mütter müssen dort nicht sehr viel arbeiten. Keiner will reicher werden als die andern . . .

> Wenn dort jemand gar nichts arbeiten will, geben ihm die Leute auch alles umsonst. Sie sind nicht geizig. Die meisten Menschen arbeiten aber trotzdem. Es macht ihnen Spaß. Für Arbeiten, die keiner machen will, haben sie Maschinen erfunden.

Die Sehnsucht nach einem Land, in dem weder eine Anpassung an die Welt des Konsums und der überfordernden Leistung, noch eine Unterordnung unter hohle Autorität und anmaßende Regulierung nötig sind, ist wohl allen vernünftigen Menschen eigen. Aber in den Jugendbüchern seit der Zeit um 1970 sind die Figuren, die für Rettung sorgen, die die Inseln der Seligen erreichen, sind die meisten Helden der Menschlichkeit Kinder. Ihnen und nicht erwachsenen Heilsbringern wird die Erlösung der desolaten Welt zugetraut und zugemutet. Sie werben für die Veränderung der bestehenden Verhältnisse, treten mit Appellen an die Vernunft und für solidarisches Handeln ein und haben für fast alle Schwierigkeiten schnell, gelegentlich zu schnell und manchmal auch zu leicht das Lösungsmittel parat.

Fielen dem Mann vom Mond — so könnte man in Anlehnung an die berühmt gewordene Bemerkung Robert Minders über die deutschen Lesebücher nach dem Zweiten Weltkrieg sagen — nur die Kinderbücher — und die Kinderstücke, Kinderfilme und Kinderlieder — in die Hände, er müßte auf den Gedanken kommen: Die Autoren dieses Landes halten ihre Kinder hoch, sie wünschen sich starke, selbständige, vernünftige Mädchen und Jungen und trauen ihnen allerhand zu, sogar daß sie die Fehler der Erwachsenen korrigieren, die Pannen der modernen Zivilisation verhindern, die verlorengegangene Menschlichkeit wiederherstellen.

Die gezeigte Einstellung ist zwar aller Ehren wert, aber ist es nicht etwas leichtfertig, gerade den schwächsten Gliedern einer Gesellschaft — den kleinen Kindern — die größten und subtilsten Aufgaben aufzubürden? Ist vielleicht in den erwähnten Entwürfen von der Kindheit alles so irreal, so phantastisch, so außerhalb der Bodennähe wirklichen Lebens, daß der Leser und die Leserin keine Transformationsmöglichkeit in eine Realutopie mehr sehen können und daß deshalb nur die Freude am Nonsense, am kunterbunten Wünschen und Träumen übrig bleibt?

War es nicht im letzten Abschnitt, als die Kinderfiguren mit dem überstarken Ichbewußtsein erwähnt wurden, so, daß zu sehen war, wie sie scheinbar autark, aber auch einsam, wie sie individualistisch, aber auch außerhalb eines sozialen Netzes waren? Im Blick auf die Kinderbücher, in denen die gesellschaftliche Leistung der Kinder als Gruppe thematisiert worden ist, ist es wiederum so, daß die Autarkie der Gruppe, ihr Vermögen, die Welt zu verbessern und das Paradies auf Erden herzustellen, eine phantastische Unterstellung ist, innerhalb deren die Kinder als eine eigene „Klasse" auch gesellschaftlich die Isolierung letztendlich behalten, aus der eine aufgeklärte demokratische Gesellschaft sie gerade herausholen sollte.

Vom Wickelkind zum kleinen Ordnungsstörer — Bilderbuchkinder früher

Eine der kleinen Illustrationen, welche Johann Amos Comenius in der Erstausgabe seines „Orbis sensualium pictus" von 1658 zur Veranschaulichung neben die Wörter und Sätze hat rücken lassen, zeigt ein kleines Kind. „Das Kind weinert" steht daneben. Ein Säugling, eigentlich nur sein Gesicht ist zu sehen. Der gesamte Körper ist mit Tüchern bedeckt. Ein Wickelkind im wahrsten Sinne des Wortes. Dieses ins Bild gerückte Wesen zeigt, wie eng und

Ein festverschnürtes Wickelkind ist im „Orbis sensualium pictus" des Johann Amos Comenius von 1658 abgebildet. Nur das Gesichtchen ist frei. Der Text dazu lautet: „Das Kind weinert".

107

klein, verschnürt bis unters Kinn, das Kind in einem solch frühen Vorläufer unseres modernen Bilderbuchs auftritt. Dies hat sich grundlegend gewandelt.

Der „Orbis sensualium pictus", oder wie der umständliche deutsche Titel der Erstausgabe lautete „Die sichtbare Welt. Das ist aller vornehmsten Welt-Dinge und Lebens-Verrichtungen Vorbildung und Benahmung", war ein ausgesprochenes Lehrbuch. Dies gilt für fast alle Vorläufer der Gattung Bilderbuch. Aus ihnen sollten die Rezipienten zum Beispiel lernen, wie man christlich lebt, aus welchen Teilen die Welt besteht, wie Gott die Erde bevölkert hat, welche Berufe es gibt oder wie der menschliche Körper aussieht. Kinder tauchen kaum auf.

Die eigentliche Geschichte des heutigen Kinderbilderbuchs fängt erst im 19. Jahrhundert an. Sie begann somit ein halbes Jahrhundert nach der Epoche, in der sich die sogenannte spezifische Kinderliteratur etabliert hat, also zur Zeit der Aufklärung im späten 18. Jahrhundert. Daß das Bilderbuch so spät in Erscheinung trat, war gewissermaßen sein Glück. Denn so wurde es vor der penetranten Pädagogisierung bewahrt, welche die Kinder- und Jugendliteratur in den Händen der rationalistisch gesinnten Philanthropen wie Joachim Heinrich Campe, Gottlieb Konrad Pfeffel und Christian Felix Weiße charakterisiert. In den Jahrzehnten nach 1770, als sich das Lesen in bürgerlichen Kreisen immer mehr verbreitet hatte, ist die Kinderliteratur ein didaktisches Instrument der Verstandesschulung, des Wissenserwerbs und der moralischen Unterweisung gewesen. Mit seiner Hilfe sollten Ideen und Ideale transportiert und in die Köpfe der jungen Generation eingepflanzt werden. Man meinte, dazu sei vor allem der Gebrauch des Verstandes, weniger der der Sinne nötig. So kam es, daß das Bilderbuch als ein „Augenschmaus" und als eigene Buchgattung erst siebzig Jahre später in die Geschichte der Kinderliteratur eingezogen ist.

Drei Beispiele, in denen Kinder als handlungstragende Figuren vorkommen, können die Vorstellung vom Kindsein der frühen Bilderbücher erkennen lassen. Das berühmteste unter ihnen ist das schon in anderem Zusammenhang erwähnte des Frankfurter Arztes Heinrich Hoffmann, der „Struwwelpeter" aus dem Jahr 1845. Es weist, wie schon erwähnt, noch starke Spuren der Gattung der moralischen Geschichten auf, obwohl der karikierende Stil und die ins Irreale hinüberspielenden Übertreibungen vom Boden der Wirklichkeit abheben lassen und im Betrachter phantasievolles Gedankenspiel in Gang setzen können.

Gezeigt wird in der späteren Titelfigur ein Junge, der lange Haare und lange Fingernägel hat. Wir erinnern uns alle an ihn. Der Struwwelpeter ist ein Denkmal, ein Mahnmal, das das Ergebnis des Ungehorsams vor Augen führt, nämlich die Verwahrlosung. Das Bilderbuch vom Struwwelpeter enthält aber auch noch andere Geschichten. Die meisten sollen zeigen, was passiert, wenn Kinder nicht gehorchen. Sie verbrennen zum Beispiel, wenn sie mit dem offenen Feuer spielen. Sie werden vom Hund gebissen, wenn sie Tierquäler sind. Sie müssen sterben, wenn sie das Essen verweigern. Sie fallen ins kalte Wasser, wenn sie die Nase zu hoch in den Himmel halten. Kurzum: Eines der frühesten Kinderbilderbücher in Deutschland ist — bei aller schon gemachter Einschränkung — ein moralisches Lehrbuch, in dem das Ideal des folgsamen, vernünftigen Kindes propagiert wird.

Heinrich Hoffmann lieferte Anschauungsmaterial für das rechte Verhalten. Die intendierten Verhaltensregeln hielt er für vernünftig. Aber er brachte keine nüchternen Anweisungen vor, er setzte auch keine strengen Ge- und Verbote ins Bild, vielmehr verpackte er seine Lehre in zur Unterhaltung bestimmte Kunststückchen, nämlich in die bis heute noch in uns nachklingenden, einprägsam illustrierten Verserzählungen. Man erinnere sich an den Bericht von Suppenkaspers Existenzverlust, vom Weg des fetten, störrischen Buben über die Fädchenfigur bis hin zu seinem Grab, geschmückt mit urnenähnlicher Suppenterrine. Der erste Karikaturist in der deutschen Kinderliteratur dürfte Heinrich Hoffmann gewesen sein. Nach ihm gab es viele: Wilhelm Busch und e.o. plauen, Walter Trier, Janosch und Friedrich Karl Waechter. Man muß Heinrich Hoffmann und seinen Struwwelpeter, so meine ich, vor denen, die sein Bilderbuch ausschließlich als Drohinstrument gewertet wissen wollen, in Schutz nehmen. Manche Erwachsenen haben vergessen, wieviel schwarzer Humor in den Strichen der Illustrationen und den Sätzen des Textes steckt.

Prüft man die Erziehungsmaximen des literarisch dilettierenden Heinrich Hoffmann, der erst allmählich sein Pseudonym der Erstveröffentlichung, nämlich „Reimerich Kinderlieb", lüftete, so sind sie längst überholt und mit unseren Auffassungen über das Miteinander von Jung und Alt in einer offenen Gesellschaft nicht zu vereinbaren. Und dennoch ist auch heute noch Hoffmanns phantasievolles Zuendefabulieren von menschlichen Katastrophen voller Reiz. In Wortgeschichten und Bilderfolgen sind die Antworten auf Fragen, die Kindern so naheliegen, anschaulich gegeben. Was passiert denn eigentlich, wenn einer seine Haare immer weiter wachsen läßt und seine Fingernägel gar nicht mehr schneiden will? Was geschieht denn letztendlich, wenn einer radikal das Essen verweigert, wenn einer exzessiv Tiere quält oder die Herrschaft über das Feuer verliert? Die Antworten sind zwar logisch konsequent, aber zugleich phantasievoll verzerrt ausgemalt. Sie bleiben deshalb auch utopisch.

Ein Stück Befreiung aus der Unmündigkeit wird dem Kind im Struwwelpeter zugetraut. Die zunächst noch holprige Erhebung in die poetische Fiktionalität setzt in Vers und Strich ein. Sie eröffnet im fünften Jahrzehnt des 19. Jahrhunderts den jugendlichen Betrachtern, Zuhörern und Lesern, die vorher nur als Wesen gesehen wurden, denen man literarisch Frömmigkeit, Vernünftigkeit und Gehorsam beibringen müsse, die ästhetische Welt der Wirklichkeitsbrechung, wenn auch nur ein bescheidenes Stück, ja sie malt auch schwarze Phantasien aus und ist doch voll von Erinnerungen an Maßregeln, Vorschriften und Unterwerfung.

Wie schön andererseits die Welt, wie harmonisch das Leben der Kinder in ihr in den Vorstellungen von frühen Bilderbuchkünstlern des 19. Jahrhunderts aussehen konnte, läßt sich aus einem anderen Beispiel herauslesen. Es ist das vom Format her kleine Werk mit dem Titel „Die Ammenuhr", das von den im sogenannten Dresdner Kreis um Ludwig Richter zusammengeschlossenen Künstlern in spätromantisch-biedermeierlicher Manier illustriert worden ist.

Der Text des Bändchens besteht nur aus den Strophen eines einzigen Gedichts. Das ist bezeichnenderweise aus Achim von Arnims und Clemens Brentanos Sammlung von Volks- und Kinderliedern „Des Knaben Wunderhorn" genommen, dort zwar schon 1808 gedruckt nachlesbar, aber in Wirklichkeit sicherlich noch viel älter und ohne feststellbaren Verfasser. Es bedurfte einer Wartezeit von 35 Jahren, nämlich bis 1843, bis ein Bilderbuch um dieses Gedicht herum entstand. Die darin abgebildeten Kinder sind nun nicht mehr geschnürte, isolierte Wickelkinder, nein, sie sind lebendige kleine Menschenwesen, eingefügt in ihre soziale, das heißt hier in ihre häusliche Umgebung. Sie erleben die Stunden einer Nacht in einem Haus, in Lebensgemeinschaft mit Mutter, Magd, Kutscher, Nachtwächter, Bäcker, Wanderer, den Nonnen des nahen Klosters und auch den Tieren, wobei Pferde, Schwalben, Hühner, Tauben und Mäuse in einer friedlichen Szenerie zu einem harmonischen Genre zusammengefügt sind. Was aber das Behütetsein der Kinderfiguren nachdrücklich demonstriert, ist, daß sie in ruhigem, von Engeln und Gottvater bewachtem Schlaf dem Morgen entgegensehen können oder auf dem Arm, umsorgt und in Begleitung von bemühten Erwachsenen, zumeist Frauen, gezeigt werden. Die Kinder in diesem Bilderbuch aus der Anfangszeit seiner Entwicklung im 19. Jahrhundert sind sorglose, weil umsorgte Wesen, die wie selbstverständlich in die traute Lebensgemeinschaft integriert sind. Sie sind ohne Zweifel freier als ihre Brüder und Schwestern in den moralischen Geschichten der Aufklärungszeit. Sie sind zufrieden, aber sie sind auch naiv.

Die Kinder, denen ein solches Bilderbuch gegeben oder auch vorgelesen wurde, sollten sehen, wie harmonisch, friedvoll und beschützt das Leben ist. Auch die „Ammenuhr" lehrt somit etwas, wenn auch auf heimliche Weise: lieb sein! Auch dieses Bilderbuch ist ein moralisches Bilderbuch. Es enthält die Erziehungsvorstellungen des wohlsituierten Bürgertums im Biedermeier.

Das dritte Beispiel aus der Geschichte des Bilderbuchs im 19. Jahrhundert paßt nicht in das seither gemalte Bild vom braven, vernünftigen, lieben und folgsamen Kind als Anschauungsobjekt und Erziehungsideal. Wilhelm Busch hat seine Bildergeschichte, die 1865 zuerst erschien, nach seinen beiden Helden „Max und Moritz" genannt. Diesem Werk ist widerfahren, was nur wenigen Kinderbüchern zuteil wurde, es wurde zum Klassiker, wurde immer wieder, bis heute, neu aufgelegt. Die Wirkungs- und Werkgeschichte läßt sich vielleicht mit der des Struwwelpeter in Vergleich setzen, nicht aber mit der der „Ammenuhr", die aus dem Gesichtsfeld der Kinderliteratur bald verschwand und heute nur noch in Liebhaberausgaben zu haben ist.

Die beiden „bösen Buben" Wilhelm Buschs sind Phantasiewesen, Erfindungen des Maler-Poeten, der sie selbst „Konturwesen" nannte und der mit ihrer Hilfe die eben geschilderte harmonische Welt der „Ammenuhr" in Aufruhr versetzen wollte. Die zwei Burschen angeln der um ihr leibliches Wohl im kleinen Eigenheim bedachten Witwe Bolte den Braten aus der Pfanne und schlagen sich den Bauch so voll, daß sie am Ende erschöpft und vollgefressen im Grase liegen, während die Geschädigte in Verzweiflung geraten ist.

Nackt und ganz allein unternimmt der von Karl Hofer entworfene Junge eine „Seereise" im Bilderbuch „Rumpumpel" (1903).

112

Im Grunde genommen stiften Max und Moritz nicht Harmonie, vielmehr zerstören sie diese. Sie sind Störenfriede einer kleinbürgerlichen Spießerwelt. Diese „Kinder" sind die einzigen Wesen, welche die in sich selbst genügsame Lebensanschauung in dem gezeigten Weltausschnitt tatkräftig infrage stellen und zum Beispiel die selbstgenügsame Lebensweise des Lehrers Lämpel karikaturistisch auf die Schippe nehmen. Die „Konturwesen" Max und Moritz sind Kindern nachgeformt, aber bleiben doch abstrakt, sind nicht sozial verankert, gebärden sich unwirklich.

Man sieht, wie sich in der Bilderbuchgattung ab und zu die Revolte gegen das allzu brave, gehorsame Verhalten der Kleinen innerhalb der menschlichen Gesellschaft bemerkbar macht. Ein genialer Künstler wie Wilhelm Busch stieß in die weiche Stelle der Kinderliteratur hinein, die sich in der ersten Hälfte des 19. Jahrhunderts nach ihrer sanften Auflehnung gegen die pädagogisierte Moralliteratur der Aufklärung als harmonisierende, naive, biedermeierliche Märchen- und Genre-Kunst etabliert hatte.

Locker und selbständig wirkende Mädchengestalt von Hans Thoma aus „Federspiele" (1903).

Bilderbuchkinder aus der Zeit nach dem Zweiten Weltkrieg bis heute: Die selbstbewußten Kinder

Das Bilderbuch im 20. Jahrhundert, besonders in der Zeit nach dem Zweiten Weltkrieg bis in unsere Tage, hat ganz andere Kindergestalten hervorgebracht. In dieser Epoche ist eine wirkliche Macht- und Kraftentfaltung der Figuren in die Geschichten und Illustrationen hineingelegt worden. Wenn je die Gattung des Bilderbuchs von sich reden gemacht hat, dann in den letzten vier Jahrzehnten, in denen sich das künstlerische Niveau erhoben und die Thematiken erweitert haben. Vorher nie in Angriff genommene Stoffe wie zum Beispiel die der sexuellen Aufklärung, der Umweltproblematik, der Fragwürdigkeit des technischen Fortschritts sind neben die herkömmlichen literarischen und illustrativen Verarbeitungen von Fabeln, Märchen, phantastischen Erzählungen und Umweltgeschichten getreten. Nur ein paar herausragende Beispiele seien genannt. Sie stammen nicht alle von deutschen Künstlern, wurden und werden aber in deutschen Kinderstuben, Kindergärten und Schulen häufig betrachtet und gelesen.

Ab dem Jahr 1945, als der Zweite Weltkrieg zuende ging, begann eines Schweizer Malers Werk bekannt zu werden: Alois Carigiets „Schellenursli". In diesem Buch wird erzählt – der Text ist von Selina Chönz verfaßt –, wie sich ein kleiner Junge, der kleinste von den im Text erwähnten und von Carigiet ins Bild gebrachten, überwindet, eine Kuhglocke von der einsamen winterlichen Alm zu holen, dadurch Anerkennung findet und unter den Großen geachtet wird. Was ist im Hinblick auf die Frage nach der Charakterisierung von Kindsein im modernen Bilderbuch von Bedeutung? In diesem Werk von hoher künstlerischer Qualität, von expressivem, alle naturalistischen Engen hinter sich lassenden Stil überwindet sich der kleine Schweizer Bub mit Namen Ursli selbst, steigt über Abgründe ganz allein die Berge hinauf, vergißt, daß Vater und Mutter in Ängsten eine ganze Nacht im Tal warten, ehe er als Sieger und dann auch von der Gesellschaft Akzeptierter zurückkehrt. Das Neue an dieser Geschichte ist der Vorschuß an Selbstständigkeit, an Leistungswillen, Zielstrebigkeit, Vertrauen, der einem Bilderbuchkind gegeben wird. Sicherlich ist auch diese Welt heil wie fast genau hundert Jahre vorher jene in der „Ammenuhr", als am Ende Versöhnung, Zufriedenheit, Glück und Sieg herrschten. Aber der kindliche Held ist hier auf den Schild gehoben, er ist mit Gaben, mit Vertrauen und mit Selbständigkeit ausgestattet wie sie sonst keiner Figur in unseren vorausgegangenen Beispielen gespendet worden war.

Zehn Jahre später konnte man eine andere Kinderfigur kennen lernen, die Freundschaft mit einem Löwen im Zoo pflegt. Sie ist Held in der märchenhaften Geschichte vom „Glücklichen Löwen" von Roger Duvoisin (Illustration, Text: Louise Fatio), erschienen in den USA 1954, in deutscher Übersetzung 1955. Erzählt wird, wie dieses Tier eines Tages seinen Käfig geöffnet findet, wie es die Straßen und Plätze der Stadt besucht und riesiges Erschrecken unter den Menschen, die ihm begegnen, hervorruft. Diese Katastrophe wird durch keinen anderen repariert als durch einen kleinen Jungen namens Franz. Der nämlich, völlig ohne Angst und Aufregung, läuft freundschaftlich auf den Löwen zu. Die entscheidenden Sätze im Text lauten:

> Der glückliche Löwe war so ÜBERGLÜCKLICH, einen Freund bei sich zu haben, der nicht fortrannte, sondern „Guten Tag" sagte ... Franz legte seine Hand auf die mächtige Löwenmähne und sagte: „Wollen wir miteinander in den Park zurückgehen?" „Ja, das wollen wir", sagte der glückliche Löwe zufrieden.

Genau besehen bedarf es in der Vorstellung der Verfasser des Bilderbuchs, beziehungsweise bei ihrem Protagonisten Franz keiner großen Anstrengungen, es bedarf nur naiver Freundschaftsbezeugungen, es bedarf des Glaubens an die guten Seiten in jedem anderen, selbst im Löwen aus dem Zoo, um aus einer Welt voller Furcht und Vorsichtsmaßregeln, voller Massenflucht und Verbarrikadierung eine freundliche, friedliche, konfliktfreie Alltagswelt zu machen. „Seid nett zueinander", und alles wird gut werden. So etwa lautet die Botschaft des Textes im Bilderbuch „Der glückliche Löwe". Dieses für die idealistischen Ideen der ersten Nachkriegsjahre so bezeichnende Buch erhielt dann auch ein Jahr später, 1956, den Deutschen Jugendbuchpreis.

Die so optimistisch stimmende Lebensmaxime, nach der ein freundliches, ein auch wilde Tiere wie den Löwen umschließendes „mitmenschliches" Verhalten eine bessere Welt herzustellen in der Lage sei, ja womöglich alle Furcht und allen Schrecken vertreiben könne, dürfte zwar begrüßenswert, aber doch auch unrealistisch und fragwürdig sein. Daß sie so schnell in der Kinderliteratur der Zeit nach 1945 Gehör, Sympathie und auch große Verbreitung fand, dürfte auch als Reaktion auf die politische Lage und die Suche nach Beispielen der Friedfertigkeit im Anschluß an die nur einige Jahre zurückliegende, von einem Freund-Feind-Schema verhetzte Kriegszeit zu verstehen sein.

Der kleine Franz ist gut, der Löwe ist gut, alle Menschen drum herum sind es im Grunde genommen auch. Das Kind aber in seiner von Vorurteilen noch unbelasteten Naivität und seiner Zuneigung ist letztlich die moralisch-gesellschaftliche Wunderwaffe gegen das Übel des Mißtrauens. Dem kleinen Leser wird im glücklichen Löwen die Möglichkeit eröffnet, sich im Anhören und Ansehen einer schönen Geschichte mit glücklichem Ausgang mit Franz zu identifizieren. Aber dazu bedarf es kaum einer großen Anstrengung, denn Franz handelt gut, aber blind, freundlich, aber nicht weise, hilfreich, aber ohne Überlegung. Schellenursli war eine Figur, die sich selbst eine Kraftprobe auferlegt hatte, Franz wird Retter des Friedens und Sieger über Vorurteile mit Hilfe seiner Naivität.

Beide Bilderbuchkinder — das Schellenursli und der Franz mit dem Löwen — stammen, es sei nochmals daran erinnert, aus dem ersten Jahrzehnt nach dem Zweiten Weltkrieg. Sie sind beide zuerst in andern Ländern, in der Schweiz und in den USA, erschienen, sie zeigen Kinderfiguren, die sich nun nicht mehr wie in den vorausgegangenen Beispielen — als Teile einer harmonischen Welt brav und folgsam verhalten, vielmehr beweisen, daß sie selbständig handeln und etwas leisten können. Das Schellenursli erobert sich seinen Platz ganz allein auf gefährlichem Weg. Der Junge im Glücklichen Löwen verhindert sogar eine Panik unter den erwachsenen Menschen, indem er sich Naivität und innere Sicherheit bewahrt.

Eine solche Haltung ist trivialromantisch und bodenlos idealistisch. Allerdings stellt sie das Kind als Souverän heraus, als selbständig und sicher handelndes Wesen. Das Kind wird zum beherrschenden Wesen einer im Grunde heilen Welt erhoben.

In Tomi Ungerers mehr als ein Jahrzehnt später publiziertes Bilderbuch „Zeraldas Riese", auch es erschien zunächst auf Englisch (1967), erst dann auf Deutsch (1970), ist ein kleines Mädchen die Hauptperson. Es zeigt sich dem Auftreten des mächtigen Riesen, vor dem sich alle fürchten, gewachsen. Es hat, wie Franz, einfach keine Angst. Es zähmt den scheinbar Übermächtigen, ja es heiratet am Ende den Kerl, der, genauer besehen, gar keine Übermacht besitzt, vielmehr ein braver, gut rasierter Familienvater wird. Auch hier stellt ein Bilderbuch das Messen der Kräfte zwischen dem Kind und dem Mächtigen dar, auch hier geht alles gut aus.

Der Satiriker Tomi Ungerer packt in die Geschichte noch ein paar gesellschaftskritische Gedanken hinein. So sind es bezeichnenderweise die Handlungen des Servierens und Bedienens, welche den scheinbaren Unmenschen in einen wirklichen Mitmenschen verwandeln. Das bourgeoise Ende im Familienrahmen ist lächelnd zu genießen. Die vermutete Ungeheurlichkeit des Riesen wie ihre familiäre Zähmung sind nur Phantasiegebilde Tomi Ungerers. Das Mädchen Zeralda ist aus dem gleichen Märchenland wie ihr Riese. Aber mit welchen hervorragenden Fähigkeiten und mit welch erstaunlicher Furchtlosigkeit die Riesenwelt von einem kleinen Kind entmythologisiert wird, macht dem Betrachter, ob er alt oder jung ist, großen Spaß. Zwar kann man diesem Bilderbuch gewisse Ähnlichkeit mit dem vom glücklichen Löwen entnehmen, aber seine Botschaften sind doch grundsätzlich anders. Sie sind auch bei aller Surrealität der Story realistischer. Denn während Fatio-Duvoisin sentimental um Glaubwürdigkeit ringen, verhöhnt Ungerer Aberglauben und sucht sich als Symbolfigur für seine Zerstörung ein kleines Mädchen aus. Auch hier geht es nicht so sehr um Selbstüberwindung, vielmehr um die nüchterne Überwindung einer scheinbaren Übermacht und um deren Zähmung und Humanisierung. Held ist eindeutig das Kind.

Ebenso ist auch, ja noch stärker, in einem der vielen Bilderbücher von Janosch, nämlich in „Ich sag Du bist ein Bär" (1979), das Familienleben thematisiert und interpretiert. Hier ist das Kind genau das Gegenteil von dem zu Bravheit und Gehorsam vor den Eltern verurteilten des 19. Jahrhunderts. Der Junge in Janoschs Bilderbuch richtet nämlich seinen Vater, der oftmals bedrückt von der Arbeit nachhause kommt, wieder auf, indem er ihn zum starken, lustigen Bären umstilisiert. Das Kind wird hier sogar zum Helfer für den bedrückten Erwachsenen. Nicht mehr der erziehungsberechtigte Vater gibt seinem Sohn Stütze und Halt, nein, der Sohn richtet mit Hilfe von Spiel und Phantasie den abgeschlafften Heimkehrer auf und macht ihm Mut. Der gnomenhaft klein gezeichnete Junge ruft am Ende der Phantastischen Erzählung seinem am nächsten Morgen wieder zur Arbeit aufbrechenden Vater zu:

Und vergiß nicht, . . . daß du ein Bär bist, ja!

Denn dann kann er — so läßt Janosch den erzählenden Sprößling aussprechen — seine Arbeit mit „einer Hand erledigen, darf den Herrn Direktor anschnauzen". Und das eben deshalb, „weil er ein Bär ist . . . Das hab ich gemacht." Janosch — er ist der Illustrator und der Schriftsteller zugleich — verfremdet den Vorgang der moralischen Aufrüstung. Er läßt nämlich den Knirps seine eigenen Ängste dadurch überwinden, daß er Szenen erfindet, in denen er als Überwinder oder Zauberer auftritt. Die Selbstüberwindung als Kraftprobe führt auch — zumindest im fiktionalen Bereich zwischen Vater und Sohn während des Spiels — beim Vater zum Erfolg.

Der Weg vom Kind als verschnürtem und eingeengtem Menschenwesen, so bei Comenius, über ein Geschöpf, das als Normabweicher und Fehlerbehafteter im Struwwelpeter-Bilderbuch der Vergangenheit gezeigt wurde, bis zum Knaben und Mädchen mit naivem oder auch pfiffigem Geist, welcher im Reich der Phantasie die selbständige Zähmung der Erwachsenen und ihrer Umwelt zuläßt, ist weit. Er führt aus dem Kinderghetto und protektionistischen

Milieu hinaus. Aber, so müssen wir im Anblick des nun folgenden Beispiels fragen: Ist nicht der Illusionismus der Nachkriegszeit, so wie er im „Glücklichen Löwen", auch im „Schellenursli", besonders aber in Janoschs „Ich sag du bist ein Bär" zum Vorschein kommt, eine zwar schöne Gasse, aber eben doch am Ende mit utopischem Ausgang? Werden hier nicht Überhelden auf die Seiten gemalt, Fluchtfiguren, Ersatzpuppen, welche die kleinen Leser in schöne Träume hüllen, aber die real existierenden Kinder im Kinderland sitzen lassen? Gewiß ist mit den Mitteln der Phantasie ein Hauch des schönen Scheins über das Alltägliche gelegt. Aber der Flug ins Zauberland ist zu leicht gemacht. Er überspringt zumindest jene psychischen Probleme, welche in Maurice Sendaks großartigen Werken für kindliche Leser und Betrachter eine zentrale Rolle spielen. Mir scheint, daß erst hier die Kraftprobe der Agitatoren zugleich auch von der Selbstüberwindung berichten.

Sendak, ein Amerikaner europäischer Herkunft, in New York aufgewachsen, hat in seinen Bilderbüchern vielfach seine eigenen Kindheitserlebnisse verarbeitet. Zum Beispiel ist Manhattans Skyline, wie er sie als Junge erlebt hat, als Hintergrundskulisse in der „Nachtküche" zu erkennen. Ebenso nimmt er Umweltrequisiten wie Coca Cola-Dosen und Reklameschilder, eigene Kindheitsbegegnungen wie die mit den Filmstars Stan und Olly oder Comicszenen in seine bildlichen Darstellungen hinein. Das Kindsein in Maurice Sendaks Illustrationen und Texten ist bestimmt von dem Motiv der Angstüberwindung. Ob wir den kleinen Jungen ins Land verfolgen, „Wo die wilden Kerle wohnen" (1967; „Where the wild things are", 1963) oder mit ihm im Traum in der „Nachtküche" (1971; „In the night kitchen", 1970) sind, die Helden dieser beiden Bilderbücher Sendaks erwachen zwar auch als Sieger wie die seither erwähnten, aber hier nur, weil sie sich selbst überwunden, weil sie ihr Ich — psychoanalytisch interpretiert — akzeptiert und die sie unterdrückende Fremdbestimmung durch die „Wilden Kerle" oder die Nachtküchen-Köche überwunden haben.

Daß am Ende der Bedrängnis durch Übermächte, wie sie die „Wilden Kerle" symbolisieren, der kleine Max die Krone auf dem Haupt und das Zepter in der Hand hält, während die Ungeheuer die Krallen einziehen und sich verbeugen, ist ein ebenso großartiges Zeichen des Triumpfs, wie wenn in der Nachtküche Micky davonfliegt und nicht mehr unten im Teig verknetet wird, sondern aus der Höhe hilfreich den geheimnisvollen Köchen beisteht und zusieht. Der sensible Künstler Maurice Sendak, der übrigens auch bei seiner Auswahl und Bearbeitung der Grimmschen Märchen dem Motiv von Bedrängung, Gewalt und Tod besonders nachging, gibt sich mit der Verwandlung eines Kindes in einen König, in einen Wolf, ein Flugzeug oder ein Wesen, das in einer Milchflasche wie ein Fisch schwimmen muß, nicht zufrieden. Das mythologisch-phantastische Figurenarsenal und Kulissenambiente wird mit und für den jugendlichen Rezipienten vor seinen Augen errichtet und auch wieder in seine symbolhaften Schranken verwiesen, indem Max sowohl wie Micky in ihren Kinderzimmern am Abend ihre Reisen beginnen und auch dort wieder am Morgen in die Realität zurückkehren. Die Stories entlarven sich als phantastische Erlebnisse einer Nacht.

Was aber im Traum erfahren wird, ist die Kraftprobe, welche nötig ist, um seine Selbständigkeit zu finden. Insofern ist die Sendaksche Traumreise für den kleinen Helden ein Abschnitt auf dem Weg zu sich selbst. Ungerers Zeralda zähmte einen Riesen, Sendaks Max zähmt seinen Jähzorn, seine Angst, seine Zügellosigkeit, er zähmt und überwindet sich selbst. Damit hat Sendak eine ehrliche Daseinsanalyse und zugleich eine poetische Aufforderung zum „Überleben" vorgelegt. Er meinte von allen seinen Helden: „They all have the need to master the uncontrollable and frightening aspects of their lives" (Lanes, 1980).

Am Ende der Betrachtung einer Reihe von Bilderbüchern, in denen Kinder bei ihrem Denken, Empfinden und Handeln gut zu beobachten sind, stellt sich demnach folgendes heraus: Heute, an einem markanten Punkt der Entwicklung des Bilderbuchs, finden wir in ihm Kinder als Könige, als Bezähmer von Ungeheuern, als Helfer für die in Schwierigkeiten geratenen Erwachsenen, seien es die Bürger einer ganzen Stadt oder aber nur ein geplagter Familienvater. Und sie treten als Selbstüberwinder auf.

Die Realisierung solcher Bilder und Handlungen in der Bilderbuchwelt markiert eine Station auf dem Weg hinaus aus dem Behütetsein im Kinderghetto. Die literarische Erlaubnis der Selbständigkeit ist allerdings, so ist zu vermuten, ein Freistellen auf Zeit. Was wird, wenn die Kinder groß werden? Kann man sie dann auch noch mit dem Märchen erfreuen, die Giganten seien ganz alleine zu bezwingen? Phantasien sind das eine, die zerklüftete und schwierige Lebenswirklichkeit das andere. Aber Kinder, ja wahrscheinlich sie in besonderm Maße, brauchen die metaphorischen Geschichten und phantastischen Bilder in ihrer zweiten Wirklichkeit, die ihnen Mut zum Überleben machen können.

Durchbrüche zu verschütteten Wirklichkeiten — Beispiele eines neuen Realismus

Eine Reise über den Kontinent, in dem heutzutage in Deutschland Kindsein literarisch eingefangen ist, endet in einem Landstrich, in dem nun nicht versucht wird, mit Hilfe einer entworfenen fiktiven Wunschwelt der oftmals gar nicht so harmonisch-schönen Wirklichkeit des Kindseins ein hoffnungsvolles Gegenbild zu entwerfen. Vielmehr möchten diese Werke mit Hilfe möglichst genauer Beobachtung der tatsächlichen Verhältnisse in unserem Land, in unserer Zeit, unter uns und in uns selbst, den jungen Lesern einen Spiegel vorhalten, sie zur Entdeckung und Erkenntnis ihres realen Selbst und ihrer sozialen Lage führen und vielleicht ihnen auch auf diesem Wege der unterhaltsamen Entdeckung nahelegen, die Zustände zu ändern, die Lebensbedingungen zu verbessern und die Zukunft lebenswerter zu machen.

Nicht Phantasiefiguren wie Pippi Langstrumpf, Momo, Hansl Zottelbär oder Sandmädchen treten dem Leser in den nunmehr gemeinten Kurzgeschichten, Erzählungen, Szenen und Romane entgegen, vielmehr handfest veranschaulichte jugendliche Zeitgenossen mit Namen Manni,

Theo, Hirbel, Christian, Friederike und Sophie, Jungen und Mädchen demnach, welche in ein vom Autor möglichst genau abgetastetes Milieu gestellt und in soziale Beziehungen gesetzt sind. So können sie nicht mehr direkt didaktisch benutzt werden, sie können nicht mehr als Figuren in einem letztlich utopischen Denkmodell dienen. Sie sind gleichsam festgezurrt in der Wirklichkeit. Im Ansatz versuchen Ursula Wölfel, Peter Härtling, Susanne Kilian, Irmela Wendt, Irmela Brender und andere Schriftstellerinnen und Schriftsteller, den Leser aus der Illusion einer nur konstruierten Kindheit, aus dem bloß hingemalten, vereinfachten und phantastisch-abstrakten Figurenleben herauszuführen. Hier wird die Wahrheit in der Wirklichkeit und nicht mehr in der Formel gesucht. Hier kriegen die Kinder eine Seele eingehaucht, hier wird das menschliche Innenleben beobachtet und geschildert. Die Psychologie macht den Autoren zu schaffen, sie treibt sie an und um. Die Stilmittel realistischer Darstellung finden Beachtung: genaue Wiedergabe der Alltagssprache, exakte Milieubeschreibungen, dokumentarische Aufzeichnung. Dichten in diesem Sinne meint nicht so sehr „Erfinden", vielmehr die Wirklichkeit „auffinden".

Die Absicht, für Kinder so zu schreiben, entstand in den Köpfen der Autorinnen und Autoren, die in den Jahren vor 1970 mit der Illusion angeblich intakter Lebensräume für Kinder angesichts tatsächlicher Verhältnisse in Konflikt gerieten. Sie meinten, die Kinderwelt sei literarisch noch zu entdecken, sei aber bislang noch eine mit schöngefärbter Idealität zugedeckte Lebensepoche. „Es gibt" — so rief Peter Härtling dem Festpublikum in Bayreuth 1969 zu, als der Deutsche Jugenbuchpreis dort verliehen wurde — „eine Literatur für Kinder, deren Verlogenheit kränkend ist. Die Welt wird verschönt, verkleinert, bekommt Wohnstubengröße. In ihr geschieht nichts Unzuträgliches und wenn, dann springt immer ein Held aus der Ecke, das Kind zu schützen. Man kann Kinder nicht schützen. So nicht." Gegen Ende seiner Rede heißt es dann in deutlicher Opposition zu einer unrealistischen Kinderliteratur: „Die Literatur der Kinder ist auch die Wirklichkeit der Kinder" (Härtling, 1984).

In diesem Satz ist in nuce schon das Konzept eines neuen Realismus der Kinder- und Jugendliteratur enthalten, eines radikalen sogar, der sich nicht mehr darauf einlassen wollte, „Kinder zu schützen", der ihnen aber die Wahrheit mitzuteilen versprach.

Die bei Härtling beschriebene Position steht in scharfem Kontrast zu dem noch immer stark wirkenden, das Bewußtsein auch der heutigen Gesellschaft weithin bestimmenden Verherrlichung der Kindheit als einer Periode behüteten Lebens. Des Novalis Aphorismensammlung „Blütenstaub" von 1798 enthielt den Satz: „Wo Kinder sind, da ist ein goldenes Zeitalter." Der Romantiker artikulierte und brachte eine Philosophie der Kindheit auf den Punkt, die viele Varianten und viele Trivialisierungen bis heute erfahren hat. Es ist ein weiter Weg bis zum Eingeständnis Christa Wolfs in ihrem Buch „Kindheitsmuster" (Wolf 1979, S.12):

Das Kind ist ja auch von Dir verlassen worden. Zuerst von den anderen, gut. Dann aber auch von dem Erwachsenen, der aus ihm ausschlüpfte und es fertig brachte, ihm nach und nach alles anzutun, was Erwachsene Kindern anzutun pflegen . . .

Haben demnach die erwähnten Realisten unter den zeitgenössischen Autoren die Kindheit verloren? Oder wollten sie nur den Mythos von dem goldenen Zeitalter der Kindheit hinter sich lassen, weil er für sie, die mit dem geschärften Blick auf die Realität schauen, seinen Zauber verloren hat, ja sich als Illusion erwies?

Kindsein literarisch neu zu entdecken, bedurfte einer bisher nicht gekannten Sensibilität. Bei dieser Art des Schreibens vollzog sich der längst fällige Schritt zur Annahme des jungen Menschen als gleichberechtigtes Glied der menschlichen Gesellschaft. In den Texten des neuen Realismus ist das soziale Szenarium für Erwachsene und junge Menschen nicht mehr geschieden.

Wenn in Ursula Wölfels Kurzgeschichte „Mannis Sandalen" gesunde Kinder einen debilen Jungen bedrängen und ihm das kleine Bißchen Freude, nämlich das an seinen funkelnagelneuen Schuhen, zerstören, im Spiel letztlich sogar in sadistisches Handeln hineinschlittern, oder wenn der ordnungs- und besitzbewußte Erwachsene in Peter Härtlings Erzählung „Die Möhre" gegenüber dem ausgehungerten Jungen in seinem Garten zum unmenschlichen

Rechthaber wird, oder wenn bei Susanne Kilian ein Verkehrsunfall in der „Montagmorgengeschichte" einen facettenreichen Blick in die Machtverhältnisse, die Denkstrukturen von Kindern, Erwachsenen, Betroffenen, Beteiligten, Richtern und Gerichteten erlaubt, dann sind das Belege für den unendlich schwierigen Schritt, den Mythos vom Kind in Zweifel zu ziehen, um hinter dem selbstgeschaffenen Ideal einer Puppe, dem Liebling mit Vorschußlorbeern und Mitleidskredit, den Mitmenschen, den gleichberechtigten Lebensgefährten zu entdecken, der leidet und sich freut, Fehler und Vorzüge hat, Tricks und Raffinements kennt, Vorlieben und Laster, Verstand und Sinnlichkeit, Wünsche und Träume wie alle andern Mitglieder der menschlichen Gesellschaft besitzt.

Eine „Rekonstruktion verschütteter Wirklichkeiten" hat Hark Bohm anläßlich seines Kinderfilms „Moritz, lieber Moritz" die Arbeit des Künstlers genannt. Der Prozeß der Wirklichkeitssuche ist keine Bilderstürmerei, bei der bestehende Werte und Erinnerungen zertrümmert werden. Es geht vielmehr um die Befreiung tiefliegender Wahrheiten, die aufgrund lang geübter Handlungsgewohnheiten und Urteilsweisen verschüttet sind. Vielleicht ist eine Stelle aus dem Roman für junge Leute von Karin Bolte „Ulla, 16, schwanger" symptomatisch für die Behandlung dieses Enthüllungsvorgangs. Die Autorin läßt erst die Mutter erzählen, wie diese sich an die Geburt ihrer Tochter erinnert. Das klingt wie ein nüchternes Protokoll:

Den ganzen großen Hausputz hatte ich schon hinter mir, und alles glänzte. Zum Schluß wollte ich noch die Gardinen aufhängen, und da ging es los, es war abends um halb sechs. Ich hab dann aber in aller Ruhe noch die Gardinen zu Ende aufgehängt und bin dann in die Klinik gefahren. Dann ging es auch recht schnell. Ursula war ein süßes Baby, von Anfang an. Alle Schwestern waren in sie verliebt.

Die Autorin fährt dann fort und entlarvt ebenso nüchtern die nachträgliche Erinnerungsverschönerung der Frau:

So erzählte später Ullas Mutter von der Geburt ihrer Tochter. Es dauerte Jahre, bis Ulla herausfand, daß alles nicht stimmte, alles nur eine schöne Geschichte war, wie viele andere auch. In Wirklichkeit hatten die Wehen eingesetzt, als sie abends beim Tischdecken war, und die Mutter war sofort in Panik geraten.

Sie ließ alles stehen und liegen, nahm ein Taxi und fuhr zur Klinik; in der Aufregung vergaß sie noch ihren Koffer.

Die Schwestern wollten sie erst nach Hause schicken, weil es ihnen noch viel zu früh schien, aber die Mutter war so außer sich, daß man sie dabehielt. Sie wanderte zum Ärger der Nachtschwestern die ganze Nacht auf den Fluren herum und horchte in sich hinein. Ulla kam erst am nächsten Abend und war ein entsetztes, schreiendes Kind. Die Schwestern im Kinderzimmer sprachen von ihr nur als von dem „Schreier".

Die Rekonstruktion verschütteter Wirklichkeit, wie hier die der Zustände bei der eigenen Geburt, ist sicherlich nicht die einzige, jedoch eine elementare Aufgabe von Kinder- und Jugendliteratur. Sie ist neu. Ein solches Schreiben stellt den Autor vor unermeßliche Aufgaben und stellt ihn zugleich auch gewissermaßen an die Wand, in der keine Tür für Ausflüchte in ein freies Fabulieren vorhanden ist. Damit wird Schreiben von oben herunter nicht mehr möglich, vielmehr wird es oftmals für die Schriftstellerin und den Schriftsteller zum Bekenntnis und Eingeständnis der eigenen Grenze. Renate Welsh hat, als sie anläßlich der Verleihung des Kinder- und Jugendbuchpreises der Stadt Wien 1977 eine Ansprache hielt, dieses Bekenntnis so formuliert (Welsh, S.21):

Ihr habt sicher bemerkt, daß viele unserer Bücher eine Frage aufwerfen, aber die Lösung schuldig bleiben. Nicht, weil wir uns drücken wollen, sondern weil wir sie selbst nicht kennen. Wir hoffen, daß andere dort weiterdenken werden, wo wir mit dem Schädel an die Wand gestoßen sind. Überall kann ja nicht Wand sein. Irgendwo muß es eine Lösung geben. Und wenn wirklich überall Wand sein sollte, dann kann man sie gemeinsam einstoßen – hoffen wir. Schreiben hat überhaupt viel mit Hoffnung zu tun, besonders das Schreiben für Kinder.

Schreiben habe viel mit Hoffnung zu tun, „besonders das Schreiben für Kinder". Hoffnung auf was? Die Antwort muß lauten: Hoffnung auf die Verwirklichung einer humaneren Gesellschaft.

Nun ist, wie soeben erwähnt, das Ziel, der real existierenden Kindheit erzählerisch möglichst nahe zu kommen, nicht erst in den letzten Jahrzehnten aufgetaucht. Es gab zum Beispiel in der Zeit vor dem Ersten Weltkrieg die Berni-Geschichten des Bremer Schriftstellers und Lehrers

Heinrich Scharrelmann, Geschichten von dem, was der kleine Junge „sah und hörte, als er noch nicht zur Schule ging". So hieß es im Untertitel der ersten Ausgabe von 1908. Ebenso gab es in der Zeit der Weimarer Republik Autoren, welche die Aufgabe sahen, beschädigte Kindheiten zu beschreiben. Wie etwa Carl Dantz und Bert Brecht legten sie es darauf an, die bestehenden Einengungen von Kinderleben vor Augen zu führen und auch anzuklagen. In „Peter Stoll" von Carl Dantz, einem 1925 in der unbeholfenen Sprache eines Arbeiterkindes wiedergegebenen Alltagsbericht — 1978 als Reprint neu aufgelegt —, wird dies auf faszinierende Weise dokumentiert.

Der Bericht dieses Kinderlebens beginnt folgendermaßen:

> Wir müssen uns anmelden bei der Polizei, sagt Frau Tiejen, die unten wohnt, wo wir eingezogen sind.

> Hermann und Frida sind schon in der Schule gewesen. Ich bin zu Hause geblieben, weil ich den ersten Tag auf Theo passen soll. Aber ich soll nicht nach der Polizei, weil ich mit der Sprache nicht fertig werden kann, sagt Mutter.

In diesem Stil, aus der Perspektive des Kindes Peter Stoll und ohne Rücksicht auf hochsprachliche Grammatik und Syntax, setzt sich der Bericht fort und ergibt ein Bild über Leben und Leiden armer Leute im zuende gehenden Kaiserreich.

Bert Brechts Gedicht zeigt unter der Überschrift „Was ein Kind gesagt bekommt" — der Text wird unter die Gedichte aus der Zeit 1933-1938 gereiht —, wie eine freie Kinderwelt durch ein Konglomerat von ideologisch eingefärbten, zum Teil widersprüchlichen, insgesamt restriktiv wirkenden Spruchweisheiten zugeschüttet ist. Brecht will den Leser provozieren, darüber nachzudenken, in welches Gefängnis junge Menschen durch die herrschenden Auffassungen der Erwachsenen gesteckt sind (Brecht, S. 585):

Was ein Kind gesagt bekommt

Der liebe Gott sieht alles.
Man spart für den Fall des Falles.
Die werden nichts, die nichts taugen.
Schmökern ist schlecht für die Augen.
Kohlen tragen stärkt die Glieder.

Die Kinderzeit, die kommt nicht wieder.
Man lacht nicht über Gebrechen.
Du sollst Erwachsenen nicht widersprechen.
Man greift nicht zuerst in die Schüssel bei Tisch.
Sonntagsspaziergang macht frisch.
Zum Alter ist man ehrerbötig.
Süßigkeiten sind für den Körper nicht nötig.
Kartoffeln sind gesund.
Ein Kind hält den Mund.

In dieser Collage von gebräuchlichen Redeweisen und angeblichen Volksweisheiten wird deutlich gemacht, wie das Dasein junger Menschen oft von nicht hinterfragten Vorschriften gemaßregelt und eingeengt ist.

Erich Kästner hat in denselben Jahren der Weimarer Republik, in denen auch Bert Brecht für die Jugend Gedichte und Lehrstücke verfaßte, die erschütternde Kurzgeschichte „Die Kinderkaserne" geschrieben, in der die ausweglose Lage und das Ende des Rolf Klarus geschildert werden. Der Junge wird von einem sich sadistisch gebärdenden Internatsmitschüler drangsaliert und zwischen Sohnesliebe gegenüber seiner sterbenden Mutter und Gehorsam gegenüber der Schulzucht zerrieben. Erich Kästner endet die Geschichte mit dem Satz: „Denn in jener Nacht starben drei Menschen, auch wenn der dritte zu atmen fortfuhr." Die Erzählung handelt vom Schicksal junger Menschen, sie zeigt deren Bedrückung, Nöte, Ängste und Beschädigungen. Kästner hat diese Kurzerzählung aber nicht unter die Texte für die Jugend eingereiht. Sie ist heute nur noch in der Gesamtausgabe seiner Werke zu finden. Man fragt sich: Warum? War in Erich Kästner womöglich die Schere im Kopf am Werk, die sein eigenes Oeuvre zerschnitt? Es könnte gut sein, daß der Autor selbst ein zu optimistisch-idealistisches Kindheitsbild in sich trug und literarisch vermitteln wollte, als daß er solch harten Realismus, wie ihn „Die Kinderkaserne" enthält, für „kindgemäß" hielt.

Die Beispiele aus den zwanziger Jahren zeigen, daß die Beschädigungen der Kindheit auch damals schon als sozial bedingt gesehen wurden. Wer das wirkliche Leben junger Menschen schildern wollte, mußte auf die Stellen stoßen, wo den Jungen und Mädchen ihre Entfaltung beschnitten, ihr Zusammenkommen erschwert und ihre Daseinsfreude getrübt war. Nichts anderes ist auch in Kästners „Pünktchen und Anton" das Thema.

Die Intention literarischen Entdeckens und Gestaltens von wirklichem Kinderleben und Kinderalltag ist, wie erwähnt, schon vor dem Ersten Weltkrieg vorhanden gewesen. Es muß hier die Leistung Berthold Ottos erwähnt werden, der um die Jahrhundertwende dafür eintrat, das Kind sprachlich zu befreien, ihm seine eigene „Mundart" zu belassen. Er sah in der Anleitung für Kinder zum Gebrauch von Hochsprache, von Schrift- und Literatursprache, einen diktatorischen Akt der Erwachsenen. Deshalb schrieb er auf, was er „Altersmundart" nannte, sah darin eine fast autochthone Sprache, forderte zur Kinderdichtung diesen Typs auf, meinte, diese sei bislang so gut wie verschüttet geblieben und machte sich selbst daran, als Erwachsener soweit wie möglich kindgemäß zu erzählen. Dies verwirklichte er, indem er Kulturgüter wie die Faustsage in Altersmundart vortrug. Auch Paula und Richard Dehmel sind in diesem Zusammenhang erneut zu nennen. Sie schrieben Kindergedichte wie „Fitzebutze" in Kindersprache und verfolgten fürs Kindertheater ebenso diesen Weg. Die sozialkritische Note der von schriftstellernden Pädagogen getragenen Bewegung in der wilhelminischen Epoche ist deutlich. „Vom Kinde aus" die Welt zu betrachten, hieß damals, ein begangenes Unrecht endlich beseitigen, indem die jungen Menschen als eigenwillige Sprachgestalter, Sprachkünstler und kleine Dichter in ihrem Sosein anerkannt wurden.

Es gibt sie demnach, die Vorläufer des neuen sozialkritischen Realismus, wie er seit der Studentenbewegung vor und um 1970 die deutsche Kinder- und Jugendliteratur durchzieht. In dieser Art Literatur für Kinder stellt sich Kindsein wesentlich anders dar als dort, wo die phantastischen Figuren isoliert und abgehoben eine hypertrophe Ich-Stärke besitzen, auch dort, wo die Kinder in erfolgreicher, problemloser Solidarität in einem Märchenland die ganze Welt verändern können.

Die Jugendliteratur hat in den ersten Jahren nach dem Zweiten Weltkrieg, in den Jahren der Trümmer und des dann schnell gewachsenen Wohlstandes offensichtlich wenig Platz gehabt, um das Thema der Beschädigung von

Kindheit und Jugend in die Texte aufzunehmen. Solche Stoffe lagen zwar in der Luft, sie fanden auch gelegentlich Autoren, die sie bearbeiteten, und Verlage, die solche Werke in ihr Programm übernahmen. Aber eine weite Beachtung fanden sie im Feld der an Kinder- und Jugendliteratur interessierten Öffentlichkeit nicht, mit der einzigen Ausnahme, dem dokumentarischen Tagebuch der Anne Frank.

Ein so großartiger Kurzgeschichtenerzähler wie Wolfdietrich Schnurre hatte zwar schon wenige Jahre nach dem Ende des Zweiten Weltkriegs Kindergestalten entworfen, die zeigen können, wie ernsthafte Wahrheitssuche, wie Botschaften aus dem Bewußtsein der Fehlsamkeit aussehen können. Aber sie erschienen nicht als Jugendbücher, wurden jedoch, wie zum Beispiel „Veitel und seine Gäste" Schullektüre und sind es bis heute geblieben. Diese Erzählung macht den Leser zum Zeugen der Gewissenskonflikte des berichtenden Jungen, der, den Vorurteilen aufsitzend, ein krankes jüdisches Kind in Isolation und Verletzung treibt. Kindheit wird zum Hort moralischer Konflikte, die nicht anders sind als die unter Erwachsenen. Auch in desselben Autors Kurzgeschichte „Steppenkopp" wird der Leser nicht in das Traumland „Kindheit" entführt, vielmehr gerade mit dem Verlust dieser Illusion konfrontiert. Das Thema ist die schmerzliche Zerstörung von Heinis Land, „seinem Land" in den Ruinen, einem kleinen Fleck Erde, der von anderen Kindern umstellt wird. Geschildert wird ganz konkret, wie andere Kinder dem Steppenkopp die Kindheit austreiben. Der Satz „Der Himmel war leer" steht am Ende des Textes. Fast alle Kurzgeschichten Wolfdietrich Schnurres blieben auf den Gebrauch im Deutschunterricht beschränkt. So wurde auch „Jenö war mein Freund" Schullektüre.

Es bedurfte erst des Bewußtseinsschubs der späten sechziger Jahre, bis eine Jugendliteratur von jener neuen Sensibilität erreicht wurde, die nötig war, um seelische Erschütterungen, Empfindungen des Bedrängtseins, um Vorgänge der Lebensbeschädigung realistisch, aufrichtig und unkorrigiert darzustellen. In dieser Breite und Offenheit hatte es in der Kinder- und Jugendliteratur das Phänomen des sozialkritischen Realismus vorher noch nicht gegeben.

Das Interesse an dem beschädigten Kinderleben ist in den vergangenen Jahren gewachsen. Beschädigungen feststellen aber heißt, immer auch direkt oder indirekt die Ursachen ans Licht holen, heißt somit auch, die Frage nach dem Warum und dem „Muß das so sein?" stellen. Das Motiv des Schreibens ist das, was Renate Welsh in dem vorhin zitierten Bekenntnis ausdrückte: Man deckt auf und formuliert aus Hoffnung auf Besserung. Ob da zum Beispiel in Susanne Kilians Geschichte „Eigentlich war nichts Besonderes passiert" die schwankenden Empfindungen zwischen dem erdachten Glück des Halbwüchsigen, der ein Motorrad zu besitzen und zu beherrschen trachtet, und der harten Drohung von Ohrfeigen, zwischen Machtrausch und Schutzbedürfnis, Sprache bekommen, ob da in gestörten Ehen — aus der Sicht der betroffenen Kinder — vorurteilslos hineingeleuchtet wird wie in Ursula Wölfels Kurzgeschichte „Der Vater" oder das Zusammenleben mit fremdartigen, andersartigen, nicht in das normale Bild passenden Menschen zur Debatte steht, es geht ehrlicherweise in diesen Geschichten nicht um die glatte Auflösung von bestehenden Widersprüchen, vielmehr eher um deren Aufdeckung.

Ein Beispiel, das Tendenz und Sensibilität dieser literarischen Kindseinsauffassung, zugleich auch den Vorsprung an Ehrlichkeit und Qualität gegenüber nichtssagenden, ja seichten Malereien der Kinderliteratur zeigt, ist Peter Härtlings Kurzgeschichte „Der gelbe Junge". Sie beginnt mit den Worten:

Mark bekam seine Eltern ganz anders als die Kinder sonst. Er wurde von seiner Mutter nicht geboren; er war schon fünf, als er sie kennenlernte . . .

Im Text wird der mühsame und nicht zuende gehende Prozeß der Sozialisierung eines vietnamesischen Waisenkindes in westdeutsche Verhältnisse beschrieben. Das Ende lautet:

Aber nachts träumte er noch immer, daß ihn eine Horde weißhäutiger Kinder verfolgt, ihn jagt, hetzt und daß er am Ende sich hinwirft, darauf wartet, von ihnen gequält und verspottet zu werden. Der gelbe Junge! Er war nicht sicher, ob diese Träume je aufhören würden, obwohl seine Eltern ihn liebten, obwohl er hier zu Hause war und obwohl er sich an das Land, aus dem er gekommen war, und an seine ersten Eltern nicht mehr erinnern konnte.

Hier wird ein Fall sozialer Problematik aufgegriffen, in den nicht nur das betreffende Kind selbst, also der Held der Geschichte, verwoben ist, vielmehr auch Schule, Pflegeeltern, Altersgefährten. Da sind in den Horizont der Geschichte hineingenommen: die Inhumanität durch Vorurteile, die entmutigende Begrenztheit des Helfenkönnens, die brutale Wirkung von Gruppenegoismus und Xenophobie. Solche, unsere Gesellschaft bedrängenden, tatsächlich bestehenden Motive bestimmen den Fortlauf dieser kleinen Geschichte weithin. Sie erzeugen das Interesse des Lesers, der mitleidet, indem er miterlebt, wie menschliche Kommunikationsschwierigkeiten sich zwar nicht gänzlich lösen lassen, wohl aber zu bessern sind. Der Text sendet Appelle an die Einsicht aus, die dargestellten menschlichen Fehlleistungen zu erkennen und Unrecht, Voreingenommenheit, Brutalität nicht zuzulassen. Es ist ein parteilicher Text für eine humanere Welt. Er erreicht diese Wirkung, weil er nicht etwa die soziale und individuelle Situation in einem abgehobenen Lehrstück demonstrieren will, sondern die psychische Komplexität des Menschen, auch des kleinen Kindes, ernst nimmt und Stück für Stück erzählerisch veranschaulicht. Die Besserung des Zustandes am Ende gibt dem Leser Hoffnung, ohne ihm vorzugaukeln, alles sei lösbar. Ein Happy End wäre hier Zuckerguß auf Wunden und bleibende Narben. So wird den Kindern als Lesern — dies ist die Intention Härtlings wie die anderer Autoren — nichts vorgemacht.

Die Menschen, die für Kinder und über Kinder in den vergangenen Jahrhunderten geschrieben haben und heute schreiben, haben immer wieder Kindheiten erfunden. Die Absicht des bis hierhin reichenden Kapitels war es zu zeigen, daß sich die Vorstellung vom Kind und jungen Menschen von Comenius bis Härtling, vom Struwwelpeter-Hoffmann bis zu Susanne Kilian und Ursula Wölfel ganz wesentlich verändert hat. Aus den Schriftstellern als pädagogische Zuchtmeister der Kindheit und Jugend sind Beobachter und Erschließer der geheimen Probleme von jungen Menschen geworden.

Jungen und Mädchen heute zu schildern, ihre Ängste und Nöte, ihre Wünsche und Äußerungen zu beschreiben, heißt, vor den jungen Lesern des zuende gehenden Jahrtausends Dinge auszusprechen, die früher nie zu veröffentlichen möglich waren. Der Spiegel der Kindheit ist groß geworden, in dem sich die lesende Jugend von heute wiedererkennen kann.

Offen, skeptisch und selbstkritisch sieht dieses Mädchen aus Christine Nöstlingers „Geschichten für Kinder in den besten Jahren" (1986), fotoillustriert von Wolfgang Rudelius, in die Welt.

Die Suche nach den Klassikern oder der Zweifel an den ewigen Werten

Die Kür zum Klassiker

Erich Kästner erzählte einmal die Geschichte von dem Kind, das so sehr in seine Lektüre vertieft war, daß man es wegtragen mußte, als die Familie umzog. Dieses Kind war nicht verschlafen, es war nicht „weg", es war vielmehr ganz da. Es war dorthin gekommen, wohin der Mensch kraft seiner intelligiblen Fähigkeiten gelangen kann. Es war in der uns allen zukommenden, von uns erreichbaren, manchmal allerdings verschütteten Zweiten Wirklichkeit, der anderen Etage unseres Lebens, in der wir Utopien, Wunschvorstellungen, Träume und Visionen einer besseren Welt entwickeln können.

Nehmen wir an — und das ist nicht ganz unwahrscheinlich —, dieses Kind hätte sich in ein Buch vertieft, das wir einen Jugendbuchklassiker nennen: „Robinson Crusoe" oder einen Band „Lederstrumpf", „Gullivers Reisen" oder die „Schildbürgerstreiche", „Huckleberry Finn" oder „Onkel Toms Hütte". Vielleicht hat das Kind auch „Heidis Lehr- und Wanderjahre", „Trotzkopf" oder „Pippi Langstrumpf", „Alice im Wunderland", „Pinocchio", die „Biene Maja", Hauffs Märchen oder „König Hänschen", auch „Asterix" oder „Micky Mouse" vor Augen gehabt. Es ist eben die bunte, die gemischte Gesellschaft von Figuren und deren fiktiver Welt.

Allerdings stößt man sehr bald auf Grenzen in der Aufzählung. An viel mehr als dreißig, vierzig oder gar fünfzig

Titel können sich auch die größten Leseratten nicht mehr erinnern. Schnell läßt sich auch herausfinden, daß manche Titel generationenlang „Kanoniker" bleiben, manche aber nach kurzer Zeit wieder von der Liste der „Klassiker" verschwinden.

Gehen wir einmal von den soeben erwähnten Büchern aus. Sie alle werden heutzutage gelesen, sie erscheinen in Neuausgaben, entweder im Originaltext oder immer wieder neu bearbeitet. Der Erwachsene von morgen, sofern er überhaupt zu den Lesern in unserer Gesellschaft gehört, hat die Möglichkeit, an diesem Repertoire an sogenannten klassischen Kinder- und Jugendbüchern teilzunehmen. Er liest sich durch ein Museum der Kinder- und Jugendliteratur hindurch und dringt dabei in eine geistige Erbschaft ein. Alte Geschichten und recht junge, weit hergeholte von berühmten Verfassern und anonyme Volkserzählungen, Abenteuerliches und Herzanrührendes, einmalig Formuliertes und vielemale Abgewandeltes, Um- und Umerzähltes, alles dies steckt in der Schatztruhe, die sich da auftut.

Den Bestand an Klassikern der Kinder- und Jugendliteratur gilt es nunmehr ein wenig zu untersuchen, und zwar nach Herkunft, Entstehung und Wirkung, am Ende auch nach der Aktualität des jeweiligen Textes. Die folgenden Beispiele können zeigen, daß Bücher tatsächlich ihre Geschichte haben, Wandlungen durchmachen, sich teilweise verändern – dabei an Umfang schrumpfen, auch sich noch erweitern oder so bleiben, wie sie waren. Jedes läßt in seiner Werk- und Wirkungsgeschichte immer auch ein wenig die Veränderungen der gesellschaftlichen, der ästhetischen und ebenso der pädagogischen Einstellungen erkennen.

Bei der Nennung der Titel der vorhin erwähnten Bücher – leicht wären etwa noch Wilhelm Buschs „Max und Moritz", Jules Vernes „Die Reise um die Erde in achtzig Tagen", aber auch die Äsopischen Fabeln, die Volksmärchen oder die Schelmengeschichten des „Till Eulenspiegel" oder des „Münchhausen" hinzuzufügen – macht man sich vielleicht nicht sofort klar, daß diese Werke ganz unterschiedlicher Herkunft sind und daß sie deshalb einen jeweils anderen Weg genommen haben, um zur Lektüre von Mädchen und Jungen zu werden.

Drei Ursprünge seien herausgestellt:

Erstens eine oftmals anonyme folkloristische, nach Ort und Zeitpunkt der Entstehung nicht genau festlegbare Erzählquelle. Wir stoßen auf uraltes Sprachgut, zum Beispiel bei Fabeln, deren Herkunft bis in die Antike hinein und in den Orient und nach Indien zurückzuverfolgen ist, zum Beispiel bei den Märchen mit ihrem gemeineuropäischen, ja auch darüber hinausgehenden Ursprung, ebenso bei den Sagen, Legenden und Mythen.

Zweitens Werke der Weltliteratur wie der „Don Quichote" des Cervantes, der „Robinson Crusoe" des Daniel Defoe oder „Gullivers Reisen" des Jonathan Swift.

Und *drittens* Werke, die speziell für ein jugendliches Publikum geschrieben worden sind, wie der „Struwwelpeter" des Arztes aus Frankfurt Heinrich Hoffmann, wie „Alice im Wunderland" des Oxforder Mathematiker-Professors Charles Lutwidge Dodgson, genannt Lewis Carroll, wie die Heidi-Erzählung der Schweizer Schriftstellerin Johanna Spyri oder auch Erich Kästners Kriminalgeschichte für Kinder „Emil und die Detektive".

Wieso hat sich eigentlich ergeben, daß die erwähnten Bücher allesamt Klassiker genannt werden? „Klassik" hat, nimmt man den Begriff literarhistorisch ernst, zweierlei Bedeutung. Einmal handelt es sich um den Epochalbegriff. Dann ist die Zeit gemeint, in der eine angeblich maßgebende Literatur entstand. Als Goethe und Schiller um 1800 in Weimar lebten, als die „Iphigenie" und die „Horen" entstanden, geschah dies in der Epoche der „Weimarer Klassik". Und im Mittelalter, als mit Walther von der Vogelweide, Hartmann von Aue und Gottfried von Straßburg die Blütezeit mittelhochdeutscher Dichtung um 1200 eingetreten war, ist der Literarhistoriker geneigt, von ebensolcher klassischer Epoche zu sprechen.

Im alten Rom wurde der Begriff der Klassiker vor allem genommen, um die Bürger in Steuerklassen einzuteilen. Die „cives classici" waren die Bürger der maßgeblichen, der ersten Steuerklasse. Die anderen Bürger Roms wurden also nach dem Maß der Reichen taxiert. Hier haben wir in der Wurzel den zweiten Klassikbegriff, den typologischen. Denn nach ihm sind, wie die Menschen der ersten Steuerklasse im alten Rom, so die Werke der Jugendliteratur, die sich auf der Leiter der Bedeutsamkeit nach oben geschafft haben, die Klassiker.

Nur in diesem zweiten Sinn ist der Begriff überhaupt in den Bereich der Kinder- und Jugendliteratur übertragbar. Denn es gibt in ihr keine klassische Epoche, also keine Weimarer oder mittelhochdeutsche Klassik. Es gibt vielmehr Werke aus ganz verschiedenen Jahren und Jahrhunderten. Der „Don Quichote" stammt von 1605 und entstand in Spanien, der „Gulliver" von 1726 und kam aus England, die Grimmschen Märchen erschienen zuerst 1812, „Emil und die Detektive" kam 1928 heraus, „Pippi Langstrumpf" 1944 und Momo 1973.

Unter solchen Umständen fragt es sich, wie diese sogenannte Klassizität zustande gekommen ist. Das literatursoziologisch interessante Phänomen ist folgendes: Klassizität wird *dem* Werk bescheinigt, das aufgrund des Transportes von Generation zu Generation überdauert und sich somit durchgesetzt hat.

Dabei spielen mehrere Gesichtspunkte eine Rolle. Als allererstes der der Qualität. Aber was ist das und wer entscheidet darüber? Man nimmt offensichtlich an, daß das, was geblieben ist, auch gut sein müsse. Wer ist aber die Instanz? Sind es die Erwachsenen, sind es die Kinder, sind es pädagogische Fachleute? Zum Beispiel fällt diese Rolle im Bewußtsein der Öffentlichkeit dem Schulkanon zu, in dem dann etwa Goethes „Faust", Grimmelshausens „Simplizius Simplizissimus" oder Shakespeares „Romeo und Julia" stehen und dadurch als literarisches Bildungsrüstzeug von bleibender Natur angesehen werden. Diese Rolle kann auch dem Grundstock in Öffentlichen Bibliotheken zufallen. Oder aber die Deklaration zum „Klassiker der Kinder-und Jugendliteratur" erfolgt durch die Höhe der Auflage und die Dauer der Beliebtheit. Es geht dann schlichtweg um eine „plebiszitäre" Klassizität. Die Instanz ist der Geschmack der Leser, in unserem Fall der jugendlichen Leser, also der Kinder.

Deutlich sichtbar wird, daß je nach Standort die Auswahlkriterien wechseln. Mögen Pädagogen und Bibliothekare aus ästhetischen und moralischen Gründen, auch nach bildungstheoretischen Gesichtspunkten — etwa dem der Erhaltung eines kulturellen Erbes bei der nachfolgenden Generation — Entscheidungen getroffen und dementsprechende „Klassiker-Listen" aufgestellt haben, so dürften die jungen Leser selbst aus dem Bewußtsein ihrer literarischen Autonomie zu ganz anderen Ergebnissen kommen. Wie anders würde sonst bei demoskopischen Erhebungen ein Kanon herauskommen, auf dem — je nach dem Zeitpunkt der Untersuchung — „Mickey Mouse" und „Asterix", „Alf" und „Pumuckel" und je nach Altersstufe „Biene Maja" oder die „Kinder vom Bahnhof Zoo" erscheinen?

Das Ergebnis des Suchens nach einer Antwort auf die Frage, wie man den Jugendbuchklassiker auffinden und in welchem Kanon man ihn festmachen kann, ist verwirrend. Eine ganze Reihe von Gesichtspunkten ist aufgetaucht. Je nach dem jeweiligen Argumentationsstrang dürften dann auch andere Werke als Klassiker bezeichnet werden. Klassiker können Best- und Longseller-Charakter annehmen, sie können einfach die Lieblingsbücher der Kinder sein, basierend auf plebiszitären Entscheidungen, aber auch Werke, die auf Grund zäher Tradierung, verursacht durch Setzungen (Schulkanon, kirchliche Entscheidung), auf dem Markt geblieben sind. Wir müssen erkennen, daß es keine klassische Epoche in der Geschichte der Kinder- und Jugendliteratur gibt, keine Goethe-Zeit, auch daß keine nationale Eingrenzung für die Klassiker gegeben ist und daß es keinen festen Bestand, vielmehr wechselnde Besetzung des Kanons gibt. Jeder Leser errichtet in seinem literarischen Haushalt seinen eigenen Bestand an Klassikern. Er liest sich in die Bibliothek der für ihn maßgeblichen, ihn beeindruckenden Werke hinein und kümmert sich dabei kaum — je jünger er ist, desto weniger — um die Beurteilung der von ihm erkorenen Favoriten durch fachkompetente Instanzen der Erwachsenen.

Die Frage nach den Klassikern unter den Kinder- und Jugendbüchern dürfte, wie zu sehen war, eng mit der Frage nach Normen und einem Literatur-Kanon zusammenhängen. Sie gründet in einem verständlichen Suchen nach dem

Literaturgut, das von Pädagogen und Eltern als wertvoll angesehen werden darf. Leicht schimmert hinter der Suche nach Titeln und Autoren die Vorstellung auf, es müsse doch in all dem Werden und Vergehen zwischen den literarischen Eintagsfliegen für die kleinen Leser einige geben, die die Zeiten überdauern, die gleichsam aus härterem Gestein sind, beziehungsweise bleibende Werte enthalten. Und in der Tat wissen wir, daß manche Werke, wie etwa „Robinson Crusoe" oder der „Münchhausen" mehrere Jahrhunderte alt sind und nach wie vor gelesen werden. Andere wiederum können nur ein kurzes Leben aufweisen.

Hinter dem Tradieren, das oftmals mit einem Bearbeiten, auch einem Transformieren — etwa eines Werks der Erwachsenenliteratur in das für eine jugendliche Leserschaft — gekoppelt ist, verbirgt sich ein ganzes Bündel von Vorgängen. Denn ständig wird neu sortiert und selektiert, die Liste von Namen und Titeln, die als Klassiker bezeichnet werden, wandelt sich. Wenn kurz vor dem Zweiten Weltkrieg Alois Schenzingers „Hitlerjunge Quex", Severin Rüttgers „Nordische Heldensagen" und Manfred von Richthofens „Der rote Kampfflieger" auf der sogenannten „Grundliste für Schülerbüchereien" standen, waren diese Werke ein Jahrzehnt später mit recht auf dem Index. Waren Gustav Frenssens „Peter Moors Fahrt nach Südwest", Felix Dahns „Ein Kampf um Rom", Agnes Sappers „Die Familie Pfäffling" und Hermann Löns' „Mümmelmann" in den zwanziger Jahren als Klassiker der Jugendliteratur bekannt, so brauchte es einige Zeit, bis Erich Kästners ebenfalls in den späten zwanziger Jahren erschienener Kinderroman „Emil und die Detektive" (1928) zum Klassiker auf den Schild der öffentlichen Meinung gehoben wurde. Carl Dantz's „Peter Stoll", diese so feine realistische Milieuzeichnung um ein Proletarierkind, gab es zwar auch, aber sie geriet bis heute nicht auf die Liste der Klassiker.

Man stößt bei der Frage nach dem bleibenden Bestand an Jugendbüchern schnell ins Leere. Immer wieder findet Wechsel statt, ändert sich das Angebot. Man sollte bedenken, daß die Generation der Leser und die jeweilige soziale Schichtung bei der Auswahl eine entscheidende Bedeutung haben. Offensichtlich sind die literarischen Muster und Helden direkt oder indirekt von einer ganzen Reihe von Faktoren beeinflußt und führen zu einer deutlichen Unterscheidung zwischen öffentlich anerkannten Klassikern, also jenen, die statistisch ermittelbar, die auf Empfehlungslisten und in Schullehrplänen ihren Niederschlag finden, und daneben die privaten Klassiker, jene Werke also, die Erinnerungswert für den einzelnen Leser behalten haben, die eine individuelle Erlebniswirkung erzielt haben. Im folgenden geht es um die öffentlichen Klassiker.

Drei verschiedene Beispiele können zeigen, wie ganz verschieden die Formen der Geburt und des Wirkens von sogenannten Jugendbuch-Klassikern verlaufen. Und zwar werden mit den drei Beispielen zugleich auch die drei schon erwähnten großen Quellen der Kinder- und Jugendliteratur genannt. Diese sind die folkloristische Literatur der Märchen, Legenden, Sagen, Reime und Lieder mit zumeist anonymen Verfassern, zum zweiten sind es Werke, die zunächst nicht für eine jugendliche Leserschaft verfaßt worden sind, dann aber aufgrund ihres Inhalts in Bearbeitungen zur Jugendlektüre wurden. Darunter sind Werke der Weltliteratur. Und drittens sind es Texte, deren Verfasser sie speziell für ein Kind oder viele Kinder verfaßt haben. Wir nehmen das Beispiel der Grimmschen Märchen für die folkloristische Tradition, für die Herkunft aus der Hoch- und Weltliteratur „Gullivers Reisen" von Jonathan Swift und aus der sogenannten spezifischen Kinder- und Jugendliteratur Astrid Lindgrens „Pippi Langstrumpf".

Die Kinder- und Hausmärchen oder die Verwandlung zur Gattung Grimm

Die Brüder Grimm — Jacob ist 1785 geboren, Wilhelm 1786 — hatten schon als Zwanzig- und Einundzwanzigjährige Märchen gesammelt und brachten sie noch unter napoleonischer Besatzung beziehungsweise noch vor Beendigung des Wiener Kongresses heraus, den ersten Band der „Kinder- und Hausmärchen" im Jahre 1812, den zweiten 1814/15. Sowohl das politische Geschehen in den aufge-

*Brüder Grimm
(Jacob 1785–1863;
Wilhelm 1786–1859)*

wühlten Jahren nach der Französischen Revolution wie
auch die persönlichen Berührungen mit dem Kreis der
Romantiker bilden den Hintergrund ihrer Sammeltätig-
keit. Es war keineswegs ein versponnenes Schauen in ein
weltabgewandtes Märchen- und Phantasieland. Kurz nach
Erscheinen des ersten Bandes schrieb Jacob an den be-
freundeten Achim von Arnim in einem Brief, datiert am
28. Januar 1813, den aus den tatsächlichen Motiven und
Umständen zwar verständlichen, aber für einen an der Entstehung von Kinderbuchklassikern Interessierten äußerst
überraschenden Satz (Steig, S. 26):

> . . . Das Märchenbuch ist mir daher gar nicht für Kinder ge-
> schrieben, aber es kommt ihnen recht erwünscht und das freut
> mich sehr.

Ja, noch allgemeiner lehnt Jacob Grimm den Gedanken
einer spezifischen Kinderliteratur in der rhetorischen
Frage ab:

> Sind denn diese Kindermärchen für Kinder erdacht und erfun-
> den. Ich glaube dies so wenig, als ich die allgemeine Frage nicht
> bejahen werde: ob man überhaupt für Kinder etwas eigenes
> einrichten müsse?

Einer der beiden Initiatoren, Autoren und Herausgeber
dieses vielleicht berühmtesten und international bekann-

testen deutschen Kinderbuchs, Jacob Grimm, verneint also in diesem Bekenntnisbrief die Frage einer spezifischen Kinderliteratur. Das ist für uns, die wir heutigen Tages an den jugendliterarischen Separatismus so gewöhnt sind, doch überraschend.

Die Situation, die die Grimms durch ihr Sammeln und Edieren der „Kinder- und Hausmärchen" heraufbeschworen hatten, veränderte sich im Laufe der Wirkungsgeschichte des Buches schon zu Lebzeiten der Brüder. Der eine, nämlich Wilhelm Grimm, ein verheirateter Mann mit Kindern, nahm sich mehr und mehr des Märchensammel- und -bearbeitungsprojekts an und reagierte auf das äußerst zustimmende Echo in der bürgerlichen Öffentlichkeit, indem er sich bei weiteren Herausgaben und den damit verbundenen Bearbeitungen auf das Kind als Rezipienten einstellte. Von Fassung zu Fassung läßt sich dies verfolgen. Der Anfang des Froschkönig-Märchens lautete so noch in der ersten Niederschrift von 1810:

Die jüngste Tochter des Königs ging hinaus in den Wald und setzte sich an einen kühlen Brunnen. Darauf nahm sie eine goldene Kugel und spielte damit, als diese plötzlich in einen Brunnen hinabrollte.

In der Fassung letzter Hand, sie stammt aus dem Jahr 1857, lautet die gleiche Passage:

In den alten Zeiten, wo das Wünschen noch geholfen hat, lebte ein König, dessen Töchter waren alle so schön, daß die Sonne selber, die doch so vieles gesehen hat, sich verwunderte, sooft sie ihr ins Gesicht sah. Nahe bei dem Schlosse des Königs lag ein großer dunkler Wald, und in dem Walde unter einer alten Linde war ein Brunnen: wenn nun der Tag sehr heiß war, so ging das Königskind hinaus in den Wald und setzte sich an den Rand des kühlen Brunnens . . .

Die Werk- und Bearbeitungsgeschichte, die hier nicht weiter erschlossen werden soll, zeigt insgesamt eine deutliche Tendenz zu dem, auf was es in unserem Zusammenhang anzuspielen gilt: Es ist die Tendenz zur romantischen Umstilisierung und damit auch einer Veränderung des Märchens. Hier werden Spezialkulissen aufgebaut: ein Königsschloß, der dunkle Wald, die alte Linde, der kühles Wasser spendende Brunnen.

Die Märchen der Brüder Grimm sind hier Beispiel für die Kinderbuch-Klassiker, die aus der folkloristischen Tradition kommen. Die Vorstellung, uraltes Gut sei von den Brüdern Grimm nur aufgeschrieben und dadurch vor dem Untergang bewahrt worden, ist so nicht richtig. Gewiß, sie haben die Stoffe gesammelt, aber sie haben sie auch und ganz wesentlich verändert. Sie haben ihnen ihre Sprache aufgedrückt und mit der Sprache auch neue Inhalte gesetzt oder vorhandene Inhalte einseitig betont. Das betrifft den Status der Kinder. In den Kinder- und Hausmärchen leben die meisten Märchenkinder in einem hierarchisch gegliederten Gesellschaftssystem und in einem ihren Freiraum begrenzenden, ja sie bedrückenden Milieu, aus dem sie nur blinder Gehorsam herausführt oder in den Zustand der inneren Zufriedenheit bringen kann.

Wie sagt der König im Märchen vom Froschkönig:

> Was du versprochen hast, das mußt du auch halten. Wer dir geholfen hat, als du in Not warst, den sollst du hernach nicht verachten.

Gegen solche allgemeinen moralischen Lebensregeln ist gewiß nichts einzuwenden. Aber in der einzigartigen Situation, die das Märchen vom Froschkönig schildert, werden diese Sätze benutzt, um Artigkeit zu fordern, um den Zustand der Unterwerfung eines Kindes zu sanktionieren. Nimmt man die Grimmsche Version dieses Deflorationsmärchens, nun romantisch und kindertümlich umgeformt und neu erzählt, pädagogisch-didaktisch ernst — und sie will offensichtlich so genommen sein! —, dann gelten die Sätze aus dem Tugendkatalog absolut und dienen zur Veranschaulichung ehernen Durchhaltens bis zur Persönlichkeitsaufgabe. Artigkeit heißt dann für das Königstöchterlein, wie es vor allem Wilhelm Grimm, der Bearbeiter der späteren Ausgaben einschätzte, Unterwerfung unter die Ziele der Erwachsenen, heißt Aufgabe jeglichen Widerstandes, heißt auch vertrauensvolle Hingabe im Glauben an Gottes Fügung und Gerechtigkeit.

Nun leben drei Viertel aller Kinderfiguren in den Kinder- und Hausmärchen in ärmlichen Verhältnissen, so zum Beispiel Hänsel und Gretel oder ganz extrem das Sterntaler-Kind. Bei solchen Gestalten potenziert sich der Druck, die geschilderte Not ist lebensgefährlich. Für solche Protagonisten ist Spielen als kindliche Daseinsform ein nicht zu verwirklichender Luxus. Im Froschkönig gibt es allerdings eine goldene Kugel als Spielzeug, wohl gemerkt für ein Königskind. Hänsel und Gretel müssen Holz sammeln und Beeren lesen, und das Mädchen im Sterntaler-Märchen ist ganz allein und ausschließlich aufs Überleben bedacht. Ausgesetzte, verlassene, einsame Kinder begegnen uns immer wieder.

Aber der strenge Tugendkatalog bleibt bestehen. An der Hierarchie in Familie und Gesellschaft ist eben nicht zu rütteln. Das Sterntaler-Mädchen gibt her und teilt und wehrt sich nicht, es läßt sich im wahrsten Sinne des Wortes bis aufs Hemd ausziehen. Eine solche Handlungsweise aber ist der Tugendbeweis, auf den es bei den Grimms ankommt. Wer sich so brav und selbstlos und unterwürfig als Kind verhält, der wird vom Himmel dafür belohnt.

Nun ist zu bedenken: Märchen sind Wunschdichtungen. Darauf machte, wie schon erwähnt, Ernst Bloch nachhaltig aufmerksam. Die Wünsche werden im Märchen auch meistens erfüllt. Das Gute wird zwar in der irrationalen Welt der erzählten Geschichte belohnt, jedoch nicht immer, ja selten in der Wirklichkeit. Die Zwänge sind im Märchen gleichsam konstruktionsbedingt und werden nur als Vorleistungen, als Prüfungen auf dem Weg ins Glück, zum Happy End, verstanden. Aber so wundersame Dinge das Märchen zuweilen berichten mag – so meint Lutz Röhrich in seinem Buch „Märchen und Wirklichkeit" –, so steht es doch hinsichtlich seiner sozialen Wirklichkeitsschilderung keineswegs fern der Wirklichkeit: „Jedes Volksmärchen ist noch irgendwie mit der Wirklichkeit verbunden" (S. 3). Die Realität scheint durch die illusionäre Szenerie hindurch.

Unsere heutige Wirklichkeit ist nicht mehr die Wirklichkeit des beginnenden 19. Jahrhunderts. Aber wir haben in diesem Kinderbuchklassiker der Brüder Grimm eine Märchenwelt mit dem Requisiten- und Kulissenbestand, den der ins Biedermeierdenken mit restaurativen Zügen mehr und mehr abgleitende Bruder Wilhelm Grimm hineingebracht hat.

Wolfdietrich Schnurre hat in seinem Buch „Die Zwengel"
aus dem Jahr 1967 die notwendige Kritik am gutgläubigen
Naivismus der Kinder- und Hausmärchen in das fiktive
Kurzinterview einer seiner Phantasiefiguren — einer Mischung zwischen Zwergen und Engel, deshalb „Zwengel"
genannt — gekleidet:

> Wie stehen die Zwengel zu Rotkäppchen?
> Sie werfen ihm vor, daß es zu selten bei seiner Großmutter war.
> Und sie fragen: Wie hätte es sonst wohl den Wolf verwechseln
> können mit ihr.

Sollten wir uns nicht ernstlich überlegen, ob sich unter den
mehr als zweihundert Volksmärchen der Sammlung der
Brüder Grimm gerade die Kindermärchen besonders eignen, ob nicht vielmehr die Schwankmärchen geeigneter
wären, die Märchen demnach, in denen Esprit und Witz
den Sieg ausmachen, wie das vom „Klugen Knecht", vom
„Tapferen Schneiderlein" und den „Bremer Stadtmusikan-
ten"?

Im weiteren Nachdenken ist zu fragen, ob nicht Pippi
Langstrumpf ein zeitnäheres Märchen ist als das vom
Sterntaler-Mädchen, ob nicht die Kleine Hexe, die
Mumin-Gestalten der Tove Jansson, die Momo bei
Michael Ende, ob nicht der mit dem Autoschlüssel han-
tierende Däumling bei Janosch aussagekräftiger für das
Lebensgefühl von Jungen und Mädchen des ausgehenden
zwanzigsten Jahrhunderts sind als die von Wilhelm
Grimm im Zuge einer restaurativen Pädagogik zurechtstili-
sierten Kinder, deren Verhalten durch Gehorsam, Hingabe
und Ehrfurcht gesteuert wird.

So ergibt sich am Ende der Betrachtung des Beispiels für
die folkloristische Quelle der Klassiker in der Kinder- und
Jugendliteratur doch etwas gar nicht Vorausgesehenes: Die
Anonymität der Herkunft hat sich durch die Bearbeitung
der Brüder Grimm verändert, ja fast aufgelöst. Aus dem
scheinbar so ungebrochenen, langanhaltenden Märchenstoff ist ein konturiertes, bestimmte Ideen enthaltendes
Literaturwerk geworden. Die „Gattung Grimm" ist in dem
dialektischen Prozeß zwischen Bearbeitungsintention und
Leserecho, zwischen stofflicher Vorlage und Zeitverhaftet-
heit der Brüder Grimm entstanden und ein eigenartiges

Gebilde geworden, bestehend aus einem Ensemble von erzählerischen Kunstwerken, in deren Anblick man sich fragen muß: Sind das noch Volksmärchen oder längst Kunstmärchen?

Würde man die Weitergabe des Märchens von Epoche zu Epoche als stetige Deformationen eines genuinen Urstoffes deuten wollen, dann müssen unweigerlich Zweifel an der Hypothese aufkommen. Denn was ist „Deformation", was ist der „genuine Stoff" beim Volksmärchen? Gibt es beides in diesem Sinne überhaupt? Jack Zipes hat, wie mit ihm Dieter Richter und Johannes Merkel und nach ihm andere, vor allem Ruth Bottigheimer, deutlich gemacht, daß die Erzähler von Märchen wohl immer ihre eigene zeit- und gesellschaftsverhaftete „moral and social vision" in die von ihnen erzählte Phantasiewelt hineinlegen. Es dürfte demnach höchst zweifelhaft sein, ob es das „Urmärchen", von dem alle anderen Versionen dann nur Ableitungen sind, überhaupt gegeben hat. So kommen Märchenforscher wie die soeben genannten zu der berechtigten Kritik am herkömmlich erzählten Märchen, sehen in ihm äußerst traditionelle, ja unzeitgemäße, auch rassistische und sexistische Verfestigungen überholter Ideologien, sehen darin letztlich Züge, die nicht mehr akzeptiert werden können (Zipes, Breaking; Bottigheimer, Grimm's Bad Girls; Richter, Märchen).

So stellt sich die Frage immer wieder: Wo sind die Märchenerzählerinnen und Märchenerzähler, welche zeitgemäß den Stoffkern formen, welche die Geschichten vor der Erstarrung in herkömmlichen Requisiten und Vorstellungen bewahren? Auch die Gattung Grimm darf da nicht tabuisiert sein.

Der reduzierte Gulliver

Im Jahre 1726 erschien in England unter dem Titel „Travels into several remote nations of the world. By Lemuel Gulliver, first a surgeon, then a captain of several ships" ein satirisch-abenteuerlicher Reisebericht, zugleich eine politische Satire von Jonathan Swift. Der Autor, dessen Buch

145

schon ein Jahr später in deutscher Übersetzung vorlag, verlegte das Geschehen weithin in utopische Gefilde und Reiche, in die der Held nach Seefahrt und Schiffbruch gelangt.

Jonathan Swift
(1667—1745)

Diese Phantastische Erzählung hat im englischen Original und auch in den meisten Übersetzungen bekanntlich vier Teile: Erstens die Reise nach Liliput, zweitens die Reise nach Brobdingnag, drittens die Reise nach Laputa und viertens die Reise ins Land der Houghnhnms. Die Reisen drei und vier müssen als Satiren auf die Gelehrsamkeit und auf die im Verhältnis zu den pferdeähnlichen Houghnhmns engstirnigen Menschen gelesen werden. Die ganze Erzählung endet demnach in einer Idealisierung der Houghnhmns als Teil einer besseren Gesellschaft. Ein pessimistisches Weltbild tritt bei Jonathan Swift zutage. Dieser Roman ist eine politische Satire. Er enthält viele Anspielungen auf innenpolitische Vorfälle und auf Persönlichkeiten und ebenso auf außenpolitische Fragen, zum Beispiel das Verhältnis England-Frankreich betreffend, auf die Gegensätze zwischen den Whigs und den Tories, den beiden großen politischen Gruppierungen im damaligen England.

Erst im 19. Jahrhundert ist der Gulliver zum Jugendbuch geworden, und er ist es im 20. Jahrhundert bis heute geblieben. Bis 1798 gab es zwar mehrere Übersetzungen, jedoch war keine besonders für die Jugend edierte darunter. Eine erste solche Ausgabe, und zwar speziell für die Schulen, ist aus dem Jahr 1833 in Deutschland bekannt. Danach im 19. und im 20. Jahrhundert, auch seit dem Zweiten Weltkrieg bis heute, gibt es viele, vielfach auch illustrierte Jugendbearbeitungen. Darunter ist auch diejenige Erich Kästners, auf die gleich noch eingegangen wird.

Das erste, was bei allen Jugendeditionen ins Auge fällt, ist der Wegfall des dritten und vierten Buchs. Das zweite Auffällige ist die enorme Kürzung auch in den noch verbliebenen Teilen, also dem ersten und zweiten Buch, in denen von der Reise zu den Liliputanern und der zu den Riesen erzählt wird. Diese Kürzungen sind in der Regel dann verständlich, wenn sie zeitsatirisch-politische Anspielungen betreffen, die für den heutigen jugendlichen Leser unverständlich sind. Die Bearbeitung von Erich Kästner — um sie herauszugreifen — geht eigene Wege. Auch sie ist eine Kurzfassung, auch sie umgreift nur die beiden ersten Bücher. Erich Kästner läßt den „Herausgeber" Lemuel Gulliver im Vorwort, das „Lieber Leser" überschrieben ist, eine ganz einfache Relativitätstheorie vertreten:

Die Philosophen haben zweifellos recht, wenn sie behaupten, daß nichts an und für sich klein oder groß ist, sondern einzig und allein im Vergleich mit anderen.

Die zentrale Romanfigur, Semuel Gulliver, ist einmal Riese unter Zwergen und dann wieder Zwerg unter Riesen. Groß und klein wird allein zur Frage der Perspektive. Bei diesem Perspektivenwechsel gegenüber der normalen menschlichen Gesellschaft gibt es Platz für Botschaften und Einsichten. Mal durchs Vergrößerungsglas, mal verkleinert gesehen, ergeben sich Beobachtungsmöglichkeiten des Treibens der Menschen. Dieses klassische Kinderbuch enthält eine Fabel, die sich gegen das Absolutheitsdenken, ja gegen den Untertanengeist in einem absolutistischen Staat wendet. Das hat Kästners Sympathie erweckt. In seiner Bearbeitung schreibt er — und man kommt nicht umhin, bei der geschilderten Szene an des Bearbeiters Schicksal im Dritten Reich unter Hitlers Zensur und Verfehmung zu erinnern — folgendes über die politischen Zustände unter den Regierenden im Reiche Liliput:

Gulliver auf seiner Reise nach Brobdingnag, also zu den Riesen. Illustration von Grandville (1838).

Sie mußten auf dem Bauch unter Stricken mit Glöckchen durchkriechen, ohne sie zu berühren. Es gab Wettkämpfe im Dauerlügen, im Schlüssellochgucken, im Schuhsohlenlecken und im Herumgehen um den heißen Brei. Wer alles dies und dabei noch lächeln konnte, erhielt von der Kommission ein Empfehlungssschreiben. Die anderen fielen durch und mußten leichtere Berufe ergreifen. Sie wurden beispielsweise Löwenbändiger oder Dachdecker oder Ärzte, oder sie gingen zur Feuerwehr.

Auch gegen die Hybris wendet sich das Kinderbuch mit den seltsamen Abenteuern des Gulliver, weil sie Eifersucht

Gulliver auf seiner Reise nach Liliput. Illustration von Grandville (1838).

hervorruft. Und es tritt außerdem für ein taktvolles menschliches Verhalten und für gegenseitige Achtung ein.

Sie meinten, wir seien für Recht und Ordnung und Wissenschaft viel zu klein. Ich behauptete, daß derartige Leistungen nicht von der Körpergröße abhingen und der Verstand nicht von der Hutnummer. Mein wichtigstes Argument war der Hinweis auf Liliput und Blefuscu, wo man ja noch viel, viel kleiner sei als in Europa, und trotzdem Paläste baue, Gesetze erlasse und sich die Haare kämme.Liliputaner, Menschen und Riesen, sagte ich, seien die gleichen Geschöpfe. Ich könne es beschwören. Sie seien nur verschieden lang und breit. Dieser Unterschied verleite zu Fehlschlüssen und Vorurteilen, die man sich aus dem Kopf schlagen müsse. Selbst bei mir daheim seien die längsten Leute noch lange nicht die gescheitesten.

Nur das erste und das zweite Buch des großartigen englischen Romans werden demnach bei der Transformation zum klassischen Jugendbuch noch gebraucht. Nur ein Teilstück des Werks der Weltliteratur präsentiert sich seit langem der jugendlichen Leserschaft. Gegen eine drastische Bearbeitung des Originals ist zwar nichts einzuwenden. Auch Kürzungen, durch die Anspielungen auf Verhältnisse in der Zeit der Entstehung des Werks weggenommen werden, durch die Nebenhandlungen ausgeschieden werden, sind gang und gäbe. Ohne dieses Verfahren ständigen neuen Umgangs mit dem Text gäbe es kein lebendiges Theater- und Kulturleben. Aber der Gulliver ist nicht nur verkürzt, er ist durch den Wegfall der Satire auf die Wissenschaft und die Idealisierung der Pferdewesen und damit des Hiebs gegen die Menschengesellschaft grundlegend verändert. Die misanthropische Philosophie des Originals ist verwandelt worden in die des Relativismus. Das Beispiel der Kästnerschen Version zeigt: Ein Werk des beginnenden 18. Jahrhunderts wird verkürzt, wird bearbeitet, zum Teil auch seiner gesellschaftskritischen Intention beraubt. Es erhält eine im englischen Original keineswegs vorhandene aufklärerische, vernunftbetonte Note und eine neue Grundidee, nach der ein kritisch denkender Mensch auch das Rechte tun wird und sich von Mächtigen nicht einschüchtern lassen wird. „Liliputaner, Menschen und Riesen" seien die gleichen Geschöpfe, kommentierte Kästner und appellierte in seinem Vorwort, „gescheit" auf die Unterschiede unter den Menschen zu reagieren und mit kritischer Vernunft die Welt zu betrachten.

Pippi Langstrumpf — Das „Kriegskind" mit dem naiven Selbstbewußtsein

Mitten im Zweiten Weltkrieg erzählt eine Frau ihrer Tochter Geschichten, zumeist vor dem Einschlafen, in gemeinsam erlebten Stunden, in einer jeweils besonderen persönlichen Situation. Sie erfindet eine Figur. Den Namen Pippi Langstrumpf findet die kleine Tochter. Die Geschichten werden aufgeschrieben und finden 1944 auch einen Verleger. Das Manuskript war in schwedischer Sprache verfaßt. Mutter und Tochter lebten damals in Stockholm, dort war

Astrid Lindgren (1907)*

auch der Verlag. Erst fünf Jahre später, 1949, erschien die erste Auflage des ersten Bandes in deutscher Übersetzung.

Im Gegensatz zum Gulliver gibt es bis auf den heutigen Tag keine Text-Bearbeitung, nur die für Bühne und Film. Die deutsche Buchausgabe ist von der Autorin durchgesehen und für gut befunden worden. 1950 und 1951 erschienen im Hamburger Oetinger Verlag die Folgebände „Pippi Langstrumpf geht an Bord" (schwedisch 1946) und „Pippi Langstrumpf in Taka-Tuka-Land" (schwedisch 1948).

Nach der etwas zäh angelaufenen Publikationsgeschichte kam ein einzigartiger Welterfolg zustande. Zuerst lehnte ein schwedischer Verlag ab (Bonnier), Astrid Lindgren fand in einem anderen Stockholmer Haus einen Interessenten (Raben & Sjögren), mußte allerdings etwa vierzig Prozent ihres ursprünglichen Manuskripts bearbeiten. Zur Entstehungsgeschichte gehört aber auch, daran zu erinnern, daß der Zweite Weltkrieg um das zwar neutrale, aber in seiner Neutralität auch gefährdete Schweden herum tobte. Autoritäre Erziehung als Muster in den von den Deutschen besetzten Nachbarstaaten Schwedens, militärische und auf nationalsozialistische Ideen ausgerichtete Erziehung in Deutschland und anderswo war kriegsbedingte Einengung.

In diesem Klima der äußeren Bedrückung und Verängstigung erfindet Astrid Lindgren mit Hilfe ihrer Tochter die Pippi Langstrumpf, jenes neunjährige Superkind, das in der Villa Kunterbunt zusammen mit Hern Nilson, einem Affen, und einem Pferd, ohne Vater und Mutter allein lebt. „Pippi winkte oft" — so steht es ganz am Anfang des ersten Bandes — „zu ihr" — nämlich ihrer Mutter im Himmel — „hinauf und sagte: ‚Hab keine Angst um mich! Ich komme schon zurecht!'"

Eine solche Lebensauffassung des naiven Selbstvertrauens paßte nicht in das Schema des in der Kriegszeit und lange Jahre, ja Jahrhunderte immer wieder aufgestellten Ideals des braven, angepaßten Kindes. Sie paßte aber in die Diskussion um eine freiere Erziehung, um autoritäre und antiautoritäre Strukturen in der Nachkriegsgesellschaft. Astrid Lindgren hat sich schon lange vor der Entstehung ihres Pippi Langstrumpf-Buches, schon 1939, an der Diskussion um Erziehungsprobleme in ihrem Lande Schweden beteiligt. Ihre Ansichten von einer zumindest in der Phantasie bestehenden Freiheit und Stärke der Kinderwelt, von einer zu fördernden Distanz zu aufgebürdeten Verpflichtungen, ihr Plädoyer für Unsinn und ebenso für die Haltung der Hilfsbereitschaft kollidierten mit dem verbreiteten Law and Order-Denken damals wie heute. Trotz verschiedener Wandlungen, vor allem im pädagogischen Bereich, paßt dieses Kinderbuch aufgrund seiner Machart, seiner Sprache, seiner Thematik in die Epoche der Kinder- und Jugendliteratur der Zeit nach dem Zweiten Weltkrieg bis in die Gegenwart. Die Schwierigkeiten, die es in den ersten Jahren nach seinem Erscheinen bekommen hatte, sind längst nicht mehr. Damals hatten einige konservative Kritiker Angst, eine solche Figur wie die Pippi könne zur Nachahmung anregen. Es drohe der Verlust der traditionellen Leitbilder in der Kinderliteratur. Pippi habe keinen Respekt vor Erwachsenen, leiste Widerstand gegen Ordnungshüter und habe ein gestörtes Verhältnis zur Schule. Pippi verführe nur, dieses Mädchen sei ein falsches Leitbild. Aber, wie schon gesagt, als Text blieb Pippi Langstrumpf bis heute unangetastet.

Das Aktuelle an den Klassikern für die Jugend

Aktualität haben heißt, Bedeutsamkeit für die unmittelbare Gegenwart haben. Gibt es bei den erwähnten Jugendbuchklassiker einen solchen Gegenwartsbezug? Zuvor noch dies: Den Begriff des Klassikers gibt es nur als Verständigungswort innerhalb eines theoretischen Überdenkens der Kinder- und Jugendliteratur. Die Jungen und Mädchen, die ein Märchen, den Gulliver oder Pippi Langstrumpf lesen, lesen eben ein Märchen, den Gulliver oder Pippi Langstrumpf, und keine Klassiker. In der Retrospektive allerdings kann ein solches Leseerlebnis für den einzelnen die Position eines Privatklassikers einnehmen. Aber erst innerhalb der Reflexionen einer Gesellschaft über ihr literarisches Selbstverständnis tauchen solche Begriffe wie der des Klassikers auf.

Dichtungen, Fiktionen, Phantasiestücke, insofern also Kunstprodukte, die in den Köpfen von Menschen vor langer Zeit ausgedacht worden sind, wie können solche Gebilde für die unmittelbare und erlebbare Gegenwart von Interesse sein? Die Frage kann nicht so direkt gemeint sein, als ob es um nutzbringende Rezepte zur besseren Meisterung des Alltags ginge. Rezepte und Gleichnisse, das sind zweierlei Dinge.

Grundsätzlich können Dichtungen die Wünsche der Menschen ins Bild bringen und in Handlungen gleichnishaft darstellen. Insofern lassen uns — kleine wie große Menschen — die Märchen den Traum von der Freiheit des klugen Knechts oder vom Däumling mitträumen. „Einer geht seinen eigenen Weg". Auch das Sterntaler-Mädchen tut dies übrigens. Insofern machen wir Gullivers Reisen, Reisen in andere Länder mit und erleben anschaulich den Traum aus der Vogelperspektive in dem einen und der Froschperspektive in dem anderen Fall. Dabei können die Leser in Distanz zur Wirklichkeit gehen, denn erstens geschieht alles nur auf dem Papier, muß also durch Selbstinszenierung in den eigenen Kopf geholt werden, und zweitens handeln, erleben und leiden auf dem Papier

Akteure, Figuren, Gestalten in illusionären Räumen. Die Anverwandlung ist sozusagen eine private, und sie ist freiwillig. Und insofern erlaubt Pippi Langstrumpf den jungen Lesern den Traum vom allmächtigen Kindsein mit dem Idol des guten Menschen mitzuträumen. In Gedanken können sie allmächtig und gut zugleich sein.

So differenzieren sich beim Eintauchen in die Welt dieser erwähnten sogenannten Klassiker in den jungen Köpfen Wunschwelten aus. Sie sind am Ende besetzt mit Gleichnisfiguren wie die erwähnten Pippi, Däumling, Lederstrumpf, Winnetou, Pinocchio, Momo und Schneewittchen. Sie sind besetzt mit Gleichnisländern wie das der Riesen oder das der Zwerge, wie das Schlaraffenland, das um die Villa Kunterbunt oder das des tiefen Waldes im Märchen. So eröffnen sich im Erzählraum Denkmuster, die in der Phantasie durchgespielt werden können: Was wäre, wenn zum Beispiel das Ungeheuerliche auf mich zukommt: der Wolf etwa, die Hexe oder die Verlassenheit der einsamen Insel, auf der Robinson strandete? So ergeben sich auch die Entwicklung von Überwindungsstrategien in den jugendlichen Köpfen der Leser, Zuhörer und Zuschauer. Der Trick mit dem Hölzchen, das Hänsel der Hexe stellvertretend für sein Fingerlein zur Kontrolle hinhält, ist eine solche Metapher der Listanwendung. So erfahren die jungen Teilnehmer an der fiktiven Welt die Weisen des Empfindens der Handlungsträger und können sie mit- und nacherleben: den Verlust des Zuhauses etwa, die Freude des Helfenkönnens, den Zugewinn durch Solidarität mit Gleichgesinnten. Wenn diese Kopfleistung auch bei einem uralten Märchen, bei einem mehr als zwei Jahrhunderte alten Stoff der Weltliteratur wie Gulliver oder bei einer bald fünfzigjährigen phantastischen Kindererzählung wie die vom Superkind Pippi noch gelingt, dann scheint es eine gewisse Aktualität, also eine Bedeutsamkeit für die Gegenwart bewahrt zu haben.

Es wird deutlich: Klassiker sind Klassiker auf Zeit und stets auch Klassiker im Hinblick auf ein definierbares Publikum, ja letztlich für einen einzigen jungen Menschen, den Leser, der sich an sein persönliches, ihm verbliebenes Repertoire an Kinder- und Jugendbücher zurückerinnert. Manche Klassiker haben ein langes Leben, wömöglich überdauern sie hunderte, ja tausende von Jahren. Manche Klassiker verändern dabei ihren Charakter durch Bearbeitungen. Manche dagegen haben nur ein kurzes Leben und werden schon bald verdrängt.

Manche Klassiker können eine Last bedeuten, manche können aber auch einen Halt geben. Der Kanon ist immer in Bewegung. Und das ist gut so. Jeder Klassiker, will er nicht aus dem Gedächtnis der Gesellschaft geraten, muß sich wieder und wieder neu und aktuell zeigen.

Klassiker gibt es nicht, es sei denn, die Leser machten sie dazu.

Und in der Schule: Die vergebliche Suche nach dem bleibenden Literaturgut

Sobald man sich dem Feld der Literatur in der Schule zuwendet, erwartet man gewiß, daß ein anderer Klassiker-Begriff gilt. In der Kinder- und Jugendliteratur waren Märchen, Gulliver und Pippi Langstrumpf Beispiele für vielgelesene Klassiker, in der Schule denkt man schnell an Goethes Faust, an Theodor Fontanes Effi Briest und Max Frischs Homo Faber.

Bei allem Respekt vor dem literaturwissenschaftlichen Hintergrund schulischer Curricula ist jedoch die Frage nach dem Verhältnis zu den sogenannten Klassikern, ob sie nun durch Epochenzuordnung bestimmt sind oder aufgrund ihrer Beliebtheit im Freiraum der Privatlektüre zustande kamen, dieselbe. Was bedeuten uns die Klassiker: museale Objekte oder ein lebendiges Erbe?

Anfang der siebziger Jahre läßt ein junger Schriftsteller aus der damaligen Deutschen Demokratischen Republik seinen Helden, den er Edgar Wibeau nennt, Goethes Werther nirgendwo anders als auf dem Klo finden, freigegeben zur Benutzung als Toilettenpapier. Schlechte Zeiten für Klassiker zu Zeiten der Studentenbewegung und mancher demokratischer Gährungen? Ulrich Plenzdorf macht in seinem Text „Die Neuen Leiden des jungen W." die Entfremdung

von den Klassikern für seinen jungen Mann aus der Jeansgeneration auch stilistisch deutlich:

> Ich hatte das aus dieser alten Schwarte oder Heft. Reclamheft.
> Ich kann nicht mal sagen, wie es hieß. Das olle Titelblatt ging
> flöten auf dem ollen Klo von Willis Laube. Das ganze Ding war
> in diesem unmöglichen Stil geschrieben.

Die Schule hatte nach dem Zweiten Weltkrieg bis in die
Tage, als das Plenzdorf-Stück zum Renner für ein jugendliches Theaterpublikum wurde, in erstaunlich hohem
Maße eine Diskussion um die Klassik, ja die Auseinandersetzung mit der literarischen Tradition vermieden. Dann
aber erschien im ersten Heft der 1970 gegründeten Fach-
zeitschrift „Diskussion Deutsch" ein Essay „Sind Klassiker
etwa nicht antiquiert?" Darin hieß es, die Deutschlehrer
sollten „die Klassiker nicht weiterhin als Evergreens ansehen, in denen immer noch Leben steckt". Sie sollten sie
vielmehr als ideologische Leichen betrachten, an denen die
Schüler das Sezieren, das heißt Analysieren von Literatur
lernen, damit sie, „ wenn sie lebendigen literarischen Werken gegenüberstehen, zu erkennen vermögen, ob und wie
ihnen diese schaden oder nützen können." Der Verfasser,
Hans-Joachim Grünwaldt, war auf dem besten Weg, die
Vergangenheit kurzerhand zu liquidieren.

Mit dem Hinauswurf der Klassiker ist es nicht getan, ebenso wenig mit dem ehrerbietigen Blick auf die Olympier in
Weimar. Beide Positionen stehen in einem fatalen Begrün-
dungszusammenhang. Sie gehen letztlich auf entgegenge-
setzte, aber gerade dadurch sich bedingende politische
Grundeinstellungen zurück. Es ist die Angst vor dem falschen politischen Bewußtsein: Die Klassiker als Denkmal,
pro oder contra?

Wer sich mit der Geschichte des Deutschunterrichts
beschäftigt, erfährt schnell, daß es niemals einen rein literarisch begründeten Lektürekanon gegeben hat. Deutsch war
seiner Entstehung im 19. Jahrhundert nach ein Gesin-
nungsfach.

Schon 1842, Goethe war gerade zehn Jahre tot, schrieb der
Pädagoge Robert Heinrich Hiecke in seiner Schrift „Der
deutsche Unterricht auf deutschen Gymnasien", es sei
zwar wichtig, die widersprüchliche Vielfalt der deutschen

Literatur bis hin zu Lessing und der Klassik vor Augen zu führen, aber wichtiger sei noch, daß die Schüler erst durch die Bekanntschaft mit der „vaterländischen Literatur" den „Ausdruck des nationalen Geistes", „die wahre, ideale Heimath ihres Gemüthes", „ein bewußteres geistiges Verhältniß zu ihrer Nation" kennen lernten.

Nationale Gesinnung sollte die „vaterländische Literatur" nach Meinung Hieckes einhauchen, die Klassik eines Goethe und Schiller sorgte dann für ein an der Antike orientiertes Maß- und Wertebewußtsein. Kann man von da aus sogar vielleicht die Liquidierungswünsche des vorhin zitierten Literaturdidaktikers aus den Tagen der Studentenbewegung verstehen — wenn auch nicht unbedingt teilen —, endlich einen Schlußstrich unter eine vermeintlich bürgerliche, auf alle Fälle jedoch nationale, im übrigen wegen der Beschlagnahme durch die Nationalsozialisten geschändete Tradition zu ziehen? Es war der bekannte Pariser Publizist und Germanist Robert Minder, der nach dem Zweiten Weltkrieg bei einem Vergleich der französischen mit den deutschen Lesebüchern unter anderem festgestellt hatte, zwar seien die Lesebücher „der europäischen Völker" noch allesamt „in nationalen Grundvorstellungen befangen", aber das deutsche Lesebuch — er spricht von dem der Jahre nach 1945 — zielte „ganz allgmein auf die Pflege des Gemüts und der Weltanschauung", auf die pathetische Beleuchtung der „Bodenständigkeit" und „Volksverwurzelung" hin. Der Aufsatz Robert Minders erregte 1953 viel kulturpolitisches Aufsehen und führte in den dann kommenden Generationen von Lesebüchern zu einer Reihe entscheidender Revisionen: zum Auswechseln von Texten, zur Erweiterung des Literaturbegriffs, zu neuen Lernzielbestimmungen und letztlich auch zu dem, was Minder zentral moniert hatte, nämlich zur Darstellung von sozialen, historischen, biographischen und politischen Verankerung von Lesebuchtexten.

Die Suche nach einem veränderten Kanon von Klassikern fand jedoch nicht statt. Erst ab der Mitte der siebziger Jahre regt sich Unbehagen an diesem Zustand. „Fahrpläne für die kulturelle Wildnis. Brauchen wir einen literarischen Kanon?" war ein Feuilleton Gerd Uedings in der „Frankfurter Allgemeinen Zeitung" überschrieben, in dem bitter beklagt wird, daß zur Zeit kaum mehr als die Namen Böll und Grass auf der „Schwundstufe eines literarischen Kanons" bei Germanisten der jüngsten Generation stehen geblieben sind. Im Zusammenhang mit der in den siebziger Jahren heftig umstrittenen Neuordnung von Lehrplänen gab es zwar vereinzelte Rufe und vorsichtige Vorüberlegungen im Hinblick auf eine Kanonrevision. Aber letztlich ist die Tatsache, daß die Revision nicht stattfand, der Beleg für die Ablehnung eines Kanons. Bei allen Versuchen, sich zurückzubesinnen und nach einem reformierten Klassiker-Kanon zu rufen, ist jedoch die Fragwürdigkeit, literarische Werte an verordneten Beispielen zu präsentieren, geblieben.

In der Vergangenheit ist in der Tat immer wieder versucht worden, Schul-Klassiker auf dem Verordnungswege durch die Auflage von Pflichtlektüre und durch Einführung von Einheitslesebüchern zu schaffen. Schon 1835 haben die preußischen Gymnasialdirektoren eine Zusammenstellung verbindlicher Stücke aus deutschen Klassikern angeregt; sie kam nicht zustande. Fast ein ganzes Jahrhundert später meinte Hugo von Hofmannsthal in seiner Vorrede zu seinem „Deutschen Lesebuch" von 1922:

> Wir haben nicht wie die Franzosen einen Kanon; wie wir uns nie zu festen Regeln der Beurteilung durchringen können, so wird der Rang des Einzelnen bei uns immer ein schwankender sein, nicht nur von den Lebenden, sondern sogar noch von den Toten.

Jeder Kanon sei „ein Produkt des ‚historischen Zerfalls'", „voller Löcher", sei Zufallsprodukt, so Hartmut von Hentig, dessen Zweifel an der Berechtigung der Kanonaufstellung durch Theodor W. Adornos Satz aus den „Thesen über Tradition" (Ohne Leitbild, S.35) noch erweitert wird:

> Es gibt keinen ewigen Vorrat, kein auch nur in der Idee noch denkbares deutsches Lesebuch. Wohl aber eine Beziehung zur Vergangenheit, die nicht konserviert, doch manchem durch Unbestechlichkeit zum Überleben verhilft.

Genauer besehen ist die Frage nach den Klassikern die Suche nach der Ableitung unseres Bewußtsein aus der Vergangenheit in einem durchaus dialektisch verstandenen ständigen Diskurs. Nicht die Vor-Bilder als Ideale auf dem

Sockel, vielmehr die vorausgegangenen, gestaltgewordenen Erfahrungen, die zur Erkenntnis und Entfaltung seiner selbst beitragen können.

Insofern ist der Gang in die Geschichte, der Erwerb von Kenntnissen, die Suche nach Beispielen aus dem Schatz gemachter Erfahrungen zugleich die Suche nach sich selbst. Wenn man die Antwort Goethes auf die Frage „Wann und wo entsteht ein klassischer Nationalautor?" betrachtet, dann gibt er darin manches von dem preis, was die „Klassizität" im Sinne von Vortrefflichkeit bestimmen kann. Aber seine Äußerung führt nicht zur Fassung des Begriffs als Epochenbezeichnung. Denn für Goethe ist die Entstehung eines klassischen Werks vom Zusammentreffen folgender Elemente abhängig: 1. den „großen Begebenheiten", die es motivieren; 2. der Herausforderung durch ein empfindsames Publikum; 3. der Sympathie des Autors für Vergangenheit und Gegenwart; 4. einem hohen Grad an Kultur in seiner Nation und 5. den durch eigene Bildung und Vorerfahrung seiner Vorgänger geschaffenen günstigen persönlichen Bedingungen des Autors. Goethe will zeigen, wie schwer es in seiner Zeit die deutschen Schriftsteller hatten. Der Aufsatz ist eine Polemik und überschrieben „Literarischer Sansculottismus". Er erschien in den „Horen" im Mai 1795. Aus ihm nun abzuleiten, Goethe plädiere für eine epochale Eingrenzung auf nationale Klassiker, hieße Goethe mißverstehen. Im Gegenteil, für Goethe sind die klassischen Werke Konstrukte, in denen nicht Normen gesetzt, nicht Vorbilder auf den Sockel gehoben, nicht Anlehnungen an die Antike die Regel sein müssen, in denen vielmehr große Begebenheiten, tiefe Empfindungen, Vergegenwärtigungen des Vergangenen einen ergreifenden Ausdruck gefunden haben müssen. Recht verstanden befreit Goethe seine Verehrer von einem zu engen literarhistorischen Verständnis einer normgebenden Klassik. Es dürfte somit auch in Goethes Sinn sein, Bücher „Klassiker der Kinder- und Jugendliteratur" zu nennen, die großartige Bilder und Handlungen so bewahren, daß sie von einem jugendlichen Publikum angenommen und weitergegeben werden.

Noch einmal sei an Ulrich Plenzdorfs Gestalt des Edgar Wibeau erinnert, der den Text von „Werthers Leiden" als

Klosettpapier vorfindet. Ist es so, daß die Kraft der Klassiker eilig verkommt, daß die Jugend ihr kulturelles Gedächtnis eingebüßt und die „kulturelle Identität der Deutschen" (Ueding) in der Gefahr schwebt, verloren zu gehen? Gewiß, Edgar findet das Reclamheft mit dem Goethe-Text an dem angegebenen Ort, aber er beginnt gleich, die geretteten Seiten zu lesen. Und er liest den Werther fasziniert in einem Zug zuende. Was Edgar dabei erlebt, ist eine Wiederentdeckung der Gegenwärtigkeit des Werther-Schicksals. Und so holt er ein Stück alter Klassik in die Gegenwart.

In den Jahren seit der Studentenbewegung ist es nicht die einzige literarische Vergegenwärtigung klassischer Stoffe. Peter Schneider formte seine grüblerisch feine Erzählung „Lenz" aus dem Jahr 1973 — eine Auseinandersetzung mit der Berliner Szene der Studentenbewegung — in Anlehnung an Büchners Fragment „Lenz" und an dessen Vorlage. Am Ende des Jahres 1981 wurde die Gründung eines wichtigen neuen Verlags, einer Tochtergsellschaft von Suhrkamp und Insel, bekannt gegeben, des „Deutschen Klassiker Verlags", der ab 1985 bis ins 21. Jahrhundert hinein ein Programm der Präsentation deutscher Klassiker verwirklichen will. „Das Ende dieses Jahrhunderts wird, wie sich nun zeigt, sehr, sehr klassisch werden", schrieb Ulrich Greiner in der „Zeit". Wieweit sich allerdings der Ausdruck „Klassiker" inhaltlich wandelt und am Ende identisch ist mit dem des jeweils „bedeutsamen" Werks oder Autors, nicht aber des „maßgebenden", wird sich schnell erweisen.

Ist es vielleicht auch symptomatisch für ein verändertes Verhältnis zu den Klassiker seit den achtziger Jahren, daß im Goethe-Jahr 1982 unter dem Titel „Goethe ist gut" ein Goethe-Lesebuch für Kinder erschienen ist und daß um dieselbe Zeit Leonie Ossowski eine moderne Bearbeitung des „Wilhelm Meister" für jugendliche Leser unter dem Titel „Wilhelm Meisters Abschied" vorlegte? Das Interesse junger Leute, die bis vor ein paar Jahren noch der neorealistischen, gegenwartsbezogenen, sozialkritischen Literatur gefolgt sind, scheint in den achtziger Jahren umgeschlagen zu sein. Nicht Einfühlung, vielmehr engagierte Auseinandersetzung bestimmen unser Verhältnis zu den Klassikern. Das aber heißt immer, den Klassiker in die Gegenwart holen, sonst bleibt er tot und eine Begegnung mit ihm in der Schule nichts weiter als ein Besuch im Museum abgetakelter Werte.

Umgang mit den Klassikern — die aus der Kinder- und Jugendliteratur genauso wie die aus der Weltliteratur der Erwachsenen — sollte bedeuten, sie auszuhorchen nach dem, was sie heute noch zu sagen haben. Sollte bedeuten, daß sie auch zum Modernisieren, zum Verwandeln, zum Betasten freigegeben werden, daß ihrer Herkunft und ihre Botschaften offengelegt werden und daß die heutigen jungen Leser etwas erfahren über das Leben und Schaffen ihrer Autoren. Literarische Bildung gewinnen kann nur derjenige, der sein Bewußtsein über das in ihm wirkende kulturelle Erbe erweitert, indem er mit den Märchen und dem Don Quichote, den Schelmengeschichten des Barons von Münchhausen sowie den Eulenspiegelgeschichten und dem Robinson Crusoe, mit Pippi Langstrumpf und Alice im Wunderland, Zwerg Nase und Gulliver zu „korrespondieren" vermag. Werther wird verständlicher durch Edgar Wibeau. Wir spüren die „Correspondance". Lenz, der Berliner revolutionäre Student, wird verständlicher in seinem Schicksal durch Büchners Lenz-Fragment. Wir erkennen die „Correspondance" und haben Gewinn. Brecht würde sagen, wir haben Nutzen.

Literarische Gattungen — Gefäße für Botschaften

Die Entwicklung der Kinder- und Jugendliteratur, verfolgt man sie über die Jahrhunderte hinweg, ist nicht zuletzt auch an der Geschichte der in ihr seit langem, in anderen Fällen erst seit kürzerer Zeit bestehenden Gattungen, ja auch an der in Gebrauch gekommenen Bucharten wie etwa dem Bilderbuch, dem Sachbuch oder dem Mädchenbuch abzulesen. Was wäre die aufblühende Kinder- und Jugendliteratur des 19. Jahrhunderts, ohne daß man sie mit den reproduktionstechnischen Fortschritten des Farbdrucks in Verbindung bringen würde, sie mit den Formatveränderungen im Kinderbilderbuch, mit den nun möglich gewordenen, immer größer werdenden Rücksichten auf den jungen Leser (große Schrift, verspielte Anordnung, Leporelloform und anderes) zusammensehen würde! Lesedidaktisch haben das vergangene Jahrhundert, aber dann vor allem das 20. Jahrhundert entscheidende Fortschritte gemacht.

Auch Gattungen wie etwa die Fabel und die Kurzgeschichte, die im folgenden etwas ausführlicher herangezogen werden sollen, sind und waren Veränderungen ausgesetzt. Sie können deshalb auch nicht rein typologisch und ausschließlich unter strukturellen Gesichtspunkten betrachtet werden. Bei ihrem Sich-Entwickeln ist stets auch zu fragen, welche Einflüsse es gewesen sind und noch immer sind, die Form- und Inhaltsveränderungen hervorgerufen haben.

Im folgenden ist ein Abschnitt der sogenannten Jeansliteratur gewidmet, um an diesem Beispiel zu zeigen, wie eine Jugendprotestbewegung, also ein gesellschaftliches Phänomen, sich ihren sprachlichen und literarischen Raum geschaffen hat. Zunächst aber geht es um eine der ältesten

Kurzformen der Erzählliteratur, die Fabel, um ihre Leserschaft und ihre Position in der Geschichte der Kinder- und Jugendliteratur.

Der langanhaltende Erfolg der Fabeln

Die Autoren von Fabeln stellen sich in vielen Fällen beim Schreiben oder Vortragen auf das Publikum ein. Wer aber sind die „Abnehmer"? In der Geschichte der Fabel sind die entgegengesetztesten Ansichten vertreten worden. Nur drei Beispiele aus dem 18. Jahrhundert: Lessing wandte sich mit seinen Fabeln an alle vernunftbegabten Wesen, denen es möglich ist, einen allgemeinen moralischen Satz anschauend zu erkennen. Sein Zeitgenosse Gellert dagegen meinte, die Fabel diene vor allem denjenigen, die „nicht genug Verstand" besitzen. Diese würden mit Hilfe der anschaulichen Beispielgeschichten zur (An)-Erkenntnis der nun einmal gegebenen gesellschaftlichen Normen geführt. Er deklassiert dadurch gewissermaßen die Fabel zu einer Literatur für Minderbegabte. Und bei Herder dürfte eine wiederum andere Position dem Leser gegenüber abzulesen sein, wenn er 1768 unter der Überschrift „Aesop und Lessing" in der Aufsatzsammlung „Über die neuere deutsche Literatur" die Fabel für „einen Quell, für ein Miniaturstück der großen Dichtung, wo man die meisten Dichtungsregeln in ihrer ursprünglichen Einfalt und gewissermaßen in Originalgestalt findet", hält. Für ihn ist die Fabel schon fast das, als was sie später den Brüdern Grimm erscheinen konnte, nämlich — ähnlich den Märchen — als ein Stück jedermann und -frau zugänglicher, durch uralte Tradition geweihter Volksdichtung, aus der heraus die verschütteten Gemütskräfte gestärkt oder gar wiedererweckt werden könnten. Der gezielte gesellschaftliche Bezug der Gattung, ja die bewußte Ansprache und Kritik einer Gruppe in der Lehrtendenz, werden bei Herder gänzlich übersehen.

Luther sah dies wiederum ganz anders:

Nicht allein aber der Kinder/ sondern auch die großen Fürsten und Herrn/ kan man nicht bas betriegen/ zur Warheit/ und zu jrem nutz/ denn das man jnen lasse die Narren die Warheit sagen . . . Darumb haben solche weise hohe Leute die Fabel erticht . . .

So drückt es der Reformator in der Vorrede seiner in Angriff genommenen Fabelbearbeitung aus, als er 1530 auf der Feste Coburg festsaß. Er bezieht damit zwar Menschen verschiedensten Alters und Standes in den Teilnehmerkreis der Fabel ein, aber er will zugleich auch angeben, daß er den Menschen in einer bestimmten sozialen Position und Funktion meint, ob er nun groß oder klein, arm oder reich ist. Indem er nämlich darauf hinweist, daß man aus der Fabel lernen könne,

> wie man sich im Haushalten/ in und gegen der Obrigkeit und Unterthanen schicken sol/ auf das man klüglich und friedlich/ unter den bösen Leuten in der falschen argen Welt/ leben müge,

offenbart er, daß sein Fabelleser derjenige ist, der sich als gesellschaftlich aktives Wesen in einer gänzlich unharmonischen Welt zurechtzufinden hat. Diese funktionale Ortung des Lesers — unabhängig von seinem Lebensalter und seinem Stand — impliziert keineswegs, wie bei Gellert, den Gedanken bestimmter Bildungsvoraussetzungen zum Verständnis der Fabel oder Affinitäten gegenüber Gemütserfahrungen wie bei Herder.

Es ist aber nicht von der Hand zu weisen, daß auch schon Luther, ja vor ihm viele Fabelbearbeiter in der Antike und im Mittelalter, ihre hauptsächlichen Adressaten in den noch bildsamen, noch unerfahrenen, noch lernbereiten jungen Menschen gesehen haben. Insofern war die Fabel von eh und je eine literarische Gattung, die als Jugendlektüre angeboten, benutzt und bearbeitet worden ist. Die schon Jahrzehnte zurückliegende Feststellung Arno Schirokauers über die literatursoziologischen Gegebenheiten im Mittelalter dürfte — mutatis mutandis — auch vorher und nachher bis in unsere Tage Geltung haben: „In Wirklichkeit wurde ,Äsop' zum ,Esopet', zum Kleinen Äsop, und Äsop für die Kleinen. Das klassische Buch des augusteischen Unfreien" — gemeint ist bei Schirokauer Phädrus als Fabeldichter — „wurde ein Lehrbuch für die Unfreien, die juniores, die noch nicht in der Gesellschaft

Aufgenommenen: die ‚Jüngeren' studierten es, wobei wohl zu bemerken ist, daß im Frühmittelalter ‚junior' sowohl den ständisch Mittelwertigen wie auch den rechtlich Minderjährigen bezeichnet" (Schirokauer, S.181). Gelegentlich ist schon den mittelalterlichen Texten direkt zu entnehmen, an wen sie sich richten. So lautet etwa der Schluß der Fabel vom Zusammentreffen des Wolfs und des Lamms am Wasser bei dem späthöfischen Dichter des 14. Jahrhunderts Heinrich von Mügel:

nu merke, kint:
wo du die wolfe dorstig siehst,
da saltu trinken miden

Das Kind ist also der bevorzugte Abnehmer der Fabel.

Spätestens seit der Aufklärung im 18. Jahrhundert hat sich eine Wandlung in der Einschätzung des jungen Lesers ergeben, die vielleicht grundlegender als je zuvor an dem Ansehen der Fabel als Jugendlektüre gerüttelt hat — ohne sie freilich abtöten zu können! Kurz angedeutet handelt es sich um die seit der Romantik um sich greifende Vorstellung, das Kind, beziehungsweise der junge Mensch, sei zu intellektuellen Anstrengungen, zu logischem Denken und dem Gebrauch seiner Verstandeskräfte nur teilweise oder gar in jüngerem Alter noch gar nicht in der Lage. Er sei zwar bereit, Tiergeschichten zu lesen, aber die begrifflichen Anstrengungen und die aus der Fabel zu ziehenden Schlüsse lägen ihm nicht. So kommt es, daß in den Lesebüchern, vor allem denen der ersten Hälfte unseres Jahrhunderts, ja auch bis in die sechziger Jahre hinein, sehr wenig Fabeln zu finden sind.

Nach anderthalb Jahrhunderten theoretischer wie praktischer Umdeutung der Fabel ins Märchenhafte und damit des Vorenthaltens eines von dieser Gattung her gegebenen Angebots, über Angeschautes zu reflektieren, ist die Fabel nun aber seit mehreren Jahren als Jugendlektüre wieder rehabilitiert. Sie ist ganz besonders in das Lektüreangebot der ganz Kleinen eingedrungen. Sie hat in Leo Lionni und Janosch Künstler gefunden, die mit Text und Bild gleichermaßen die Lehren und Lebensweisheiten veranschaulichen können. Und sie hat der Generation der Studentenbewegung von 1968 dazu gedient, ihre Gedanken über den neuen Menschen den Kindern in den Kinderläden und Schulstuben zu veranschaulichen. „Fünf Finger sind eine Faust" hieß die Fabel, die vielleicht am besten zeigen kann, daß die Solidarität der Schwachen stark macht. Sozialpolitische Didaktik ist der Gattung strukturell gemäß, sie wurde um 1970 neu genutzt.

Es gibt unter den Tausenden von Fabeln schwerer und leichter verständliche, auch solche, die sich mehr oder weniger für den Erfahrungshorizont des jungen Menschen eignen. Zu locken und zu probieren dürfen wir Erwachsenen nicht aufhören, denn „keiner unter uns ist Philosoph genug, um sich ganz auf den Standpunkt eines Kindes versetzen zu können" hat einmal Jean Jaques Rousseau gesagt. Die Fabel nur als Märchen „genießen" zu lassen und die in ihr steckende intellektuelle Provokation den jungen Leuten vorzuenthalten, scheint mir eine gut gemeinte, jedoch irrige Meinung zu sein. Der jugendliche Leser — ob er fünf oder fünfzehn Jahre alt ist — will genau wie der Erwachsene nicht an der Wahrheit vorbeigeführt werden. Er will sie treffen. Die Fabel gibt ihm dazu Anlässe, er aber hat als denkendes Wesen die Fähigkeit dazu.

Die Geschichte der Fabel als Jugendliteratur ist bisher noch nicht geschrieben. Auf den angeblich dreifachen Ursprung der „Litteratur der Fabel und Lehrerzählungen für Kinder" — erstens die Heilige Schrift und der Äsop, zweitens die indische Fabelsammlung „Hitopadesa" und drittens das Tierepos — hat zwar schon ein Jugendliterarhistoriker des 19. Jahrhunderts namens A. Merget 1882 hingewiesen, näher belegt oder ausgeführt hat er allerdings seine Behauptung nicht.

Wir müssen mit einer Zweigleisigkeit der Übermittlung rechnen. Denn offensichtlich gibt es einerseits die Fabel, angeboten in Büchern und Zeitschriften zur privaten Unterhaltung, andererseits die, welche in Lesebüchern und Lehrbüchern zum Gebrauch in der Schule abgedruckt sind. Vielleicht leuchtet ein, daß im einen Fall der Verleger ein möglichst unterhaltsames, den jugendlichen Lesern und den kaufenden Eltern genehmes Werk herausgeben will, im andern die Probleme der systematisch-methodischen Unterrichtung, der Information über die richtige

Moral und die Unterweisung der Sittenlehre eine ausschlaggebende Rolle spielen.

Aus den beiden Verwendungszwecken, dem der häuslichen Kinder- und Jugendlektüre und dem des Schullesestoffs, ergeben sich nicht unbedingt gegensätzliche inhaltliche Ausrichtungen. In unserer Gesellschaft werden beide Instanzen als komplementäre Erziehungsfaktoren angesehen. Allerdings bringt die Fabel von jeher den sie zur Bildung der Jugend Heranziehenden in ein Dilemma: Soll er sie benutzen, um die moralischen und gesellschaftlichen Normen zu vermitteln, oder soll er sie umgekehrt einsetzen, um den Zweifel am Bestand dieser Normen zu erzeugen, um Kritikfähigkeit und Nachdenklichkeit zu schulen? Ohne Zweifel tendiert die Fabel im allgemeinen dazu, ihre Leser aufzuklären. Insofern richtet sie thematisch ihr Augenmerk auf die Unvollkommenheit in den herrschenden Verhältnissen, sie richtet sich gegen Unterdrückung und träges Hinnehmen derselben.

In vielen Fällen haben die Bearbeiter und Herausgeber von Fabelsammlungen für die Jugend eine sehr einseitige Auswahl getroffen und Beispielgeschichten gesammelt, denen die Schärfe und die Pointen genommen sind. Glücklicherweise haben sich im Laufe der Geschichte der Fabel als Jugendliteratur mehrere pädagogisch-praktische Zwecke gegen eine solche Verharmlosung und Simplifizierung der Gattung gerichtet. Der erste ist recht einfach. Die Fabeln dienten nicht nur dem unterhaltsamen Nachdenken, dem „prodesse et delectare", sie dienten in der Antike, im Mittelalter und bis ins 18. Jahrhundert hinein als Geschichten zum Einüben des Lesens, des Schreibens, der Grammatik und Übersetzung, etwa aus dem Lateinischen ins Deutsche. Das heißt, ihr Inhalt blieb weitgehend unbeachtet. Hier vollzog sich „blinde" Tradierung. Der zweite Zweck der Verwendung von Fabeln ist der, daß der um die Jugend bemühte Erwachsene gerade an den besten Fabeln zugleich auch Modelle der Sprachkunst, der Rhetorik, von Generation zu Generation weitergeben wollte. Viele Herausgeber haben noch im 19. Jahrhundert ihre Auswahl mit diesem Argument begründet. Die Anthologien führten den Leser gleichsam in ein Museum anschaulicher Beispiele. Nur selten dagegen ist der Gedanke zu finden, die Fabel diene dem jungen Menschen zur Provokation, sei ein Aufruf zum kritischen Denken, solle ihn auf die Ungereimtheiten des hic et nunc vorbereiten.

Die Schüler bekamen die Texte von Äsop in lateinischen Fassungen von Phädrus, Avianus oder Romulus und die Fabelvarianten von Luther, Gellert oder Pfeffel in deutscher Sprache zum Abschreiben, Lesenüben oder Auswendiglernen vorgesetzt. Und diese Art der Verbreitung trug weitgehend zum Erhalt des Bewußtseins ihrer Existenz in der Gesellschaft bei.

Nach jahrhunderte-, ja jahrtausendelanger Tradierung der Fabel als rhetorischer, grammatikalischer und moralischer Übungsliteratur setzten sich am Ende der Aufklärungszeit und unter dem Einfluß der Philanthropen Schriftsteller wie Christian Felix Weiße und Joachim Heinrich Campe an den Schreibtisch und versuchten, alten und neuen Fabeln eine besonders kindgemäße dichterische Fassung zu geben, also spezifische Kinderliteratur zu entwickeln, obwohl noch ein paar Jahre vorher Jean Jaques Rousseau in seinem „Emile" (1762) zur literarischen Abstinenz im Kindesalter geraten und behauptet hatte, „daß ein Kind die Fabeln, welche man es lernen läßt, nicht versteht . . ., weil die dichterische Form, obgleich sie ihm das Verhalten erleichtert, ihm die Auffassung erschwert . . .".

Mit Christian Felix Weiße liegt der Typ des Schriftstellers im späten 18. Jahrhundert vor, der aus der Strenge der Unterweisung herauskommen will, der unterhalten will, gewiß mit der Absicht, zu bessern, einsichtiger zu machen, dies aber mit den Mitteln der Sprachkunst. „Sollte es also nicht gut seyn, die Fabeln der Alten in einer heitern Schreibart, und blos mit kurzen Sittenlehren der Jugend zu lesen zu geben?", schrieb J. Fr. Reupsch, der Verfasser der 1760 in Leipzig und Breslau erschienenen „Fabeln aus dem Altterthume". Zum Beispiel lag 1794 auch wieder eine neue „Sittenlehre in Fabeln und Erzählungen für die Jugend" auf dem Verkaufstisch der Buchhändler. Auch sie ist speziell für die Jugend zurechtgemacht und mit einer Abhandlung über die Frage versehen: „Sind die Fabeln eine Übung für Kinder oder sind sie es nicht?". Der ungenannte Verfasser bejaht die selbstgestellte Frage natürlich und entschuldigt sich bei seinem Publikum, daß ihm vielleicht Versbau und Wohlklang nicht immer gelungen seien. Er verzichtet bei den Texten auf die angehängten Tugendlehren und Erklärungen und hält sich an literarische Vorbilder, vor allem an die Franzosen, und unter ihnen wiederum an LaFontaine. Er überarbeitet sie. Der Versuch einer Sammlung von Dichtungen für die Jugend liegt vor.

Lehrsätze wie „Nie hat ein Mensch alles. — Aber suche die guten Eigenschaften deines Nächsten zu nützen, und sei auch mit den deinigen dienstfertig gegen ihn, so ist oft beiden geholfen" oder „Beneide nicht die Großen dieser Welt ..." hatten bei Meissner und Weiße, aber auch bei Campe und Stoppe, ja auch bei Lessing und vor ihm Gellert das Ziel, den „äsopischen Witz" — wie sich Gellert ausdrückte — unter der Jugend zu verbreiten. Er schreibt in seinem Essay „Nachricht und Exempel von alten deutschen Fabeln", mit dem er die erste Sammlung seiner Fabeln 1746 eröffnete, in erstaunlich unumwundener Weise: „Etliche Blätter voller äsopischen Witzes ... stiften bei der Jugend und bei tausend Erwachsenen vielleicht mehr Nutzen als große Werke, worinnen man die Moral gründlich ausdehnt, mit einer tiefsinnigen Miene seicht und mit einem systematischen Geschreie trocken abhandelt."

Alle genannten Schriftsteller wollten den Kleinen Mut machen. Ihnen wurde zugetraut, Erfindungskraft, Denkvermögen und Einsichten zu haben, mit Hilfe deren sie die Fabeln verstehen und Schlüsse daraus ziehen können.

Ohne Zweifel gerät die Fabel im 19. Jahrhundert aus der literarischen Diskussion. Sie trat in eine ihrer Latenzphasen ein. Aber als Jugendliteratur ist ihre Wirksamkeit im 19. Jahrhundert dennoch nicht zu übersehen. Drei Eigenschaften, die bis dahin noch nicht aufgetreten sind, springen in diesem Zeitraum ins Auge: *Erstens* haben wir nun zum ersten Mal Ausgaben, die man mit Fug und Recht Bilderbücher nennen kann. Gemeint sind Publikationen mit sehr vielen Bildern — oftmals zu jeder Buchseite eine Illustration —, die für solche Kinder gedacht beziehungsweise mitgedacht waren, die noch nicht selbst lesen konnten. Sowohl durch ihre Anzahl als auch durch die künstlerische Qualität bekommen die Bilder eine oftmals den

Texten gleichwertige Bedeutung. Erinnert sei an Otto Speckters Illustrationen zu Wilhelm Heys Fabeln, an Fedor Flinzers graphische Ausstattung der „101 Fabeln" oder Gustav Süs' Bilder zur „Tante Fabula". Zwar sind die Formate dieser Fabelbilderbücher in der ersten Hälfte des vorigen Jahrhunderts noch nicht so groß wie unsere heutigen, aber sie werden im Lauf der Jahrzehnte zunehmend größer, vor allem nach 1850. Es war damals noch nicht üblich, eine einzige Fabel mit mehreren Illustrationen zu schmücken. Je Fabel ein Bild, so war es Brauch. Die Fabelbilderbücher des 19. Jahrhunderts sind alle Anthologien.

Zweitens können wir in vielen Fabelausgaben, Fabelbearbeitungen und bei vielen Fabelautoren einen Hang zur Entdidaktisierung der Stoffe feststellen. Das macht sich schon dadurch bemerkbar, daß nun oftmals die Fabeln gar nicht mehr in ausschließlichen Fabelsammlungen zusammengefaßt werden, sondern daß sie mit Erzählungen, Liedern und Gedichten vermischt werden. Man rechnet sie also zu den unterhaltsamen, dichterischen Jugendschriften. In dem Titel „Tante Fabula" kommt vielleicht besonders deutlich zum Ausdruck, wie stark man nun der Erzählkunst vertraut. Diese Ausgabe von L. Fernow unter dem vollständigen Titel „Die Tante Fabula, ein Lesebuch mit Bildern zum Nutzen und zum Vergnügen für fleißige Kinder", um die Jahrhundertmitte mindestens dreimal aufgelegt (1840, 1844, 1852), offenbart sehr einleuchtend die romantische Verbrämung der Jugendfabel des Biedermeier und der Spätromantik. Die Fabel wird personifiziert, sie erscheint als bejahrte Frau, ein „steinaltes Mütterchen, mit eisgrauen Haaren, und ihr Gesicht war voller Runzeln und Falten". Sie wohnt auf einem Berg und erzählt „braven" Kindern Geschichten. Am Ende des Buchs, als die Kinder wieder vom Fabelberg zurückkehren, findet sich der Satz: „Die Kinder wurden mit dem Besuche auf dem Berge immer fleißiger und artiger, und das war auch ganz natürlich! Denn bei jeder Unart, die sie begehen wollten, dachten sie sogleich an die alte Tante Fabula und ihre schönen Geschichten." Die Tendenz der Ausgabe ist deutlich: Die gemütvollen Geschichten sollen auf den jungen Menschen bessernd wirken. Ein Mythologisieren der Fabelwelt hat eingesetzt. Die jungen Menschen sollen an ihr teilnehmen und sich mehr und mehr blasser Rationalität entwöhnen. Lernen soll im Spiel aufgehoben werden, wie aus dem Vorwort Fernows hervorgeht: „Spielen will das Kind, und es ist ihm notwendig, lernen soll es — und es bleibt dem Lehrer nichts weiter übrig, als so mit den Kindern zu spielen, daß diese dabei lernen."

Es fragt sich unter diesen Umständen, ob denn bei solcherart Auffassung die Fabel überhaupt noch Fabel geblieben ist. Ob sie nicht zum Märchen oder zur Tiergeschichte verwandelt wurde. Dies aber ist die *dritte* Feststellung, die wir im Blick auf das 19. Jahrhundert zu treffen haben. Eine entschiedene Sentimentalisierung der Jugendfabel hat eingesetzt. Die berühmt gewordenen, 1833 in Hamburg zuerst erschienenen und bis in die Gegenwart neu aufgelegten „Fünfzig Fabeln für Kinder" Wilhelm Heys, denen dann „Noch funfzig Fabeln für Kinder" (Hamburg 1837) folgten, auch die „Einhundert neuen Fabeln für die Jugend" Friedrich Hoffmanns (Stuttgart 1840) richten sich mehr an das Gemüt als an den Verstand des jungen Lesers, sie sind Aufrufe zum Mitleid und Mitgefühl und zu dem Empfinden, in einer friedfertigen Welt friedlich zu leben. Kontrahenten, sich feindlich gegenüberstehende Konturwesen, gibt es eigentlich in der so verstandenen Fabel nicht mehr.

Selbst dort, wo Hey eine Anlehnung an einen klassischen Fabelstoff macht, der nun nicht ohne weiteres die heile Welt deutlich werden läßt, stellt er diese gleichsam hinter den Kulissen her. So geschieht es etwa in der Fabel, die noch ihre Herkunft aus der vom Fuchs und Raben erahnen läßt. Aus dem Fuchs macht er ein Haustier, einen Hund, und unterschiebt ihm ein schlechtes Gewissen, statt ihm den „äsopischen Witz" zu lassen, mit dessen Hilfe er sich im „Original" das Stück Fleisch erobert hat. Der Rabe dagegen droht mit der Polizei, die für Recht und Ordnung sorgt.

Hund und Rabe

Hund: Rabe, du Schelm, du Spitzbube dort,
      Schleppst mir das schöne Stück Fleisch da fort!
Rabe: Hündchen, nur nicht so böse sein!
      Weißt du? ich bin bei der Polizei,
      Muß nach den bösen Dieben spüren

Und das Gestohlne confisciren.
Der Rabe hatte gewiß gelogen,
Den Hund um seinen Braten betrogen;
Doch der hat ihn nicht darüber verklagt.
Ich denke, er hat es nicht gewagt;
Es sollte wohl nicht zutage kommen,
Woher er ihn selbst erst hatte genommen.

Schaut man vom letzten Jahrzehnt des 20. Jahrhunderts bis zur Jahrhundertwende zurück, so mag gewiß gelten, daß sich in der ersten Hälfte unseres Jahrhunderts, ja noch darüber hinaus, die jugendliterarische Tradierung der Fabel im Verhältnis zu der des 19. Jahrhunderts eher verschmälert hat. Aber in den drei vergangenen Jahrzehnten hat die Fabel eine Renaissance als Jugendliteratur erfahren. Daß sich Fabeln als Bilderbuchstoffe eignen, daß ein solch kleiner Text von LaFontaine oder einem andern Meister genügt, um einen Graphiker zu einer ganzen Bilderfolge zu inspirieren, ist inzwischen längst ausprobiert worden. Alte Fabeln wie „Der Wolf und der Fuchs", „Der Löwe und die Ratte", „Die Grille und die Ameise" oder „Die Stadtmaus und die Feldmaus" fanden Illustratoren wie Joseph Hegenbarth, Horst Klemke, Tomi Ungerer, Klaus Ensikat, Janosch und Nikolaus Heidelbach. Einige zeitgenössische Bilderbuchkünstler, wie zum Beispiel der erwähnte Janosch, vor allem aber Leo Lionni, haben neue Fabeln erfunden und sie sowohl im Bild wie auch im Text dargestellt. Man erinnere sich nur an „Oh wie schön ist Panama" von Janosch und solche Geschichten von Lionni wie „Swimmy" oder „Frederik". Schon in den sechziger Jahren hat man sich an die traditionsreiche Fabel-Gattung in der Kinder- und Jugendliteratur wieder erinnert, und zwar nicht nur bei Hans Baumann und James Krüss. Fast jedes zweite Jahr erschien damals eine Anthologie mit Fabeln für die Jugend.

Vielleicht sollten zwei Merkmale neuerer Sammlungen und Ausgaben erwähnt werden. Zum einen fällt der Rückgriff der Herausgeber auf Fabeln aus anderen Ländern und Erdteilen auf, und damit der bewußte Versuch, den Horizont des jugendlichen Lesers im Hinblick auf die Gemeinsamkeit der Literatur und des Denkens und Agierens in aller Welt zu erweitern. „Fabeln gibt es bei allen Völkern,

James Krüss (* 1926)

in jedem Land, und oft sind's die gleichen Einfälle, ob sie nun in Indien oder am Amazonas, in der Kalahari oder in Grönland, in Mexiko oder in Ungarn in Fabeln gekleidet werden: der gleiche Kern in verschiedener Sprache", sagte Hans Baumann, einer der Fabelsammler und Bearbeiter, im Nachwort zu seinem Buch „Ein Fuchs fährt nach Amerika".

Das andere Merkmal ist die deutlich veränderte Einstellung zu den durch Fabeln vermittelbaren Erfahrungen. Es dürfte für den ab den sechziger Jahren nüchternen, auf die Konfrontation mit der nicht immer heilen Welt ausgerichteten Stil des Umgangs mit Fabeln symptomatisch sein, daß zum Motto der Anthologie „Das große Fabelbuch", zusammengestellt von Käthe Recheis und illustriert von Janusz Grabianski, die Sätze aus Luthers „Vorrede" abgedruckt sind: „Alle Welt haßt die Wahrheit, wenn sie einen trifft . . ." Das Zitat endet: „So geschieht es denn, wenn man die Fabel liest, daß ein Tier dem andern die Wahrheit sagt".

Die Fabel bekam in der Kinder- und Jugendliteratur, wie erwähnt, während der Studentenbewegung eine akute politisch-agitatorische Funktion. Dies vor allem deshalb, weil sie geeignet war, das Thema Solidarität zu veranschauli-

174

chen und die polaren Positionen von arm und reich, mächtig und ohnmächtig auf einfachste Weise zu veranschaulichen.

Es gab drei damals weitverbreitete, zum Teil als graue Literatur billig hektographierte, von Hand zu Hand gereichte Modellfabeln. Alle drei sind mehr oder weniger ohne greifbaren Verfasser. Die eine wird dem jung verfolgten und 1968 ermordeten persischen Dichter und Revolutionär Samad Behranghi zugeschrieben und erzählt unter dem deutschen Titel „Der kleine schwarze Fisch" das Gleichnis von dem Fisch, der sein heimatliches Gewässer verläßt und erfährt, wie weit die Welt draußen ist und wieviel noch geändert werden muß. Die zweite erzählt in dem schlichten Bild von der riesigen Rübe, wie diese nur mit vereinten Kräften aus dem Boden gezogen werden kann. Sie stammt aus dem maoistischen China und heißt „Die Rübe". Frederik Vahle hat diese Fabel vertont und gesungen. Sie fand in den siebziger Jahren unter Kindern weite Verbreitung. Die dritte Fabel stammt aus der Berliner Szene der Studentenbewegung, trägt den Titel „Fünf Finger sind eine Faust", stammt von einem Kollektiv und exemplifiziert ebenso das Thema der Stärke durch Zusammenhalt. Die letztlich siegende Faust ist rot gemalt, dies ist deutlich politisch gemeint.

Das Thema Fabel kann dazu führen, auch den Schwellformen der Fabel nachzugehen und dann auf Tierepen aus früheren Jahrhunderten in der Nachfolge von „Reineke Fuchs" und dem „Froschmeuseler", in unserem Jahrhundert auf die „Konferenz der Tiere" und auf „Oh wie schön ist Panama" mit all seinen Ablegern zu stoßen. Auch hier gibt es eine langanhaltende Tradition.

Gewiß ist jedoch, daß seit den siebziger Jahren wieder ein offener Zugang zu den Fabeln geschaffen wurde, auch zu denen, die unangenehme und in ein optimistisches Weltbild schwer einzuordnende Weisheiten und Wahrheiten in sich bergen. Die Fabel als Jugendliteratur ist aus ihrer Latenzzeit, aus der Zeit sentimentaler und allzu braver Auslegungen herausgerückt. Wie anders sonst könnte es sein, daß nicht nur Franz Kafkas „Kleine Fabel", die von der vergeblichen Suche der Maus nach einem Ausweg und

ihrem Ende im Maul der Katze berichtet, in Schullese-
büchern Aufnahme gefunden hat, sondern daß zum Beispiel auch die folgende Varianten zu diesem Thema aus
der Feder Janoschs im „Großen Janosch Buch" zu finden
ist:

Katz und Maus in Gesellschaft

Eine Maus war von einer Katze gefangen worden und sollte ge-
fressen werden. Weil sie aber Angst hatte, daß der Tod sie
schmerzen könnte, schrie sie in ihrer Not: „Wenn du mich frißt,
hast du doch nicht einmal einen hohlen Zahn voll Fleisch und
hast in fünf Minuten schon wieder Hunger. Wenn du mich
nicht frißt, würde ich dich auch heiraten, ehrlich. Da hast du
mehr davon."
Die Katze sagte: „Ist in Ordnung. Aber zuerst mußt du mir einen kleinen Topf mit Gänsefett, oben auf dem Regal, aus der
Ecke schieben. Es steht ein Gurkenglas davor. Ich komme nicht
daran vorbei, bin zu breit. Am besten, du holst mir einen oder
zwei Kameraden, die dir helfen, der Topf ist schwer. Das soll
schon mal deine Mitgift für unsere Hochzeit sein."
Die Maus war froh, daß sie nicht sterben mußte, und holte sich
zum Helfen einen jungen Mauser, der sie heiß verehrte und
schon dreimal um ihre Pfote angehalten und der gesagt hatte,
er ginge für sie durchs Feuer. Im Notfall. Dann nahm sie noch
einen alten, kurzsichtigen Onkel mit, der die Katze nicht sehen
konnte, sonst wäre er wohl nicht mitgegangen.
Die drei gingen also in die Kammer, stiegen auf das Regal und
schoben den kleinen Topf Gänsefett aus der Ecke.

Dann fraß die Katze die beiden Mausekameraden auf. Als sie die Maus schon am Schwanz gepackt hatte und auch fressen wollte, schrie diese, weil sie Angst hatte, daß der Tod sie schmerzen könnte: „Wir wollten doch heiraten, ich bin's doch, deine Frau."

„Pardon", sagte die Katze, „habe dich nicht erkannt. Die Mäuse sehen alle egal aus."

Sie hielt sie aber noch fest.

„Aber nur mit einer ordentlichen Trauung", sagte die Katze. „Du mußt zum Dompfaff gehen und die Hochzeit anmelden, sonst mache ich nicht mit. Inzwischen trage ich den kleinen Topf Gänsefett hinter das Sofa. Wir werden damit ein ganz großes Hochzeitsfest feiern."

Weil die Maus Angst hatte, daß der Tod sie schmerzen könnte, ging sie also zum Dompfaff, die Hochzeit anzumelden.

Der Dompfaff dachte, die Maus würde einen jungen Mauser heiraten, sonst hätte er wohl nicht zugesagt, und legte die Trauung auf morgen, Dienstag, acht Uhr, am Waldrand fest.

Als die Maus zurück zur Katze kam, sagte die Katze: „Keine Trauung ohne Trauzeugen! Das ist Tradition, und so will ich das haben. Am besten, du gehst sofort zum Rotkehlchen und bringst es her, damit wir alles einstudieren können. Das Rotkehlchen hat einen guten Ruf und ist als ehrlich bekannt."

Die Maus ging zum Rotkehlchen, und weil dieses dachte, die Maus würde einen jungen Mauser heiraten, ging sie mit, sonst wäre sie wohl nicht gekommen.

Da fraß die Katze das Rotkehlchen.

Die Maus sagte nichts, denn sie hatte Angst, die Katze könnte sie fressen und der Tod würde sie vielleicht schmerzen.

„Und jetzt lade hundert Gäste ein", sagte die Katze. „Wir machen ein ganz großes Fest."

Die Maus ging also los, lud die Maulwürfe ein, weil sie blind sind und die Katze nicht sehen können, sonst würden sie wohl nicht kommen.

Als am nächsten Tag um acht der Dompfaff zum Waldrand kam, war die Maus mit der Katze schon da. Die Maus hatte sich schön geschmückt, trug einen Schleier aus Spinnweben und hatte die Katze untergehakt. Das heißt, die Katze trug sie auf der Pfote, und die Maus hatte sie dort untergehakt.

Der Dompfaff hatte zwei Ministrantenvögel mitgebracht, und noch ehe die Trauung anfing, fraß die Katze den Dompfaff mitsamt den Ministranten.

Die Maus fing an zu zittern. Sie war sich auf einmal nicht mehr ganz sicher, ob auch alles in Ordnung sei. „Aber wir sind doch verheiratet, nicht? Ich bin doch deine Frau?", sagte sie.

„So!" grinste die Katze, „dann zeig mir doch mal unseren Trau-
schein!" — und fraß die Maus auf.

„Nie nie nie nie wieder laß ich mich von jemandem zum Heiraten überreden", rief die Maus noch aus der Katze heraus, „aber
ehrlich nicht."

Von den Maulwürfen, die zur Hochzeit kamen, erwischte die
Katze noch sieben, die anderen konnten fliehen.

Der späte Einzug der Kurzgeschichten
in die Kinderliteratur

Sucht man nach möglichst kompakter Auskunft über die
literarische Gattung Kurzgeschichte, dann findet man in
lexikalischer Form etwa folgendes: Es sei eine kurze Erzählung, welche sich auf die Wiedergabe eines einschneiden-
den Ereignisses und die Beschreibung seiner Umstände
beschränke. Schicksalsbestimmende Momente im
menschlichen Leben seien ihr Grundthema. Die Kurzgeschichte habe sich — und hier wird oftmals einer ihrer
bedeutendsten Repräsentanten zitiert, nämlich Wolfdietrich Schnurre — „zu einem der sensibelsten Seismographen der sozialen, politischen und allgemeinen menschlichen Verhältnisse" herausgebildet. Weiterhin ist von
sogenannter „linearer Handlungsführung", „offenem
Schluß", „direktem Einstieg" und „realistischem Stil" die
Rede (Doderer, 1953 und 1958). Im Hinblick auf ihr Auftreten in der Literaturgeschichte, ja der Jugendliteraturgeschichte, heißt es, die Kurzgeschichte sei in Deutschland
nach dem Zweiten Weltkrieg zu einer häufig genutzten
literarischen Kleinform geworden. Hinzugefügt wird, was
in unserem Zusammenhang am meisten interessieren
dürfte: Erst um 1970 begannen sich Jugendschriftstellerinnen und Jugendschriftsteller dieser Form zu bedienen
und Kurzgeschichten für Kinder zu schreiben.

Offensichtlich geraten wir bei der Frage nach der Kurzgeschichte als Genre der Kinder- und Jugendliteratur mitten
hinein in die analytische Betrachtung der Formensprache
zeitgenössischer Literatur. Was uns die uralte Struktur der
Fabel nicht nahelegte, nämlich nach dem Grund ihres
historischen Entstehens zu fragen, das stellt sich hier ein.

Zusätzlich sind wir noch mit der Tatsache konfrontiert, daß es der Verzögerung der Zeitspanne fast einer Generation bedurfte, ehe die Kurzgeschichte auch als jugendliterarische Form auftrat. Warum diese Verspätung?

Gehen wir den Ereignissen des Aufkommens einer neuen Form des literarischen Sagens nach und fragen wir uns allmählich zurück. Das schon wiederholt als bedeutsam gekennzeichnete Jahr 1970 ist auch für die Kurzgeschichte als Gattung der Jugendliteratur wichtig. In dem kurzen Zeitraum des Jahrzehntwechsels hat die Kurzgeschichte als Form der Kinder- und Jugendliteratur zu existieren begonnen.

Literarische Gattungen sind wie Gefäße, die im Reich der Texte zur Verfügung stehen, so auch die Kurzgeschichte. Jede Form ist dazu da, etwas „aufzuheben", das heißt, Inhalte zu bewahren. Dieser Vorgang ist aber nur gegeben, wenn beides zusammenpaßt, wenn Form und Inhalt einander genügen. Was also wurde um 1970 herum an Inhalten in der Form der Kurzgeschichte aufgehoben, wohlgemerkt innerhalb der Kinder-und Jugendliteratur? Ich möchte zwei Beispiele zur Beantwortung dieser Frage heranziehen. Das eine stammt von Ursula Wölfel, das andere von Peter Bichsel.

Ursula Wölfel (1922)*

179

Ursula Wölfels Geschichte heißt „Mannis Sandalen". Sie ist in ihrem schon mehrfach erwähnten Band „Die grauen und die grünen Felder", der genau 1970 erschienen ist, zu finden. „Mannis Sandalen" beginnt mit den Sätzen:

Manni ist groß, er ist schon fast so groß wie die Jungen, die auf Mopeds fahren dürfen. Er hat auch schon Barthaare am Kinn, man sieht es, wenn die Sonne auf sein Gesicht scheint. Aber er spricht noch wie ein kleines Kind.
Die Leute sagen: „Manni ist nicht richtig im Kopf". Die Kinder sagen: „Der ist blöd".

Ein Schwachsinniger freut sich über seine neuen Sandalen. Er steht am Rand eines Kreises spielender Kinder, sucht nach Kontakt, will seine Freude über sein kleines Glück, nämlich neue Sandalen an den Füßen zu haben, anderen mitteilen, wird mißverstanden. Seine freundlich gemeinten Annäherungen lösen gegen ihn gerichtete Aggressionen der meisten Kinder aus. Man trampelt auf seinen Schuhen herum. Zwar bringt seine Mutter wieder neuen Glanz auf sie, kann Manni auch überreden, sie wieder anzuziehen, „aber", so heißt es im Text, „die Sandalen wurden nicht wieder neu, sie hatten zu viele Kratzer". Diese Kurzgeschichte, sie ist nur drei Buchseiten lang, endet folgendermaßen:

Nachmittags ging er wieder auf die Straße. Die Kinder fuhren auf ihren Fahrrädern. Manni stand am Bordstein, und sie kurvten dicht an ihm vorbei. Er lachte, er freute sich, daß er ihnen zusehen durfte.
Sie sagten: „Na, du? Bist du auch da?"
Und sie taten, als wäre nichts gewesen.

Mir scheint, daß dieses kurze Stück Prosa die wesentlichen Elemente der Gattung enthält. Da wird nicht lange ausgeholt, da werden auch keine Wertungen des Erzählers eingeblendet. Was geschehen ist, wird szenisch erfaßt, knapp berichtet. Wirklichkeit ist geröntgt worden. Es ist konsequent, wenn die Autorin soweit wie nur möglich zurücktritt. Sie läßt die Personen sprechen. Wörtliche Rede durchzieht anhaltend den Text.

Und was steht am Ende des erzählten Wirklichkeitsausschnitts? Hat es eine Wende im dargestellten Geschehen gegeben? Ist dies kleine Stückchen Welt zum Ausgleich, zur Ruhe gekommen? Die Schuhe Mannis sind angekratzt, aber die auf eine andere Weise „schwachsinnigen" Kinder drehen weiter ihre Runden, Manni steht weiter am Rand. Jederzeit, so läßt der Text vermuten, kann sich das Ereignis wiederholen.

Dies ist der offene Schluß, der den Leser mit der Frage zurückläßt: Wie wird es weitergehen? Genau dies aber ist von Ursula Wölfel intendiert. Sie will dem jugendlichen Leser in dem Band „Die grauen und die grünen Felder", wie sie selber in einer kurzen Vorbemerkung angibt, „unbequeme" Geschichten erzählen. „Sie stellen viele Fragen, und jeder soll die Antwort selbst finden". Wer dies den jungen Menschen als Lesern zutraut, der traut ihnen auch zu, den Hintergrund dieser und vieler anderer Kurzgeschichten zu erfassen. Und dieser ist gekennzeicnet durch die Hoffnung der Autorin, daß unsere Welt zwar „nicht immer gut ist, aber veränderbar".

Ursula Wölfel spricht aus, was viele Kurzgeschichten aus jenem vorhin zitierten Formgerüst ebenfalls als didaktischen Hintergrund haben: die Absicht ihrer Schöpfer, zu zeigen, wie es ist, um zu motivieren, es besser zu machen. Wer diese kleine Geschichte liest, wird sehr bald anfangen müssen, an der Richtigkeit der so nüchtern dargestellten Wirklichkeit zu zweifeln, der sieht sehr bald, daß die Handlungsweisen der jungen Menschen auf ein Vorurteil und auf Mißverständnisse zurückgehen und daß also schon die junge Welt der Kinder nicht in Ordnung ist. Der Text zwingt zum Nachdenken. Er selbst aber gibt direkt keine Hilfen, außer daß er aufzeigt, wie der Zustand ist.

Die Mittel, mit denen Ursula Wölfel arbeitet und mit deren Einsatz sie den Leser erreichen will, sind in dieser Kurzgeschichte — wie auch in den vielen anderen von Wolfgang Borchert bis Gabriele Wohmann, von Wolfdietrich Schnurre bis Hans Bender, von Elisabeth Langgässer bis Peter Bichsel, Peter Härtling, Klas E. Ewerwyn und Theodor Weißenborn — die, offen oder versteckt auf die seelischen Vorgänge aufmerksam zu machen. Ob bewußt oder unbewußt genutzt, Wölfel spart zwar analytische Passagen aus, sie deutet das Verhältnis zwischen den Kindern und Manni genau so wenig wie sie das des Debilen zu seiner

Mutter erklärt. Aber sie baut die Szene so zusammen, daß der Leser die Beziehungen zwischen den einzelnen Personen und Gruppen als ein soziales und psychisches Spannungsfeld sieht. Diese Kurzgeschichte ist auf die seelische Erschütterung des Lesers ausgerichtet, auch wenn diese Intention unter eine nüchterne Stildecke versteckt worden ist.

Peter Bichsel (1935)*

In dem 1969 erschienenen schmalen Band „Kindergeschichten" des damals jungen Schweizer Schriftstellers Peter Bichsel findet sich das zweite Beispiel, nämlich die Geschichte „Die Erde ist rund". In ihr nimmt man am Anfang dem Erzähler noch ab, daß er, sogar äußerst ruhig und souverän wirkend, vom Leben eines alten Mannes berichten will. Es heißt:

> Ein Mann, der weiter nichts zu tun hatte, nicht mehr verheiratet war, keine Kinder mehr hatte und keine Arbeit mehr, verbrachte seine Zeit damit, daß er sich alles, was er wußte, noch einmal überlegte.

Aber schon mit der nun folgenden Aufzählung dessen, was dieser ungenannte Mann alles an Wissen in sich gespeichert hat, befällt den aufmerksamen Leser Skepsis, ob der

Autor tatsächlich die psychologisch begründbaren Vorgänge im Kopf eines Greises nachzeichnen oder ob er nicht vielmehr das Bild eines Jedermann entwerfen will, der im Laufe seines Lebens ein Allerweltswissen angehäuft hat, das ihn umgibt wie ein bequemes Wattepolster, in dem man sich einrichten kann.

> Dann stellte er zusammen, was er alles wußte, und er wußte dasselbe wie wir.
> Er wußte, daß man die Zähne putzen muß.
> Er wußte, daß Stiere auf rote Tücher losrennen und daß es in Spanien Toreros gibt.

Dies und vieles andere hatte er sich nach Bichsels Geschichte lesend angeeignet, hatte es erzählt bekommen oder im Kino gesehen. Indem der greise Jedermann die einzelnen Teile seines punktuellen Wissens aufzählt, stößt er auch auf den Satz: Die Erde ist rund. Peter Bichsel läßt den alten Mann alles das, was ihm zur Stütze dieses Satzes einfällt, rekapitulieren. Da aber legt der Autor ihm die Worte in den Mund: „Das weiß ich, aber das glaube ich nicht, und deshalb muß ich es ausprobieren."

Was nun folgt — und das macht zwei Drittel des Umfangs der Geschichte aus —, ist die minutiöse Darstellung der Konsequenz dieses Entschlusses, etwas bislang schlichtweg Hingenommenes und glaubwürdig Gewußtes in Zweifel zu ziehen und zu beweisen, zu erproben, für sich selbst glaubwürdig zu machen.

Peter Bichsel würde seinem eigenen Ansatz untreu, wenn er den zweiten Teil benutzte, um den alten Mann — wie einstmals Jules Verne in seinem Roman „Die Reise um die Erde in achtzig Tagen" — den Beweis handgreiflich führen zu lassen. Er würde dann nur die Richtigkeit des Wattepolsters unseres Wissens und Gewußten bestätigen. Bichsels Position in dieser Geschichte ist eine andere. Er läßt seinen alten Mann den Satz, daß die Erde rund ist, ganz ernst nehmen und durch eine Reise auf dem imaginären Band um die ganze Kugel zu belegen versuchen. Die Folge ist, daß der Held der Geschichte schlichtweg anfangen muß nachzudenken, wie er es anstellen kann, über alle Hindernisse seines Weges hinwegzukommen. Er stellt Rechnungen auf, was er alles braucht. Es tauchen immer höhere Anforderungen als Folge seines Nachdenkens auf. Ja, man könnte sagen, daß er erfährt, wie ihm die halbe Welt gehören müßte, um den einfachen Satz „Die Erde ist rund" nachweisen zu können.

> Das alles machte den Mann sehr traurig, denn er war inzwischen achtzig Jahre alt geworden, und er mußte sich beeilen, wenn er noch vor seinem Tod zurück sein wollte.

Der Mann aber macht doch ernst, verzichtet allerdings auf alle errechneten Hilfen, auf alle Schiffe, Wagen, Männer und Materialien, nimmt nichts als eine Leiter mit und verschwindet hinter dem Giebel des Daches, das er als erstes zu übersteigen hatte. Hier endet die Erzählung und damit auch ihre Fabel. Der greise Erdumwanderer ward nicht mehr gesehen. Selbst zehn Jahre danach war er noch nicht wieder aufgetaucht. Der Erzähler schaltet sich zum Schluß noch einmal persönlich ein:

> . . . und ich würde mich doch freuen, wenn er eines Tages aus dem Wald träte, müde und langsam, aber lächelnd, wenn er auf mich zukäme und sagte:
> „Jetzt glaube ich es, die Erde ist rund".

Der Greis dieser Geschichte ist nicht aus der Wirklichkeit geschnitten wie Ursula Wölfels Manni-Gestalt. Aber wenn er wirklich wäre, wenn jemand wie er auf die Idee käme, eine Reise um die Erde mit einer Leiter als einzigem Hilfsmittel zu unternehmen, dann würde er gewiß nicht weit kommen, er endete wahrscheinlich in einer Anstalt. Und dennoch ist er als fiktive Figur dieser Geschichte eine Veranschaulichung dafür, wie aussichtslos es ist, sich als einsamer Mensch alles Wißbaren zu vergewissern. Man wird dabei irr und wirr, auch wenn der Gedankengang noch so klar ist. Diese Kurzgeschichte ist von anderer Struktur als die von Ursula Wölfel. Sie transzendiert, zunächst unmerklich, dann aber ganz offensichtlich die sichtbare und fühlbare Wirklichkeit und versetzt uns sehr schnell in eine irreale Welt. Ob der alte Mann am Ende seinen Wunsch erfüllt bekommt oder nicht, erfahren wir nicht. Auch hier ist also der Schluß der Geschichte offen geblieben. Die damit gegebene Aufforderung an den Leser, sich zu fragen, was mit dem alten Mann denn wohl geschehen ist, muß ihn dazu führen, über das Bild von der Welt nachzudenken, das wir uns machen und gemacht bekommen. Es ist die Aufforderung zum Hinterfragen. Daß Bichsel selbst zugleich mit dieser Aufforderung die Aussichtslosigkeitserklärung der Beweisführung mitliefert, macht ihn zum realistischen Utopisten oder — anders ausgedrückt — zum utopistischen Realisten.

So verschieden demnach die beiden beschriebenen Geschichten sind, sie sind doch ausgezeichnete Beispiele für das Erwachen der deutschen Kinder- und Jugendliteratur aus dem Glauben der Nachkriegsjahre, man täte genug, wenn man den Jungen und Mädchen Phantasiewelten, humoriges und spannend erzähltes Abenteuern und möglichst harmonische Verhältnisse in Umweltbeschreibungen böte.

Mit dem Einbruch der Kurzgeschichte in die Kinder- und Jugendliteratur um 1970 werden plötzlich den kleinen Lesern „unbequeme" Geschichten vorgelegt. Ihre Verfasser erstreben Wahrheit und Ehrlichkeit in ihren Aussagen, nicht aber schönen Schein. Sie wollen provozieren und nicht beruhigen, sie implizieren beim jungen Leser nicht Affirmation, vielmehr Nachdenken und Suchen nach Verbesserung, Linderung und Erkenntnis.

Genau das aber war das Konzept, das aus gelegentlichen Äußerungen der Schriftstellergeneration, die sofort nach dem Zweiten Weltkrieg zu schreiben begann, aus Essays, Interviews und Reden von Heinrich Böll, Wolfdietrich Schnurre, Hans Bender, ja auch von dem früh verstorbenen Wolfgang Borchert und von Siegfried Lenz ein Vierteljahrhundert früher herauszulesen war. Damals war die Welt der Erwachsenen in Deutschland wahrlich nicht in Ordnung. Und in einer solchen Lage des „Kahlschlags" — ob er nun tatsächlich aus heutiger Sicht so stattfand, wie er intendiert war, möge hier unerörtert bleiben — war konsequent, mit Röntgenaugen, klar, ohne theatralische Geste, ohne Zuckerguß, ohne Heldenpathos und ohne erzählerische Raffinesse den „ganzen Menschen, großartig und erschreckend" — so drückte sich Heinrich Böll damals aus — vor Augen zu führen. So wurde die Kurzgeschichte schnell nach 1945 nicht nur in den Gedanken ihrer Autoren, sondern auch in denen ihrer Verbreiter und Leser, als eine literarische Kleinform angesehen, die in der Lage ist, die Empfindungsweise und das Bewußtsein der Nachkriegszeit aufzunehmen. Die Beschreibung schicksalsbestimmender Momente gelang im Gefäß dieser Gattung, sie wurde „zu einem der sensibelsten Seismographen der sozialen, politischen und allgemein menschlichen Verhältnisse", wie Wolfdietrich Schnurre treffend formulierte.

So haben wir das literarhistorische Faktum zu konstatieren, daß eine Form, die ganz deutlich auf die politischen, sozialen und allgemein menschlichen Verhältnisse reagiert hat, ja durch die Zäsur des Jahres 1945 ihre Entstehung in Deutschland begründen kann, erst fünfundzwanzig Jahre später im Bereich der Kinder- und Jugendliteratur Wurzel geschlagen hat. Der Grund dafür kann wiederum nur der sein, der mit der Veränderung der gesellschaftlichen Verhältnisse verbunden ist. Die Jugend war nach dem Krieg mit Schonraumgedanken umgeben worden und literarisch isoliert geblieben. Im Zuge der sechziger Jahre gerät sie in einen Emanzipationsprozeß, der vor ihrem ästhetischen Bewußtsein nicht halt gemacht hat. Jugendschriftsteller konnten in dieser Situation nicht mehr aus der gleichen Haltung schreiben wie in den Jahrzehnten davor. Die Wendung Heinrich Bölls vom „Röntgenauge des Dichters", das „durch das Aktuelle dringt", läßt sich nunmehr übertragen und erreicht den Teil der Gesellschaft, den eine öffentliche Meinung und eine bürgerliche Erziehung vor der oft erschreckenden Wahrheit wohlmeinend bewahren wollte.

Die Kurzgeschichten für Kinder und Jugendliche, die um und nach 1970 geschrieben wurden und verlegt worden sind, reißen vielfach Löcher in die heile Welt. Sie sind Geschichten, welche die soziale Wirklichkeit unseres Landes vor Augen führen können. Insofern ist die Kurzgeschichte bis heute auch eine junge Form der Jugendliteratur geblieben, zu der immer wieder Autorinnen und Autoren greifen, außer den schon erwähnten auch Klas E. Ewerwyn, Georg Bydlinski, Wolfgang Bittner, Anatol Feid, Dorit Zinn, Karin Voigt oder Lotte Betke. Nach wie vor ist die Kurzgeschichte in der Lage, Schlaglichter auf die Umwelt und die menschliche Innenwelt zu werfen. Die Konflikträume, auf welche sich thematisch die neueren Kurzgeschichten konzentrieren, sind natürlich nun nicht mehr die der siebziger Jahre, als die Appelle für mehr Mitmenschlichkeit und soziale Gerechtigkeit vorwiegend den Kindern galten, die physisch oder geistig benachteiligt sind. Sie sind nun mehr dort, wo Fremdes dem Vertrauten, Ausländer den Einheimischen, Anderssein in jeglicher Form zur Debatte stehen, aber auch Versehrungen durch Machtmißbrauch, vor allem sexueller Mißbrauch, vorliegen. Wenn nicht alles trügt, dann dürfte die Gattung der Kurzgeschichte nach ihrem Durchbruch in die Kinder- und Jugendliteratur vor etwa zwei Jahrzehnten eine wichtige jugendliterarische Form bleiben. Sie übernimmt auch weiterhin die Aufgabe des „Seismographen" der Sorgen, Fragen und Probleme. Wenn jemand, aus einem andern Land kommend, nach Quellen sucht, aus denen er den inneren Zustand der Jugendlichen in unserer deutschen Gesellschaft im Spiegel sehen kann, dann kann man ihn auf neuere Anthologien mit Kurzgeschichten wie etwa die mit dem Titel „Ein Stückchen neuer Mensch — Geschichten über mehr Miteinander" (1990) hinweisen, weil aus ihnen eine Menge deutscher gegenwärtiger Wirklichkeit, so wie sie in den Köpfen und Empfindungen heute lebender Jugendlicher besteht, zu erfahren ist.

Es bleibt aber noch nachzutragen, daß in der Zeit zwischen dem Eintritt der Kurzgeschichten-Form in die deutsche Literatur nach dem Ende des Zweiten Weltkriegs und ihrem Auftreten in der Kinder- und Jugendliteratur fünfundzwanzig Jahre später, eine gleichsam oktroyierte Ausstrahlung dieser literarischen Form auf die Jugend stattgefunden hat. In den späten fünfziger und dann vor allem in den sechziger und weiterhin auch noch in den siebziger Jahren, ja bis heute, wurden diese „Geschichten, einen Haarschnitt lang", wie sie vor langer Zeit, als Hemingway noch lebte, genannt worden sind, als eine bevorzugte literarische Gattung im Deutschunterricht den Schülerinnen und Schülern präsentiert. Aufgrund ihrer Kürze paßten sie in den Rhythmus der Schulstunden und durch ihren zumeist offenen Schluß konnten und können sie Unterrichtsgespräche gut motivieren. Sie lösten nach dem Zweiten Weltkrieg die bis dahin üblichen Novellen-Interpretationen ab.

Man kann an der Anzahl der Schulausgaben genauer ablesen, wie und wann sich der schulische Konsum von Kurzgeschichten gesteigert oder verringert hat. Zunächst wurden Schüler der Gymnasien, vorwiegend in den höheren Klassen, damit vertraut gemacht. Allmählich entdeckte die Schule, daß auch schon jüngere Schülerinnen und Schüler und daß auch — etwa seit 1970 — solche in den Jahrgängen der Elementarstufe wie auch in Haupt- und Realschulen geeignete Rezipienten solcher Texte sein können. Kurzgeschichten fanden Aufnahme in Lesebücher. Spezielle Textsammlungen und ebenso didaktisch-methodische Handreichungen für die Lehrerinnen und Lehrer erschienen in großer Zahl.

Der Protest einer Generation in der Jeansliteratur (1950-1970)

Es geschieht immer wieder, daß sich einzelne gegen den herrschenden Zeitgeist und gegen die vorherrschenden Ansichten auflehnen. Gelegentlich sind die Opponenten Jugendliche. Und manchmal sind die nicht allein, sondern treten in Gruppen auf. Es sind Minderheiten, die revoltieren, zum Beispiel gegen überhandnehmende Maßregelungen ihres Eigenlebens, gegen ideologisch manipulierte Heldenverehrung, gegen religiöse Indoktrination oder propagierte Kriegsverherrlichung. Es kann passieren, daß sich Jugendprotest auch literarisch artikuliert, daß dann mit eigener Sprache und mit den entsprechenden stilistischen Mitteln die Gedanken und Empfindungen ausgedrückt werden und daraus Texte entstehen, in denen eine Gegenwelt vor das geistige Auge gerückt wird. Dann stehen abgenutzte Ideale gegen neue Vorstellungen, dann werden — wie zum Beispiel in Georg Büchners „Leonce und Lena"-Drama schon vor mehr als anderthalb Jahrhunderten (1836) — die herrschenden Verhältnisse des nutzlosen Überflusses von den jungen Leuten Leonce und Lena folgendermaßen infrage gestellt:

Nun Lena, siehst du jetzt, wie wir die Taschen voll haben, voll Puppen und Spielzeug? Was wollen wir damit anfangen?

Leonce malt diese Spielzeugstube der Politik und Diplomatie, jenes funktionierende Machtgebilde, in dem sie stecken und sich langweilen, weiterhin farbig aus. Aber Lena – so steht es in Büchners Bühnenanweisung – „lehnt sich an ihn und schüttelt den Kopf". Da fährt Leonce nun ohne ironischen Unterton, in deutlicher Übereinstimmung mit seiner Gespielin, fort:

> Aber ich weiß besser, was du willst. Wir lassen alle Uhren zerschlagen, alle Kalender verbieten und zählen Stunden und Monde nur nach der Blumenuhr, nur nach Blüthe und Frucht . . .

Es sei nur beiläufig daran erinnert, daß der Topos der Zeitzählung durch Kalender und Uhr, überhaupt das Vermessen des menschlichen, des organischen Lebens, spätestens seit der Zeit der Romantik, etwa bei Novalis, in dem Gedicht, das die Zeilen enthält „Wenn nicht mehr Zahlen und Figuren / sind Schlüssel aller Kreaturen . . .", bis in unsere Tage, etwa bei Michael Endes „grauen Herrn" in der Momo-Erzählung, immer wieder dazu dient, eine verhärtete, eine rationalistische, eine auch beckmesserische Lebensauffassung zu bezeichnen und an den Pranger zu stellen.

Michael Ende (1929)*

Büchners Bild vom Zerschlagen der Uhren, ebenso Endes Schilderung der Kälte um die zeitmächtigen Lebensverplaner sind veranlaßt durch eine Protesthaltung gegen eine solche nüchterne, errechenbare Lebensauffassung. Es sind die Jungen, die opponieren. Dieser literarisch manifest gewordene Jugendprotest wäre über viele Epochen abendländischer Geistesgeschichte zu verfolgen. Er hat verschiedene Formen angenommen.

In den Jahrzehnten zwischen 1950 und 1970 hat er aber eine besonders tiefe Kerbe in die Geschichte der Kinder- und Jugendliteratur geschnitten, hat eine Ausprägung ganz besonderer Art erfahren, die durch einen veränderten Jugendbegriff markiert ist, durch eine scharfe Ablehnung des Lebens, wie es in hochindustrieller Umgebung gewöhnlich verläuft, durch die Negation traditioneller männlicher Herrschaftsallüren, auch durch die Entwicklung von Fluchtmotiven und die Erkenntnis von Sprachbarrieren und Ausdrucksbegrenztheit.

Wir müssen diese Form jugendliterarischen Protests so begreifen: In den zwei genannten Jahrzehnten kamen Texte auf, die zunächst nur von der jugendlichen Minderheit goutiert wurden und das Ergebnis einer einmaligen, durch die Konstellation ökonomischer, politischer und gesellschaftlicher Fakten hervorgerufenen Auflehnung waren. In Anlehnung an das Kleidungsstück, das diese Generation vornehmlich trug, ist die damals entstandene Literatur kurz „Jeansliteratur" genannt worden.

Aleksander Flaker, der schon 1975 den Begriff der „Jeans Prosa" prägte, fand Strukturgemeinsamkeiten in der seinerzeit neu erschienenen Kurzprosa heraus und deutete sie als Merkmale „literarischer Opposition bei Plenzdorf im osteuropäischen Romankontext" und auch bei dem amerikanischen Vorbild Jerome Salinger.

Wer in die im folgenden betrachteten Werke hineinschaut, ist auf dem Wege, in die intellektuellen Wohngemeinschaften, in die Problemgehäuse und auf die Empfindungsebene der seinerzeit jungen Generation zu blicken. Er wird Züge einer Gegengesellschaft mit alternativen Lebensformen entdecken.

Die Darstellung des Lebensgefühls, wie es die in deutscher Sprache erschienenen Werke zum Ausdruck bringen — und zwar interessanterweise ohne den damals harten Ost-West-Konflikt erkennen zu lassen, ohne die doch so hohe ideologische und realexistierende Mauer sichtbar zu machen —, ist an keine bestimmte Textsorte gebunden. Sie ist in Liedern und Filmen, in Bühnenstücken und in Musicals zu finden. Eines haben alle Texte gemeinsam: Im Mittelpunkt stehen junge Menschen, die um ihre Selbstfindung ringen.

Eine Generation auf der Suche nach ihrer Identität

In der Leserpsychologie hat lange Zeit als „Jugendalter" die Phase der literarästhetischen Entwicklung der Dreizehn- und Vierzehnjährigen bis Siebzehn- und Achtzehnjährigen gegolten. „Jugend" war die Übergangszeit zwischen Kindheit bis zur Pubertät und Erwachsenenstatus, dem Zeitpunkt voller sozialer Reife, war also auf drei bis vier Jahre des Lebens beschränkt. Zumindest für die Leser der Jeansliteratur ist eine solche Einteilung schlecht aufrechtzuerhalten.

Die Grenzen zwischen jugendlichem und erwachsenem Lesealter liefen beim Aufkommen der Jeansliteratur anders, sie liefen nicht zwischen Jugendlichen von vierzehn bis achtzehn Jahren und den Erwachsenen, sie liefen aber zwischen jungen Leuten, ob sie nun dreizehn-, vierzehn oder dreißig, ja vierzig Jahre alt waren, und denen, die sich älter fühlten. Die Zäsur bestand also zwischen der Gruppe der jungen Leute, die spezielle Radioprogramme hörten (Popshop, Musikläden etc.), die in Massen zu Jazz- und Pop-Musikfestivals hingezogen wurden, die sich von jenen Leuten in ihrer Kleidung abhoben, welche nur mit Krawatte und weißem Hemd, mit Petitcoat und Rock und Bluse glaubten auftreten zu müssen, die sich im Theater Ulrich Plenzdorfs „Neue Leiden des jungen W." angesehen haben, Schallplatten der Protestsänger von Joan Baez bis Udo Lindenberg sammelten und daneben Science Fiction-

Filme mochten und schon als Kinder Comic-Leser waren. Diese jungen Menschen der Woodstock- und Hippie-Generation sind es, von denen hier die Rede ist.

Edgar Wibeau, einem der literarischen „Helden" aus dieser Generation, legte sein Autor Ulrich Plenzdorf 1973 den Satz in den Mund: „Ich meine, Jeans sind eine Einstellung und keine Hose". Wer also diese Kleidung in den späten fünfziger, in den sechziger und frühen siebziger Jahren trug, brachte damit Protest gegen den Lebensstil der Aussteigergeneration nach dem Zweiten Weltkrieg, gegen die leistungswilligen Wirtschaftswunderkinder zum Aus-

Ulrich Plenzdorf (* 1934)

druck, fühlte sich zu all jenen gehörig, die ähnlich dachten, fühlten und handelten, sprachen und die Welt sehen wollten. Was Plenzdorf in dem kurzen Satz zum Ausdruck bringen wollte, war die gemeinsame Empfindungsweise einer gesellschaftlichen Gruppe. Diese aus Protest, aus Spontaneität, aus emotionaler Freiheitssehnsucht, aus Suche nach Gleichgesinnten, aus dem Wunsch nach einem einfachen Leben zusammengehaltene Gruppe — durchaus mit undeutlichen Abgrenzungen nach Alter und ideologischer Einstellung — ist gemeint, wenn hier von Jeansgeneration gesprochen wird. Diese Jugend zwischen vierzehn und vierzig Jahren hat die Unzufriedenheit mit den im ökonomischen Wohlstand sich stetig ausbreitenden entfremdeteren Lebensverhältnissen unserer Konsum- und Leistungsgesellschaft artikuliert, und zwar offensichtlch ohne generelle nationale Grenzen, allenfalls mit nationalen Schattierungen. Die Bücher, an die hier erinnert wird, stammen denn auch von Autoren, die zumeist zwischen 25 und 45 Jahre alt waren, als sie die Texte verfaßten.

Die Vorstellungswelt der Jeansgeneration dürfte in den USA entstanden sein, hat sich aber schnell sowohl in kapitalistischen wie auch in sozialistischen Ländern ausgebreitet, sofern diese eine industrialisierte Wirtschaftsstruktur aufwiesen. Sie ist offensichtlich seit längerem in der Auflösung begriffen, wenn auch noch in den achtziger Jahren Bücher erschienen, die vom Geist jener Zeit zeugen.

Scheiternde Helden

Salingers Schilderung der Krisentage im Leben des jugendlichen Dropouts Holden Caulfield, in denen er aus dem „American way of life" aussteigt, ist das Urmuster dieser literarischen Gattung, ja — um mit der amerikanischen Literaturtheoretikerin Geraldine De Luca zu reden — „. . . one can say, in dubious celebration of Salinger, that ‚The Catcher in the Rye' is the one book that the adolescent novel comes from" (De Luca, S.89). Erzählt werden in diesem Buch die Erlebnisse eines jungen Menschen, jenes Holden Caulfield, der aus der College-Atmosphere davonläuft und in dem Menschenmoloch New York Station nach Station die Unmöglichkeit erfährt, sich selbst zu finden und auch in seiner Familie Halt zu bekommen. Salingers Buch, 1951 zuerst in den USA erschienen, 1954 in der Bundesrepublik Deutschland, aber dann 1965 von Heinrich Böll neu überarbeitet herausgegeben, hat eine ungeheuer weitreichende internationale Wirkung erzielt. So ist es auch kein Zufall, daß zum Beispiel Ulrich Plenzdorf seinen Helden Edgar Wibeau mehr als zwanzig Jahre später, 1973, auf zwei literarische Quellen stoßen läßt, von denen die eine „Werthers Leiden", die andere aber gerade Salingers „Fänger im Roggen" ist. Die Hauptfigur ist kein Held im klassischen Sinn, also einer, der die Welt bewegen will, stark und machtvoll auftritt und glanzvoll siegt oder untergeht. Die Hauptfigur ist vielmehr ein Antiheld, ein Versager, ein Mensch mit großen Schwierigkeiten, also genau das Gegenteil von jenen Superhelden der Abenteuerliteratur im Stil von Karl Mays Romanen, der Kriminalgeschichten und der Comics, in denen Tarzan und Superman übermenschliche Taten vollbringen. Salingers Holden Caulfield endet in einer psychiatrischen Anstalt. „Ich will nur die verrückten Sachen erzählen, die sich letzte Weihnachten abspielten, bevor ich vollkommen zusammenklappte und hierher gebracht wurde, um mich zu erholen", so berichtet der Ich-Erzähler, ehe er die vergeblichen Versuche des Fliehens aus der Konsum- und Industriegesellschaft im einzelnen schildert.

Das Leben von Edgar Wibeau, Ulrich Plenzdorfs moderne Werther-Figur aus „Die neuen Leiden des jungen W.", die der seinerzeit 39jährige Autor in der ehemaligen DDR ausdrücklich als „Gruppenporträt" verstanden wissen wollte, endet durch einen Stromstoß aus einer selbgebastelten Maschine. Die Suche nach sozialer Integration in die von Leistung besessene Gesellschaft war längst gescheitert. David in Barbara Wersbas 1973 mit dem Deutschen Jugendbuchpreis ausgezeichnetes Werk „Ein nützliches Mitglied der Gesellschaft" (1972) – zuerst 1970 unter dem Titel „Run softly, go fast" in den USA erschienen – läuft von zuhause weg, schlägt das Angebot seines Vaters, auf ein teures College zu gehen, in den Wind und zieht es vor, unter Hippies und Ausgeflippten zu leben, bis ihn der Tod seines erfolgreichen, aber angepaßten Vaters zwar nicht bekehrt, aber doch nachdenklich in eine unbestimmte Zukunft blicken läßt.

Die Helden dieser Jeansprosa mußten nicht alle am Ende ihrer literarischen Laufbahn in Anstalten, Gefängnissen oder auf Friedhöfen enden. Aber sie wurden sich doch alle eines Lebens bewußt, ja versuchten es ganz oder zeitweilig zu führen, das von dem in der herrschenden Gesellschaftsordnung üblichen grundverschieden war. Und weil sie zu den Aussteigern, den Nicht-mehr-Mitmachern, den Dropouts, den Unterprivilegierten gehörten, waren sie einsam und vielfach auch ohnmächtig. Die Jeansliteratur zeigte im Grunde das Scheitern ihrer Helden, aber nicht mit der didaktischen Attitüde: Da seht ihr es, wohin man kommt, wenn man die Normen einer wirtschaftlich prosperierenden Gesellschaft mißachtet. Nein, im Gegenteil, die Helden stellten durch ihr Scheitern zugleich auch die Normen, an denen sie scheiterten, infrage.

Was aber machte die Holdens, die Edgars, die Richys, Gitties und so weiter letztlich so einsam? Ihre Position läßt sich nicht nur negativ bestimmen. Fragen wir nämlich nach dem Leben und der Wirklichkeit, die sie suchen, auch nach ihrer Vision vom Glück, dann ist zunächst einmal festzustellen, daß alle diese erdichteten jungen Menschen die Anpassung an die in der etablierten Gesellschaft vorherrschenden Lebensziele wie das Streben nach wohlsituierter Behausung, einer möglichst steilen Berufskarriere und das Besorgtsein um soziale Anerkennung nicht kennen. Die Opposition richtet sich somit gegen die moderne, verwaltete, hochindustrialisierte, auf Leistung, Normierung und Konsum ausgerichtete Welt. Vor ihr laufen die Handlungsträger der Jeansliteratur buchstäblich davon.

So packt in Rolf Schneiders sowohl in der ehemaligen DDR als auch in der damaligen Bundesrepublik edierten Roman „Die Reise nach Jaroslaw" (DDR 1974; BRD 1976) Gittie ihre blaßrosa Levi's-Jeans ein, ihre Clarks und ein zerlesenes Exemplar von Hemingways „Wem die Stunde schlägt". So ausgerüstet verläßt sie, wenn auch nur für eine Läuterungsreise, ihr sozialistisches Aufsteiger-Elternhaus, wo der Vater „irgendwas mit Biologie und Chemie" arbeitet und die Mutter strebsame Ingenieurin ist.

In des Amerikaners John Donovan Erzählung „Die Schutzschicht ist behutsam zu entfernen" (1975), zwei Jahre vorher unter dem Titel „Remove protective coating a little at a time" in den Vereinigten Staaten erschienen, ist das Elternhaus Harrys schon längst zersetzt und halbwegs zerstört durch die wirtschaftlichen Aufstiege und Anstrengungen des Vaters und die Isolierung und psychopathische Rückwendung der Mutter in ihre Vergangenheit. Harry entfernt sich aus diesem hohlen, lieblosen familiären Beisammenwohnen und schließt mit einer alten Stadtstreicherin eine innige Freundschaft, wenn auch auf Abbruch.

In dem ersten Jugendbuch Dagmar Kekules „Ich bin eine Wolke" (1978) ist die Flucht der jungen Menschen in die eigene Wohnung verlegt, die aber umstellt ist von dem Meinen und Urteilen der geordneten und verwalteten Welt der Nachbarn, letztendlich auch der Behörden und der Polizei.

Auch bei Plenzdorf, um noch ein Beispiel für das Fluchtmotiv anzuführen, ist ja Edgar das Opfer des Unverständnisses für Phantasie und Einfallsreichtum bei denen, die die Arbeiten zuteilen und in der Gesellschaft herrschen. Auch er steigt aus und lebt zuletzt allein wie ein Robinson in der Laubenkolonie.

Die Antihelden der Jeansliteratur sind Flüchtlinge. Sie laufen der etablierten Gesellschaft in entwickelten Industriestaaten weg. Sie suchen dabei nach alternativen Lebensweisen, ja sie praktizieren diese. Dort, wo die großen Städte

Jerome Salinger (1919)*

und der Asphalt der Straßen aufhören, wo noch Landschaft sichtbar und noch natürliches Leben möglich ist, dort führen sie ein einfaches, anspruchsloses Dasein. Holden träumt von einer Blockhütte, irgendwo im Westen der USA. Ed ist in der Laube einer Schrebergartenkolonie von Berlin untergetaucht. Gittie haut ab nach Polen, einem noch urwüchsigeren Land als die DDR, in der sie aufgewachsen ist. Sie schwärmt von ihrer „ursprünglichen" Großmutter in Jaroslaw. Richy und Schocker in Leonie Ossowskis „Die große Flatter" (1977) wollen weit weg, mit dem Fernfahrer nach Italien.

Alle diese Gestalten leiden unter der strukturellen Gewalt der institutionalisierten und durchorganisierten Welt, ob sie nun in Form von Schule oder Betrieb, Elternhaus oder dem einer ghettoisierten Siedlung in Erscheinung tritt. Und sie fliehen aus dem sie bedrückenden Milieu ihrer eigenen Herkunft, weil sie in ihm nichts wärmend Menschliches mehr verspüren. Erstaunlich leicht lassen sich diese Gemeinsamkeiten des Eskapismus sowohl in der Ost- wie auch in der West-Jeansliteratur wiederfinden.

Wer weggeht, weiß meistens, wohin er will. Im Rahmen der Jeansliteratur wird es jedoch schwer, die Ziele zu erkennen, ja sie auf einen gemeinsamen Nenner zu bringen. Denn es ist ja gerade das weithin uniforme Leben in der Massengesellschaft, welches die Autorinnen und Autoren und ihre Heldinnen und Helden abschreckt. Sie gehen in unbestimmte Richtung, sie schweifen aus, überlassen sich spontanen Entschlüssen, wollen sich nicht festlegen. Sie möchten in natürliche, noch nicht durch ordnungs- und effizienzsteigernde Maßnahmen verbogene Verhältnisse ausweichen.

Dem Festgelegtsein steht so gerade das Nicht-festgelegtsein, dem Geplanten des Planlose, dem Rationalen das Irrationale, dem angestrengten Leisten das entspannte Leben, dem Kognitiven das Emotionale als Lebensprinzip und Verhaltensschema gegenüber. Sucht man also nach den Visionen des besseren Lebens, wie sie in den Köpfen der Helden in der Jeansliteratur sichtbar werden, dann sind sie schwer in einem anschaulichen Bild auszumalen.

Am anderen Ufer, fernab der modernen Industriegesellschaft mit ihren zwangsweisen Vermarktungen des Menschen, ist ein freies Leben in Idealgemeinschaft möglich. Die Helden verteidigen durch ihr Handeln und Denken das Recht auf Individualität, das Recht auf Spontaneität, das Recht auch auf Emotionalität, das Recht, ganz anders zu sein und das Recht auf ein eigenes, ungezwungenes Leben.

Der Protest gegen die Entfremdung des Menschen hat auch ein Buch wie die „Häutungen" der Schweizerin Verena Stefan (Verlag Frauenoffensive, München) hervorgebracht, in dem tagebuchartig die Befreiung einer jungen Frau von ihren eigenen, jedoch gesellschaftlich geschaffenen Vorurteilen gegenüber ihrem Körper und die Entfaltung von Sensibilität und die unterdrückte Liebe unter Frauen dargestellt wird. In keinem Jugendbuchverlag erschienen, auch nicht in einem der bekannten literarischen Verlage, hat dieser bekenntnishafte Text nach seinem Erscheinen im Jahr 1975 innerhalb kurzer Zeit mehrere Nachauflagen erfahren und wurde von hunderttausenden von jungen Frauen der auslaufenden Jeansgeneration zur Selbstbestätigung und Selbstfindung gelesen. In den „Häutungen" endet die Befreiung der Frau in einer neuen Empfindsamkeit gegenüber dem eigenen Körper. Insofern werden die Probleme der Pressionen durch die gesellschaftliche Umwelt, die in den seither herangezogenen Werken nicht geschlechtsspezifisch begründet waren, nunmehr feministisch focusiert. Damit ergibt sich eine Verschiebung der kritischen Positionen. Nicht mehr die politisch-ökonomischen Bedingungen der heutigen Massengesellschaft sind nunmehr Anlaß des Ausstiegs. Vielmehr die autoritäre Männergesellschaft motiviert feministisches Selbstbewußtsein und die Suche nach dem Eigenen der Frau, nach der Emanzipation durch die Selbstbefreiung des Körpers.

Dieses Buch „Häutungen" zeigt meines Erachtens eine extreme und markante Station des Protestes in der Jeansliteratur. Konkret gesagt: Diese Menschen kleiden sich nun anders. Und das hat viel zu bedeuten. Neuer Realismus bedeutet hier eine Enttabuisierung des Sexus, eine Artikulation der körperlichen Emotion, des Gefühls über den eigenen Körper. „Die ringe der leere um sie herum" sind am Ende der Erzählerin gewachsen. „Häutungen" sei nicht als „erstlingswerk einer literarischen karriere" zu verstehen, meint die Autorin selbst, vielmehr als die ihr in der

Zeit des Schreibens „geeignete form, für die sache der frauen zu handeln". So passen am Ende in diesen Kontext nicht mehr die Jeanshosen. In der Frauenwelt hat ein Symbol ausgedient.

Dieses kleine, außerordentlich aufrichtige und kämpferische Bekenntniswerk ist eine bedeutende Erscheinung. Es ist ein Dokument, in dem ausgesprochen wurde, was bis dahin nicht artikuliert worden war. Der Entschluß des Aussteigens und das Bewußtsein, „ghettobewohnerin" zu sein, sind manifest geworden. Wie Jerome Salinger hatte auch für Verena Stefan die bekenntnishafte Aussage entscheidende Rückwirkungen im privaten Leben. Die Identität von Schreiben und realem Existieren werden handgreiflich. Aussteigen aus der Gesellschaft war auch im persönlichen Leben in beiden Fällen die notwendige Folge.

In Peter Schneiders 1973 erschienenen Erzählung „Lenz" zerbricht der sich nach Italien absetzende junge Mann, der nicht von ungefähr den Namen des Dichters Lenz trägt, dessen zerbrechliche Existenz Georg Büchner zum Vorsatz seiner Erzählung diente, fast an dem perfekten Machwerk des Bewußtseins. Er ist — aus dem Berlin der Tage der Studentenrevolten kommend — auf der Suche nach einem neuen Lebensgefühl. „Einfach aufhören, allein zu sein", will er. Er könne einer „Idee", die er sich gebildet habe, erst folgen, wenn er „ihr durch die Anschauung das Gefühl hinzufüge, das ihr entspricht". Am Ende antwortet Lenz auf die Frage, was er nun nach seiner Rückkehr zu tun gedenke: „Dableiben". Das ist ein Wort voller Inhalt, wenn man es als letztes Wort einer langen Erzählung vorfindet. Es signalisiert den Wunsch nach Gewinnung von Dasein, von Substanz, von Leben.

Die Angst vor der Fremdbestimmung des Menschen nimmt auch in Otto F. Walters Buch „Wie wird Beton zu Gras" (1979) Gestalt an. Die Aktion, mit dem von Brombeerschlingen umrankten Panzer gegen eine Betonwelt anzugehen, ist eine Flucht nach vorn. Sie bedeutet Anrennen gegen die Bastionen der etablierten Gesellschaft. Aber der Text enthält das fast rauschhafte Empfinden von „Esthers Liebe zur Freiheit aller Leute", zugleich die Erfahrung und den Eindruck des Manipuliertwerdens.

Du, wir sind gesteuert. Das denke ich jetzt manchmal. Sogar hier, hier in mir drin hat etwas von mir Besitz ergriffen, etwas Fremdes, das treibt mich an, und ich weiß, das bin gar nicht ich, etwas Fremdes, und — ja, die Angst davor."

Bei aller Unterschiedlichkeit der beiden in der Jeansliteratur geschilderten Welten von Salinger bis Verena Stefan, von Barbara Wersba bis Peter Schneider, von Ulrich Plenzdorf bis Otto F. Walter bleibt als grundlegende Weltansicht die Dichotomie bestehen, nämlich die zwischen der herrschenden Gesellschaft, die überall inhuman, kalt und monokausal funktionierend gezeigt wird, und der anderen, die voll von Freiräumen für Emotionalität, für Sensibilität, für Phantasie, für Selbständigkeit, für direkte Zuneigung, für Selbstverwirklichung und Individualität ist. Die alternative Lebensform ist die gewünschte, die ersehnte, ein Utopia jedoch, dessen Realisierung die Phantasie beflügeln kann.

Dieses zweigeteilte Weltmodell, das in der Jeansliteratur ganz deutlich von allen Autoren parteilich gesehen und im Protest gegen die etablierte Form ausgemalt ist, wird nicht nur in den genannten, ebenso auch in anderen Werken in den verschiedensten Varianten sichtbar. Das dürfte von Charles Bukowskis schon älteren, aber in der Jeansgeneration besonders fasziniert angenommenen Geschichten aus einer gewaltsamen, lieblosen, fremden amerikanischen Gesellschaft — „Fuck Machine" erhielt 1972 eine deutsche Ausgabe — bis etwa zu Hanns-Josef Ortheils 1979 erschienenem Erstlingsroman „Fermer" reichen, in dem der Held die Kaserne verläßt und sich auf die Suche nach einer „poetischen Heimat" macht.

Die Schilderung des Sich-Abwendens von geordnetem bürgerlichen Leben, die Beschreibung des Aufkommens von Groll, Angst, ja Haß auf sie, und die Darstellung der Gegenwelt ist nicht nur eine Frage der Inhalte, der Handlungen und Szenarien, dies alles ist ebenso auch eine Frage der Sprache und des Stils.

Salingers, Bukowskis, Plenzdorfs, Rolf Schneiders, auch Nöstlingers konsequente Nutzung der Sprache des Alltags, die oftmals ungefilterte Verwendung des Straßenvokabulars sind bezeichnend. Ausdrücke wie „verflixt", „verdammt" und „verrückt" häufen sich. Fäkalausdrücke durchsetzen die Reden der Akteure. Wir treffen weniger Schreib- und mehr Sprechstil an. Die schnodderigen Übertreibungen simulieren Alltagswirklichkeit, aber enthüllen dem Leser dennoch den Zustand des „Helden" als Patienten, weil der Gestus des Angebers die tatsächliche Schmächtigkeit des Ichs nur scheinbar verdeckt: „Erstens langweilt mich das alles, und zweitens bekämen meine Eltern pro Nase je zwei Schlaganfälle, wenn ich so persönliche Auskünfte über sie geben würde", so quasselt Holden auf der ersten Seite des Romans vor sich hin. Dann wiederum findet sich coole Monotonie des Erzählens. Alle diese stilistischen Eigenheiten sind in der Jeansliteratur als Formen sprachlicher Opposition gegen die traditionelle Literatursprache zu verstehen. Der Hang zum Übetreiben schnoddriger Rede im Gegensatz zu überhöhter theatralisch-pathetischer Ausdrucksweise, lässig vorgetragenes Alltagsvokabular, Nichtbeachten von traditioneller grammatischer und syntaktischer Form und Norm und Abstand von Geziertheit traten häufig in der Frühzeit der Jeansliteratur, vor allem in den sechziger Jahren, auch noch zu Beginn der siebziger, auf.

In der Spätzeit der Jeansliteratur, das heißt nach 1970, ändert sich das. Bezeichnenderweise beginnen Verana Stefans autobiographische „Häutungen" mit einer Reflexion über Sprache. Die Autorin stellt grundsätzlich infrage, ob das herkömmliche Vokabular überhaupt in der Lage sei, ihr als Ausdrucksmittel zu genügen. Sie erklärt ihr Problem so: „Beim schreiben dieses buches, dessen inhalt hierzulande überfällig ist, bin ich wort um wort und begriff um begriff an der vorhandenen sprache angeeckt". Und weiter heißt es: „Die sprache versagt, sobald ich über neue erfahrungen berichten will". Und ebenso findet sich bei Verena Stefan die Bemerkung: „Beim schreiben bin ich auf die sprache gestoßen. das klingt seltsam, doch es ist erstaunlich, wieviele heute schreiben können, ohne mit der sprache selber in berührung zu kommen". So muß Stefan mühsam ihre Sprache erst finden, um ihre Gedanken und Empfindungen auszudrücken.

So ist von Anfang bis Ende bei den Schriftstellerinnen und Schriftstellern dieser Protestliteratur der Protest auch in der Sprache dingfest zu machen. Wer mit dem Verdikt der Verwahrlosung oder dem Vorwurf der Sprachschludrigkeit, des Niveauverlustes gegenüber dem Standard der Hochsprache kritisch gegen die Jeansliteratur Stellung nimmt, muß sich mit recht sagen lassen, daß seine Kriterien auch seinen Standort enthüllen. Es ist der Standort des konventionellen Geschmacks, gegen den sich die Jeansliteratur-Autoren gerade zur Wehr setzen. Schludrigkeit, Verwahrlosung und Niveauverlust sind Vokabeln und Wertungen der anderen Seite. In Peter Schneiders „Lenz" heißt es einmal, Lenz spüre „schon wieder den Haß auf die fertigen Sätze". Er meint damit, daß das System der Wörter und Sätze, der Begriffe und Gedanken nicht unbedingt die Wirklichkeit erschließt, vielmehr sie auch verstellt. Die schnelle Abstraktion bringt – nicht nur für Peter Schneider – einen Verlust an Hautberührungen mit sich. Sein Lenz will ein neues Leben beginnen. Er flieht aus der Schlagwörter- und Diskussionsküche Berlins nach Italien, um einfach zu leben. „Er lernte wie ein Kind sprechen, durch Nachahmung und Beobachtung", so beschreibt Schneider den sprachlichen Neubeginn der Existenz seines Protagonisten. Dieser will sich nicht mehr der Teilwahrnehmung durch hastige, perfekte, abgehobene Sprache überlassen. Die neue Dimension der Sensibilität drückt sich in dem Bekenntnis aus, das Lenz in den Mund gelegt ist: „Ich kann einer Idee, die ich mir gebildet habe, erst folgen, wenn ich ihr durch die Anschauung das Gefühl hinzufüge, das ihr entspricht."

So liegen die Proteste der Jeansliteratur nicht nur auf der Ebene, auf der Lebensverhältnisse und Sachwerte benannt und verhandelt werden, wo junge Leute eindeutig aus Wohlstand, aus Großstadtkultur und bürgerlicher Existenz, aus Schule und Militärdienst fliehen, sie liegen zum anderen auch auf der der Ideale und Denkformen, wo „die Gesetze des öffentlichen Lebens . . . nicht die Gesetze meiner Existenz" sind, wie Hanns-Josef Ortheil in seinem Roman „Fermer" sagen läßt, und wo es an anderer Stelle heißt: „Wenn einige jetzt früh am Morgen in einem Wagen vorfuhren, mit einer Tasche, die sorgfältig gegen Stöße und Schrammen geschont wurde, den Hof überquerten, so ahnte Fermer schon, daß mit ihnen kein Widerstand zu proben sei, ja daß sie ihren Lebenswillen bereits aufgegeben und ihr Leben mit dem Blick auf Automarken und gut eingerichtete Häuser beschlossen hatten".

Und schließlich artikulierte sich in der frühen Jeansliteratur noch der Protest auf der sprachlichen Ebene, indem deutlich hörbar der Umgangsjargon als Antisprache gegen die Sprache der etablierten Gesellschaft gesetzt wurde. Die späte Jeansprosa ist auf der Suche gewesen, das neue Lebensgefühl auch adäquat in neuen Worten zu beschreiben. Und das brachte oftmals ein tiefes Eintauchen in die Empfindung des Alleinseins, aber auch die der seelischen, wie auch körperlichen Begegnung mit anderen Menschen mit sich. Die sprachlichen Mittel sind dementsprechend auch andere. Es bedarf vieler Worte, um das neue Lebensgefühl zu umschreiben. Ja es wird den Autoren selbst schwierig, Literatur überhaupt noch als adäquate Äußerugsform zu akzeptieren. Nicht von ungefähr sind Verfilmungen häufig, wo Drehbücher nur noch als sprachliche Gerüste fungieren, andere Ausdrucksweisen vor Augen führen können, was sich nicht in Worte fassen läßt. Peter Schneiders „Messer im Kopf", Rainer Werner Faßbinders „Deutschland im Herbst", auch Christine Nöstlingers „Ilse Janda, 14" können als Belege dienen. Die filmischen Mittel können vielleicht „sprachlos" näher an das Gemeinte herankommen, als es der Wald der Wörter vermag. Peter Schneider faßt den Unterschied zwischen existenzieller Äußerung und jenem seinerzeit viel zitierten Papiertigertum in das Gleichnis vom Steinewerfen, eine Veranschaulichung, die durchaus auf die reale Situation der Zeit demonstrierender Studenten anspielt:

> Es ist aber nicht das gleiche, wenn einer, der statt des Kugelschreibers nie einen Stein in die Hand nahm, jetzt das Werfen von Steinen verurteilt mit den gleichen Sätzen, mit denen ein anderer die Erfahrung beschreibt, daß es sinnlos geworden ist, Steine zu werfen. Praktisch werden die gleichen Sätze nicht das gleiche bedeuten, meinen sie nicht?

Viele Sehnsüchte verbergen sich hinter den literarischen Entwürfen der Jeansliteratur. Es war der Aufstand eines Teils der damals jungen Generation gegen Profit- und Ordnungsdenken und die Suche nach anderen Ufern, wo Sensibilität und Freundlichkeit die menschlichen Lebensgemeinschaften ausmachen, wo dies gilt, was Peter Schneider seinen Lenz in Italien aufschreiben läßt: „daß jeder jeden anfaßte, wenn es ihm in den Sinn kam, ohne daß es sich dabei um irgendeine Anspielung gehandelt hätte. Es wurde ihm selbstverständlich, daß man sich für seine Zweifel und Unsicherheiten ebenso interessierte wie für seine Standpunkte".

In den achtziger Jahren versickerte dann der Impetus der literarischen Aussteiger. Die Annäherung politischer und kultureller Standorte in Ost und West vollzog sich zunehmend, der Sog des Westens nahm im Osten zu, und die Anziehungskraft sozialistischer Lebensphilosophie nahm ab. Die Jeanshosen wurden zur Luxuskleidung für jedermann/frau und die vergammelten Landrover der Hippies wurden — blankgeputzt — zum Fahrzeug der Yuppies. Eine neue Leistungsgesellschaft ist zum Tummelplatz für individuelle Freischwimmer geworden. Geld, Karriere, Luxus sind keine negativ besetzten Reizwörter mehr, Haarschnitt und Kleidung änderten sich. So versickerte allmählich auch das Thema der Jeansliteratur. Zurückgeblieben sind ein selbstbewußtes Auftreten der jungen Menschen, wobei der einzelne sich wohl dessen bewußt ist, daß er nur als Einzelkämpfer weiterkommt. Die langatmigen Diskussionen der Achtundsechziger sind längst vorüber, die Flucht in die Weite ist zielgerichtetem Abenteuertourismus gewichen, und die Sehnsucht nach der anderen, der freien, der ungezwungenen Welt ist längst abgelöst durch die Eroberung privater Freiräume.

Die Freiheiten und die Zwänge der jugendlichen Leser

Wenn jedes Jahr Mädchen und Jungen, kaum sechs Jahre alt, in die Schule kommen, dann werden sie gewöhnlich schon vorher in den Familien und im Kindergarten, unter den Freunden und durch die älteren Kinder, auf die großen nun vor ihnen stehenden Ereignisse und zu erfüllenden Leistungen eingestimmt und hingewiesen: Nun lernten sie nicht nur rechnen und schreiben, sondern vor allem lesen. Viele Kinder können sogar schon lesen, ehe sie die Schule betreten.

In der Tat ist Lesen eine der großartigsten, die Geschichte der Menschheit begleitende, ja sie revolutionierende Erfindung. Es ist eine die kulturellen und wissenschaftlichen Entwicklungen seit Jahrtausenden bestimmende Kulturtechnik.

Dabei sollte man sich erinnern, daß der Begriff des Lesens, so wie er den zur Schule gehenden Kindern gegenüber verwandt wird, eine verengte Fassung dessen ist, was man im weiteren Sinn unter Lesen verstehen kann. Denn auch ein Jäger liest, wenn er die Fährte des Wildes verfolgt, die Ährenleserin, wie sie auf alten Bildern verewigt worden ist, liest ebenfalls etwas Sinnvolles vom Boden des Feldes auf, ein Mensch liest im Gesicht seines Gegenüber manches ab, was dieser andere Mensch denkt und fühlt, und der Wetterforscher kann aus den Wolkenbildungen herauslesen, wie es mit dem Regen oder dem Sonnenschein, dem Wind und der Temperatur in naher Zukunft bestellt sein wird. Ja, auch der Besucher einer Oper muß die Töne und Handlungen mit Auge und Ohr lesen wie ebenso der Computerbenutzer die Zeichen auf der Tastatur und dem Bildschirm seines Gerätes lesen können muß, um die richtigen Befehle einzugeben.

Wer an der Welt teilnehmen will, muß demnach lesen können. Das aber bedeutet, nun im engeren Sinn auf die Welt der Literatur bezogen, er muß das aufs Papier gedruckte Wort, das auf der Tonscherbe im alten Rom oder in Ägypten in Stein gehauene Zeichen genau so entziffern können, wie der Jäger die Spurzeichen im Sand, der Sänger die Klangschriften der Töne und der Diskutant den Tonfall und Wortlaut, die Gesten und die Mimik seines Kontrahenten.

Das Schreiben ist sozusagen die Kehrseite des Lesens. Beide Tätigkeiten gehören wie das Einatmen und das Ausatmen zusammen. Codieren und Dekodieren, Chiffrieren und Dechiffrieren sind – wie die Kraft des Festhaltens und die Fähigkeit des Zurückholens – aufeinander angewiesen. Die mühsame Arbeit des Entschlüsselns von Zeichen hört nicht auf, solange die Menschen etwas Aufgezeichnetes, also damit ein „Schriftstück" haben und zur Hand oder vor Augen nehmen, um dort Festgehaltenes zu vergegenwärtigen.

Daß dem einzelnen – ob alt oder jung – beim Lesen Schwierigkeiten auftreten, ist verständlich. Vom Technischen her treten sie dann auf, wenn die benutzte Schrift nicht hinreichend bekannt ist oder wenn die verwendete Schrift nicht ganz ausreicht, um die Klangwelt in vollem Ausmaß einzufangen. Vom Inhaltlichen her treten sie dann auf, wenn die zu vermittelnden Gedanken, Informationen und Empfindungen nicht einleuchtend formuliert, wenn sie schwer verständlich oder auch dem Lesenden wenig einleuchtend erscheinen. Zwischen der Arbeit des Leseanfängers, also eines etwa sechsjährigen Kindes, und dem zum Spezialisten ausgebildeten Philologen als Fachmann für den Umgang mit Texten, sind keine prinzipiellen Unterschiede, vielmehr nur graduelle. Beide beugen sich über die Ensembles der Buchstaben, um das in sie Verklausulierte herauszuholen und zu verstehen.

Man wird sich fragen, was diese Reflexionen mit der Betrachtung literarischer Jugendkultur zu tun haben. Zunächst einmal dies: Vom Prozeß des Lesens her gibt es keine einschneidende Unterscheidung zwischen einem jugendlichen und einem erwachsenen Leser.

Diktiert der Text dem Leser?

Der jugendliche Leser ist bislang noch selten zum Gegenstand genauerer Analysen gemacht worden. Diese Feststellung mag angesichts so vieler Veröffentlichungen über die Lesekultur in unserer Gesellschaft überraschen. Aber die Frage, wie er liest, was in ihm beim allmählichen Verfertigen der Gedanken beim Lesen im einzelnen vor sich geht, was er aus einem Sprachkunstwerk herauszuholen imstande ist, das ist bislang weithin verborgen geblieben. Die Frage, wie das Beziehungsgeflecht zwischen Text und Leser genauer aussieht, ist zwar ein paar Mal im 20. Jahrhundert gestellt, aber doch noch nicht differenzierend genug beantwortet worden. Es kam zwar zum Vorschlag, die gesamte Leserschaft in einzelne Typen einzuteilen. So hat Hans E. Giehrl in seiner Schrift „Der junge Leser" von insgesamt vier deutlich verschiedenen Typen gesprochen, nämlich vom „funktional-pragmatischen Leser", auch Zweckleser genannt, dann vom „emotional-phantastischen Leser", der vor allem zur Unterhaltungs- und Trivialliteratur griffe, vom „rational-intellektuellen Leser", der zur Lektüre von wissenschaftlichen und philosophischen Werken neige, und von dem „literarischen Leser", der sich zu wertvollen Werken — was immer dies auch heißen mag — Zugang verschaffte. Letzterem gesteht Giehrl sozusagen eine Hochstufe des Lesens zu, er sei der literarische Ästhet, der Sprache als Kunst erlebe, der eine Anzahl von großen Werken der Dichtung „als treuer Begleiter ins Herz schließen und immer wieder zu ihnen kommen" werde.

Eine Typenlehre also ist vorhanden, die aber der Gefahr unterlegen ist, die lesenden Menschen in Gruppen einzuteilen, statt sich zu fragen, ob diese vier genannten Haltungen zur „Bibliothek" nicht in jedem von uns vorhanden sind. Sind es nicht bestimmte Determinanten, die die Art des Lesens und die jeweilige Lesemotivation einzelner Menschen momentan und wechselnd verursacht haben und immer wieder neu verursachen? Ist es nicht die Form des Angebots im privaten Raum und im kulturellen Öffentlichkeitsbereich? Ist es nicht die Einlagerung des Lesers in seine soziale Umwelt, auch in die Zeitverhältnisse und die

Epoche, auch seine Zugehörigkeit zu einer bestimmten Lebensphase, sind es nicht solche verschiedenartigen Bedingungen, die uns einmal als Zweckleser, dann wieder als gefühlvollen Schmökerer, ein andermal als nachdenklichen Wissensdurstigen und ebenso auch einmal als ambitionierten Literaturästheten erscheinen lassen? Zugestanden möge sein, daß manche Menschen wohl mehr zum sachbezogenen Orientieren, andere mehr zum künstlerischen und intellektuellen Genießen und Begreifen neigen. Die Leserschaft läßt sich nicht allein aus sich selbst heraus und ganz isoliert betrachten und einteilen. Wenn dem so wäre, dann wäre auch eine Zuteilung von Literatur und eine Befriedigung von Interessen nach Typenlage schon in der Schule arrangierbar. Die geistige Welt ist jedoch unübersichtlicher als es die Systematisierungswünsche mancher Wissenschaftler wahrhaben wollen. Und dies festzustellen heißt, argumentativen Widerstand gegen alle Versuche zu leisten, die Leserforschung allzu unkompliziert auf typologisch-entwicklungspsychologische Grundlagen zu stellen.

Ebenso gilt dies gegenüber denen, welche die Leserforschung als Teil pragmatischer Sozialforschung in den Griff bekommen möchten und mit quantitativen Erhebungen über Leseinteressen, Lesegewohnheiten, Bücherwünsche, Ausleihziffern in Bibliotheken aufwarten und die prozentualen Ergebnisse in Tabellen und Schichtenmodellen, Verlaufskurven und Diagrammen vorweisen. Was uns seit vielen Jahren aufgrund der Fortentwicklung von Demoskopie immer wieder als wissenschaftliche Ergebnisse über den jugendlichen Leser angeboten wurde und wird, ist auf einer Versuchsanordnung aufgebaut, die nur zu vordergründigen Einblicken in die Welt des Lesers führt, ja auch zu falschen Schlüssen Anlaß geben kann. Eine ausgewählte, den jugendlichen Durchschnittsleser herstellende Personengruppe wird über die Lektüre befragt. Das Gedächtnis der Jungen und Mädchen, der sogenannten Testpersonen, soll Auskunft erteilen. Ausgefüllte Fragebogen werden ausgewertet und bringen zutage, daß etwa diejenigen jungen Menschen, die im Elternhaus eine intensive Leseförderung erfahren haben, bereits im Alter von 8, 9 Jahren zu 67 Prozent intensive Leser geworden sind, im

Alter von 11, 12 Jahren sogar zu 81 Prozent, während von denjenigen, deren Lesefreude im Elternhaus nicht nennenswert gefördert wurde, mit 8, 9 Jahren nur 13 Prozent , mit 11, 12 Jahren nur 24 Prozent intensive Leser waren (Köcher 1991, S.111-112). Man kann herausbekommen, welcher Zusammenhang zwischen Schulbildung und Lesen besteht, hat dies oft getan. Je höher die Bildungsstufe, desto größer das Interesse am Lesen. Die Zahl der Minuten, die Kinder vor dem Fernsehapparat sitzen, werden in Vergleich gesetzt zu der Zahl der Minuten, die sie in ein Buch blicken. Die Verhaltensweisen der Durchschnittskinder werden vermessen. Die Ergebnisse mögen für die Agenturen der privaten oder der staatlichen Bewußtseinsindustrie von Interesse sein, aber sie geben wenig her für denjenigen, der nach der Zweiten Realität unseres menschlichen Lebens fragt und wissen will, welche Auswirkungen Leseerlebnisse haben, nicht nur auf den einzelnen Leser, auch auf Gruppen, Schichten und Sprachgesellschaften.

Die mit Hilfe sogenannter quantitativer Erhebungen erzielten Ergebnisse, auch wenn die Methoden zu ihrer Erlangung, die der Auszählung und des Befragens, immer differenzierter geworden sind, sind letztlich für den kritischen Wissenschaftler bei der Suche nach den Ursachen sozialer Veränderungen und gesellschaftlicher Zustände wenig aussagekräftig. Solche Art Kunstsoziologie sei „eine bloße Technik zugunsten der Agenturen, die berechnen wollen, womit sie eine Chance haben, Kunden zu werben, und womit nicht." Solche Kritik Theodor W. Adornos in den „Thesen zur Kunstsoziologie" (Ohne Leitbild, S.97) an der quantitativen Sozialforschung meldet grundsätzlich Zweifel an im Hinblick auf die Einschätzung, ja den wissenschaftlichen Wert von Erhebungen sowohl der freien Marktwirtschaft wie auch all der Agenturen, die im Sinne irgend einer politischen, religiösen oder staatlichen Beeinflussungsinstanz arbeiten. Die Lese(r)forschung in der ehemaligen DDR war weitgehend auf der Basis ideologisch-politischer Intentionen aufgebaut und diente als Test, wie weit die sozialistische staatsbürgerliche Erziehung verwirklicht worden ist oder fehlerhaft war. Die westliche Leserforschung dagegen wollte und will immer erneut feststellen, auf welche Themen und Motive Leser besonders ansprechen, um aufgrund der gewonnenen Daten eine effektivere Versorgung des Marktes mit passendem Lesefutter zu erreichen.

In Vergessenheit geraten darf bei diesen lesersoziologischen Ansätzen nicht, daß es zwei entscheidende Gesichtspunkte gibt, die Lesen konstituieren. Einmal ist dies der historische Zeitpunkt, zu dem jemand liest, und zum andern der je individuelle Ort, der Anlaß zur Lektüre gewesen ist. Demzufolge ist auch mit einem jeweils besonderen Ertrag der Konfrontation des Lesers mit der im Text verschlüsselten Botschaft zu rechnen.

Ehe wir uns mit diesen beiden Phänomenen — dem Zeitpunkt und dem Ort der Lektüre — etwas näher einlassen und damit im Gebiet der historischen Leser- und Leseforschung mit sozial- und geistesgeschichtlichen Perspektiven angekommen sind, muß jedoch auf folgende, die tatsächlichen Fakten seit eh und je schnell verstellende Behauptung hingewiesen werden. Sie wird zwar kaum je von den nachdenklichen Köpfen geteilt, ist jedoch bei vielen gutmeinenden literarischen Erziehern und in den Kinder- und Erwachsenenbildungsstätten als Basis von Leseförderung und Leseerziehung weitverbreitete Ansicht: Lesen sei zwar eine Beteiligung am Leben, aber aus zweiter Hand. „Das Lektüreerlebnis kennt kein echtes Miterleben, sondern immer nur ein Nacherleben", so schreibt der vorhin schon erwähnte Hans E. Giehrl in seinem mehrfach aufgelegten Buch „Der junge Leser" (S.23). In einem anderen literaturdidaktischen Werk ist der Satz zu finden: „Die Welt, die sich beim Lesen vor dem Menschen auftut, ist nicht Wirklichkeit sondern Schein, einerlei ob wir der Dichtung, dem Schrifttum des Gedankens, dem Sachbuch oder dem Unterhaltungsbuch begegnen . . ." (Peters, S.32). Diese Positionsbeschreibung vertritt Josef Peters in dem Buch „Das Erlebnis des Lesens und die Begegnung mit dem Buch". Mag diese Äußerung auch schon vor mehr als vierzig Jahren (1950) formuliert worden sein, sie kennzeichnet eine letztlich Jahrhunderte alte Auffassung. Ob man an die deutlich die papierene gegen die praktische Lebensweise setzende Charakterisierung Wolfram von Eschenbachs, er sei der Ritter, der in den buochen laz, denkt, ob man sich an

Cervantes' Don Quichote-Roman erinnert, in dem die Buchgelehrsamkeit als Grund für lebensuntüchtiges Verhalten und als Auslöser komischer Szenen dient, an Grimmelshausens Gestalt des Simplicius Simplicissimus, dessen Buchstabengläubigkeit erst überwunden werden mußte, um zum Mann heranzureifen, auch an die blasse Gestalt des Wörtlichnehmers Wagner in Goethes Faust oder gar an das die Diskrepanz zwischen papierener Theorie und wirklichem Leben markierendem Wort vom „Papiertiger" der Achtundsechziger, die es aus der chinesischen Kulturrevolution übernommen hatten, in allen Fällen geht es mutatis mutandis um das Deutlichmachen des Unterschiedes zwischen Schein und Sein, zwischen Theorie und Praxis auch, ja zwischen Lebenswirklichkeit und Lebensillusion.

Aber diese Unterscheidung ist, allgemein gesehen, gefährlich. Sie negiert die natürliche Dialektik, sie stellt das wechselseitige Bezogensein von erster und zweiter Realität infrage und läßt dadurch leicht Theorie blaß und Praxis lebendig erscheinen. Sie ist im Hinblick auf die Theorie des Lesens auch insofern gefährlich, als sie dazu führt, schon im Ansatz den Lesestoff als abstrakt-intellektuelles Material vom Leser als davon abhängigen Konsumenten deutlich zu trennen. Letztlich entsteht somit die Vorstellung, auf der einen Seite befände sich eine Enzyklopädie der geistigen Welt, abrufbar und einsetzbar, also ein System von schriftlich fixierten Texten, die Werte in sich eingeschlossen haben und diese auch auf Abruf abgeben können, auf der anderen Seite eine Personengruppe, nämlich die Leser, die man typologisch, entwicklungspsychologisch und sozialwissenschaftlich ausdifferenzieren könne und anleiten müsse, sich des Lesestoffs als „Datenbank" zu bedienen.

Was in der Bibliothek stehe, sei zwar Schein, aber könne im Leben als Leitbild fungieren und somit nutzbringend angewandt werden. Die Texte enthielten nichts Wirkliches, böten nur Nacherlebtes, seien fern aller aktiven Beteiligungsmöglichkeit, seien zwar für den Gebildeten und Kulturmenschen von Interesse, aber letztlich doch nur Ware für den Fenstergucker ins Leben, ausgedacht und in Sprache gebracht für einen „persönlich aber nicht betroffenen Zuschauer".

Solche Gedankengänge führen in die Irre. Hier wird eine existierende Wirklichkeit, nur weil sie nicht aus Lehm, Stein, Fleisch und Blut, nicht aus Erde, Wasser, Licht und Luft ist, in das Abseits des nur scheinbaren Existierens verwiesen. Was eine solche angeblich „spezifische Irrealität des Lektüreerlebnisses" zur Folge hat, muß doch dies sein: Letztlich seien die papierenen Wahrheiten nicht ernst zu nehmen. Sie werden ins Reich der Phantastereien verlegt und als Illusionen nicht ernst genommen. Sie können deshalb auch das eigentliche Leben nicht bereichern oder bestimmen.

Diese Auffassung, die von der strikten Trennung des Lesers von seiner Lektüre, zeigt im Feld der Berührungsebenen zwischen Text und Leser, von Bibliothek und Rezipient, von Schriftstück und seinem Entzifferer wenig Sensibilität, führt dazu, daß ein höchst spannungsreiches Hin und Her und Aufeinanderangewiesensein von Text und Leser bis vor einigen Jahren wissenschaftlich fast unbeachtet geblieben ist.

Die Vorstellung, daß der Leser, genauso übrigens auch der Hörer und der Zuschauer, gleichsam an der ihm angebotenen Kunstproduktion nur passiv empfangend teilnimmt, dürfte spätestens in den Untersuchungen von Wolfgang Iser und Hans Robert Jauß — wobei beide durch Hans-Georg Gadamers Hermeneutik gestützt sind — revidiert worden sein. Nunmehr hat sich mehr und mehr die Erkenntnis durchgesetzt, daß der Rezipient eben nicht „fern aller aktiver Beteiligung" steht, vielmehr äußerst aktiv ist. Er kann nicht als Wesen betrachtet werden, das dem Text gar nichts Eigenes entgegenbringt, sondern er muß als Handelnder verstanden werden, der sich die Aussagen der Sprache selbständig im eigenen Kopf inszeniert, der „Leerstellen" zu füllen hat, Eigeninterpretationen leistet, sich von einer geschilderten Handlung, einer Person oder einer Szenerie seine je eigene Vorstellung macht, die sich durchaus von der anderer Leser, die dieselbe Quelle wortwörtlich vor Augen haben, unterscheidet. Das Begreifen von Kunstprodukten ist als eine Wechselbeziehung zwischen Werk und Rezipient zu verstehen, und zwar eine solche, die dem Werk erst Leben einhaucht und die zugleich dem Rezipienten zur Gestaltung seiner selbst verhilft.

Die Rationalisten und Philanthropen des ausgehenden 18. Jahrhunderts hatten eine Vorstellung vom Menschen, die in letzter Konsequenz noch bis heute Rückwirkungen auf die Lesepraxis, ja vor allem die Leselernverfahren und die Zielsetzungen jeglichen Umgangs mit Literatur hat. Die einfache Formel lautete: Der junge, noch nicht hinreichend aufgeklärte Mensch hat Verstandeskräfte, aber kein ausreichendes Wissen. Indem wir lesen und verstehen, schreiben wir auf die leere Tafel in unserem Kopf, auf die berühmte tabula rasa. Je mehr Wissen und Erkenntnisse in die Tafel eingraviert sind, desto mehr von ihnen können auch abgerufen und letztlich dann angewandt werden.

In einem solchen Modell des Transfers von Wissen und Kulturgütern auf den einzelnen Menschen — als ob wir alle Personal Computer wären und nur genügend Daten per Diskette in unsern Kopf schieben sollten — haben wir eine ganz klare Scheidung zwischen dem Objekt und dem Subjekt, zwischen — um auf das Lesen zu kommen — dem Text als Objekt und dem Leser als Subjekt. Der Leser nimmt sich das Buch und drückt dessen Gehalt in seinen Kopf. Wenn der Gehalt im Kopf ist, dann hat der Leser einen Zugewinn an Wissen und Erkenntnis. Er braucht nur noch abzurufen. Aber so ist es doch nicht!

Der Leser ist es, der den Text zum Leben erweckt

Ein Blick auf das, was sich tatsächlich im Prozeß des Lesens vollzieht, bringt allerdings die Theorie von der statischen Objektwelt Literatur auf der einen Seite und der mechanistisch funktionierenden Welt lesender Subjekte, der Rezipienten, auf der andern Seite ins Wanken. Die positivistischen Aufklärer des 18. Jahrhunderts und die auf effektiven Bildungs- ud Wertegewinn ausgerichteten Literaturdidaktiker des 19. und 20. Jahrhunderts haben offensichtlich übersehen, daß sich zwischen Leser und seiner Lektüre mehr abspielt als einfaches Übernehmen. Denn fragt man sich einmal, wie sich Text und Leser zueinander verhalten, dann geben die strukturalistischen Forschungen

Wolfgang Isers ganz klare und einleuchtende Antworten, die weitreichende Konsequenzen für die Ansichten vom Wert der Literatur, von der geistigen Leistung des Lesers und vom Lehren, mit Texten umzugehen, haben.

Ein entscheidender Satz Isers lautet: „Das Werk ist das Konstituiertsein des Textes im Bewußtsein des Lesers" (S.253). Gemeint ist, daß Lesen ein Gemeinschaftswerk ist, an dem vor allem zwei Kräfte beteiligt sind. Nämlich einerseits der Autor, der seine Idee und seine Vorstellungen dem Text anvertraut, wobei zwischen den Zeilen viel zu stehen kommt, was nicht in Buchstaben verschlüsselt werden konnte. Zum andern der Leser, der eben — und hier wird der Gegensatz zur herkömmlichen Auffassung besonders augenfällig — nicht rezeptiv sei, nur Vorgeformtes aufnähme, nur reproduziere. Nein, letzterer muß sich die ihm vor Augen befindliche Textur selbständig und aktiv inszenieren. „Autor und Leser also teilen sich in das Spiel der Phantasie, das überhaupt nicht in Gang käme, beanspruchte der Text, mehr als nur Spielregel zu sein" (Iser, S. 254). Der Leser im Verein mit dem Autor, beide gemeinsam sind die Werkschaffenden der Literatur.

Dieser Satz, der eine fast kopernikanische Wende im Bewußtsein von Literatur und Gesellschaft bezeichnet, erlaubt, den Leser aus der Machtsphäre vorformulierter literarischer Urteile zu befreien. Jeder Mensch wird, indem er sich lesend in die Welt der Texte begibt, zugleich zum Teilhaber und Mitgestalter.

Im Klartext heißt das nun, daß ein Text erst durch den Leser lebt. Daß er nicht etwa ein Fertigprodukt ist, das so, wie es auf uns kommt, richtig und stimmig und nur einmalig interpretierbar ist, vielmehr eine Art Anleitung zum Aus- und Weiterdenken, zum Ausmalen und Sich-vorstellen.

Im Klartext heißt das weiterhin auch, daß es nicht nur die eine, sozusagen die autorisierte Auslegung des Gedichts oder Romans, des Dramas oder der Erzählung gibt, sondern daß jeder im Rahmen der Vorgaben im Text und ebenso im Leser selbst „sein Werk" herstellt, das heißt, seine Texterfahrung macht. Jede Lektüre wird daher zu einer individuellen Aktualisierung des Textes. Manès Sperber gibt diese Erfahrung der Individuation von Beteiligung an der menschlichen Bibliothek so wieder: „Das Buch wird erst lebendig, wenn der Leser ihm die eigene Stimme leiht … Der tote Buchstabe gewinnt im Zwiegespräch von Buch und Leser immer wieder seine wahre Bedeutung; die Stimmen des Schweigens werden hörbar, als ob ihr eigener Widerhall sie riefe. In der Intimität, die zwischen dem Leser und seinem Buch entsteht, begegnen − mitten in einer aggressiv lärmenden Welt − zwei Einsamkeiten einander" (S. 7). Das Buch Manès Sperbers trägt denn auch den bezeichnenden Titel „Geteilte Einsamkeit − Der Autor und sein Leser". So einsam sah Goethe diese Zwiesprache zwar nicht, aber auch er legt den Finger auf die selbständige Leistung des Lesers dem geschriebenen Wort gegenüber, wenn er sagt: „Liest doch nur jeder / Aus dem Buch sich heraus. Und ist er gewaltig, so liest er / In das Buch sich hinein, amalgamiert sich das Fremde."

Die Feststellung vom Zusammentreffen zweier Größen bei der Wahrnehmung von Texten, die gemeinsam das literarische Werk erstellen, bedeutet, daß wir damit rechnen müssen, jeweils mehrere Zugängen und Interpretationen zu begegnen. Keiner davon darf den Anspruch des allein gültigen erheben. Die Scheidung in rechtgläubige und häretische Interpretationen und Interpreten muß deshalb aufgegeben werden. Man denke, wie eng oft in den Schulen und Hochschulen an der richtigen, der in Merksätzen oder Nachbereitungen schriftlich festgehaltenen „Bewältigung" des Textes gearbeitet wird und wie unendlich weiträumig die Partizipation des Lesers am Text tatsächlich sein kann.

Diese Feststellung heißt auch, daß die These von den Lesealtern schwer aufrechtzuerhalten ist. Der kleine wie der große Mensch, der jüngere wie der ältere, der Wenigleser wie der Vielleser, der ausgesprochene Ästhet wie der bescheidene Konsument von Fiktionen, sie alle unterliegen dem Gesetz des aktiven Begegnens von Leser und Text, sie alle müssen ihre Inszenierungen des erdichteten Raumes, der erdichteten Figuren und des erdichteten Geschehens selbständig zuwege bringen.

Die Leserforschung ist eine junge Wissenschaft. Sie hat sich erst im Laufe des 20. Jahrhunderts entwickelt. Sie begann im Bereich der Entwicklungspsychologie mit Fragen nach den Sonderheiten bestimmter Lektüre, zum Beispiel der Märchen oder der Mädchenbücher, und ihre Wirkung auf bestimmte Menchengruppen in bestimmten Lebensaltern. Charlotte Bühlers „Märchenalter"-Theorie ist vielleicht das älteste und bekannteste Beispiel. Die Wiener Psychologin wollte aus der Lektüre mehr über die Struktur des Phantasiehaushalts bei Kindern erfahren. Nach dem zu leistenden „Werk" im Sinne Isers haben Charlotte Bühler, später Elisabeth Schliebe-Lippert und Hans E. Giehrl, ja auch später Bruno Bettelheim weniger gefragt. Für sie sind die Texte zugleich die Werke, die Werte enthalten und die Maßstäbe für geistigen Fortschritt setzen. Sie sind auch so etwas wie Medikamente für Lebenskonflikte psychischer Art.

Die Leserforschung ist längst soziologischen Fragen geneigter geworden. Der Mensch ist nicht begabt, er wird begabt, so lautete eine die Umwelteinflüsse betonende Formel der Erziehungswissenschaft in den sechziger Jahren. Der Leser hat nicht sui generis diese oder jene Leseinteressen und Lesemotivationen, er wird vielmehr weithin durch alle möglichen Faktoren wie Zeitgeist, soziale Umwelt, kulturelle Tradition in Familie oder regionalem Standort, durch die Gesetze der Ökonomie des Marktes und viele andere außerästhetische Gegebenheiten in seiner Lektüre gelenkt und eingeschränkt. Der Freiheitsraum individueller Entscheidung ist dementsprechend gering. So dürfte eine der zentralsten Erkenntnisse der Lesersoziologie lauten.

Daß durch die genauere Analyse des Lesevorgangs ein erneuter Wechsel des Blickwinkels innerhalb der Leserforschung stattgefunden hat, ist insofern ein Zugewinn an Erkenntnis, als nunmehr bisher bestehende Vorurteile dem Leser gegenüber abgebaut, beziehungsweise dessen Positionen differenzierter betrachtet werden können, indem ein unvoreingenommenes Fragen nach den Lesemotivationen und deren Verursachern ermöglicht ist. Übrigens läßt sich der Standort der Literaturwissenschaft als maßgebliche, kompetente Interpretationsinstanz so auch nicht weiter halten.

Literaturgeschichte ist, so verstanden, Teil der Leser-
geschichte, im weitesten Sinn damit als Teil der Sozialgeschichte zu begreifen. Und daß Jugendliteraturgeschichte
wiederum keine separierbare Erkenntniseinheit darstellt,
sollen einige Beispiele aus der historischen Leserforschung
zeigen. Dabei möchte ich einmal die Wichtigkeit der Fall-
studien unterstreichen und zum anderen die vielschichtige
Verschränkung des Lesens, ja des Lesers und seiner Lektüre, in gesellschaftliche Zusammenhänge deutlich machen.
Nur so können die bisher die Betrachtung von Literatur,
besonders von Kinder- und Jugendliteratur vereinfachende
Vorurteile beseitigt werden.

Über den langen Weg des Lesers
bis zur freien Wahl der Lektüre

Im Bewußtsein der im heutigen Europa herrschenden
Buch- und Schriftkultur vergessen wir schnell, wie lang der
Weg von der Erfindung des griechischen Alphabets bis zur
Präsenz des gedruckten Wortes in jedem Haus, auf den
Straßen und Plätzen, in den Buchhandlungen und Biblio-
theken gewesen ist. Wenn wir von den Kulturtechniken
des Lesens und Schreibens sprechen, dann gehen wir in
Mitteleuropa davon aus, daß sie jedem normalen Bürger
zur Verfügung stehen und dem sechs- bis siebenjährigen
Menschen als erstes nach Eintritt in die Schule vermittelt
werden. Wenn sich auch durch jüngste Untersuchungen
ergeben hat, daß der Anteil an Analphabeten in unserer
Gesellschaft größer ist, als dies bisher angenommen wurde,
so muß jedoch daran erinnert werden, daß durch die mehr als
hundertjährige allgemeine Schulpflicht, durch die Pressionen zur Verschriftlichung in der Öffentlichkeit — den Aus-
rufer gibt es nur noch in Versammlungen und auf Jahr-
märkten, ihn haben das Schwarze Brett, die Zeitung und
der Bildschirm längst ersetzt — die Lese- und Schreibkultur
einen maßgeblichen Anteil an unserem öffentlichen, besonders dem kulturellen Leben gewonnen hat. Die jüngeren audiovisuellen Massenmedien wie der Hörfunk, die
Tonträger Schallplatte und Kassette, der Film, das Fernse-

hen und die Videokassetten haben die Schrift als kultur-schaffendes Grundelement nicht verdrängt, aber ergänzt.

Das geschriebene Wort, so wie es seit dem Einbruch des Alphabets in die griechische Gesellschaft im Abendland genutzt wird, brauchte lange, bis es breiteren Schichten der Bevölkerung und dann auch der Jugend als Werkzeug, um am geistigen Leben teilnehmen zu können, zur Hand gegeben worden ist. Ja, wir säßen einer Selbsttäuschung auf, meinten wir, das Lesenkönnen und damit die Beteiligung an der Literatur habe in der Form, wie sie heute vorhanden ist, schon vor Jahrhunderten oder gar Jahrtausenden bestanden. Schrift entziffern zu können, ebenso auch schreiben zu können, war eine Fähigkeit weniger Menschen bis ins 18. Jahrhundert hinein. Homer konnte nicht schreiben, ebenso wenig Sokrates. Cäsar hat sein Buch über den „Bellum Gallicum" diktiert. Schriftlich Gedanken niederzulegen war im Altertum die Aufgabe von Sklaven. Diese gebildeten und teilweise hochangesehenen Menschen waren keineswegs nur Schreiber im Sinne des mechanischen Vervielfältigens. Sie waren vielmehr die Ästheten und Literaten. Der berühmte Fabelautor Phädrus, ein Makedonier, kam zum Beispiel in jungen Jahren als Sklave nach Rom. Erst später wurde er dort unter Kaiser Augustus freigelassen. Er war ein anerkannter Dichter, der die Äsopischen Fabeln in lateinische Verse umsetzte. Er hatte seine eigene Ästhetik und seine eigene Weltanschauung.

Man stelle sich vor, wie hoch die Auflage seiner Dichtungen bei den damaligen Reproduktionsverhältnissen gewesen sein kann. Nur einige Exemplare kamen handgeschrieben in Umlauf. Im Mittelalter übernahmen die Mönche die Schriftkultur der antiken Schreibschulen. Auch hier gab es besondere Plätze mit eigener Orthographie, das heißt auch mit individueller Kalligraphie der in den Klöstern wirkenden Schriftkünstler, die an einer Hand-schrift und der kostbaren Buchmalerei oftmals jahrelang saßen. Da lebten zum Beispiel in St. Gallen, in Hirsau oder Fulda ein paar Mönche, die des Schreibens und Lesens mächtig waren und die dafür sorgten, daß die bis zu ihren Lebzeiten vorhandene und dem Klerus gemäße Bibliothek des weltlichen und christlich-religiösen Wissens zu bewahren und zu kommentieren hatten. Die sakralen Schriften, voran die biblischen Texte, die Katechismen, die Werke der Kirchenväter, Spruchsammlungen in lateinischer Sprache, gelegentlich auch — ohne deutlich normierte Orthographie — in mittel- und später in frühneuhochdeutscher Übersetzung, füllten die Klosterbibliotheken. Dazu kamen die nicht indizierten weltlichen Schriften aus der griechischen und römischen heidnischen Antike, die Werke des Aristoteles oder des Plotin. Auch die Äsopischen Fabeln in irgendeiner lateinischen Version zählten dazu.

Das Verhältnis zum Kreis der Laien ist dabei von Interesse. Sowohl die Bauern als auch die Adligen waren im Mittelalter in der Regel Analphabeten. Es gab eine höfische Kultur, aber in ihr waren Buch- beziehungsweise Schriftwesen von untergeordneter Bedeutung.

Man muß sich den Gebrauch der Texte sehr verschieden von dem vorstellen, was heute mit ihnen geschieht. Im kirchlichen Raum waren die Schriften, ganz zentral die Heilige Schrift, von der Aura des Sakrosankten umgeben. Auf dem Altar lag die Bibel, im geweihten Bezirk, gelesen und verstanden von gelehrten Priestern und Mönchen. Die Beteiligung des Laien — ob jung oder alt, weiblich oder männlich, sozial niedrig oder hochstehend — an der Schriftkultur war die eines indirekten Nutzers, an den das Wort über die Lesung durch den Priester drang und dementsprechend fremd und geheimnisvoll blieb. Insofern ist die Laiengesellschaft bis in die Zeit des Buchdrucks — also nach Gutenbergs Mainzer Erfindung von 1458 — in einer oralen Weise an der Literaturwelt beteiligt.

Letzteres Phänomen dürfte auch für die weltliche Dichtung des Mittelalters, für Minnesang, Heldenlieder und Romanliteratur gegolten haben. Denn die Troubadoure, die fahrenden Sänger, brachten zwar ihren Text mit, sie gebrauchten ihn jedoch als Partitur, um vorzutragen und also zu Gehör zu bringen.

Mit dem Gewinnen der Kunst des Druckens änderte sich vieles. Das Buch verliert von da ab viel von der Aura des letztlich gottgewollten und geweihten Vermittlers. Indem es zugänglich gemacht wird, wird es auch säkularisiert, sein Inhalt wird realistischer verstanden und sogar als unterschiedlich auslegbar erfahren. Indem die Chance des Mitlesens gegeben wird, entsteht auch der Wunsch, lesen und schreiben zu lernen. Die bürgerliche Kultur kommt in ihre Frühphase und richtet in den Städten Schulen ein. Wissensdurst läßt sich durch Lektüre stillen. Dazu bedarf es der Bücher und Texte in der Sprache und der Schrift, die das Volk verstehen kann. An Luther ist zu erinnern, aber nicht nur wegen seiner Übersetzung der Bibel, nicht nur wegen seines Versuchs, dem Volk aufs Maul zu schauen, um eine Schriftkultur in der ihm gemäßen Sprache zu gebrauchen. Nein, Luther hat mit seinem Wort von den „zwei Tabernakeln" auf seine Weise die Säulen der Schriftenwelt, aber auch deren besonderen Charakter, umschreiben wollen. Er legt gewissermaßen wichtige Bücher in einen geweihten Raum, also in einen Tabernakel. Die beiden Werke, die einen solchen Wert für ihn besitzen, sind einerseits die Bibel als das Buch der Gottesweisheit und andererseits der „Esop" als Buch der weltlichen Weisheit. Wenn Luther in seinem Leben nicht mehr dazu kam, nach der Bibel auch die äsopischen Fabeln vollständig ins Deutsche

Schulstube als Schreib- und Bücherstube im 18. Jahrhundert. Ein Lehrer examiniert einen Schüler, der das Buch nach unten hält, während er memoriert.

zu übersetzen und sie dabei, wie er sich ausdrückte, zu „fegen", so weist die Formulierung „Tabernakel" doch darauf hin, wie stark für ihn Werke der säkularen Literatur von auratischem Geist umgeben waren.

Die jungen Menschen, unter ihnen vor allem die Söhne der Besitzbürger, werden ab dem Zeitalter der Renaissance und der Reformation schrift- und lesekundig. Aber es dauert noch Jahrhunderte, die Gegenreformation trug zur Verzögerung bei, bis sich die Schicht der Leser in der Bevölkerung verbreiterte, bis allmählich auch, dies geschah vor allem gegen Ende des 18. Jahrhunderts, Bürgertöchter Leserinnen wurden und bis die Aufklärer und Philanthropen die Vermittlung von Wissen über den Weg des Lesens aufwerteten.

Bis vor etwa zweihundert Jahren waren Kinder und junge Menschen ungeschieden von den Erwachsenen, wenn es um die Teilhabe an der Schriftkultur ging. Sie gehörten dann zu der kleinen kulturtragenden Bürgerschicht oder auch der des Adels. Sie partizipierten direkt oder indirekt an der selben Bibliothek. Eine spezifische Kinder- und Jugendliteratur war nicht ausgeprägt. Erst aus den geistesgeschichtlich so bedeutsamen Turbulenzen des „tintenklecksenden Säkulums" — das Wort stammt von Friedrich Schiller — ging ein neues Konzept der Beteiligung der Bevölkerung an der Schriftkultur hervor.

Es entstand, wie wir wissen, im 18. Jahrhundert in einigen Kreisen ein sogenanntes Lesefieber, das seinerzeit auf die Jugenderzieher zum Teil sogar beängstigend wirkte. Lesen sei gesundheitsschädlich, verderbe die Augen, mache blaß und körperlich schwach. Lesen halte junge Menschen von der praktischen, der körperlichen Arbeit ab, ja verderbe auch die guten Sitten, erlaube den jungen Leuten sozusagen in nicht mehr direkt kontrollierbare Welten abzutauchen. Joachim Heinrich Campe, einer der bedeutendsten Pädagogen und Kinderbuchautoren der späten Aufklärung hatte es schwer, sich durch die vielen Bedenken hindurchzulavieren und dann eine ganze Kinderbibliothek speziell für die Kleinen zu schreiben und herauszugeben. Sein großes Vorbild Jean Jaques Rousseau hatte noch ein paar Jahre früher dem Zögling „Emile" keine Lektüre erlauben wollen. Nur eine Ausnahme ließ er zu: Daniel Defoes Robinson Crusoe. Allerdings brachte er eine Art außerliterarischer Begründung vor: Emile sollte an Robinson die Menschheitsentwicklung anschaulich erfahren.

Ab diesem Zeitalter, dem der Aufklärung, des Rationalismus und der Philanthropie, seit den letzten drei Jahrzehnten des 18. Jahrhunderts, müssen wir uns auf ein nun neues, ausbaufähiges Sozialschichtenmodell des Lesepublikums einstellen. Nunmehr verbreitet sich die Schicht der lesenden Jugend. Es etabliert sich eine didaktisch orientierte, säkularisierte Kinderliteratur und eine Jugendliteratur für das Bürgertum, deren Formen letztlich bis heute noch erkennbar sind.

Leser können theoretisch nunmehr alle jungen Menschen sein. Der Bücherberg wird höher und höher. Die Werke sind über einen immer mehr prosperierenden Buchhandel zu beziehen und in Bibliotheken, in Privathäusern und Schulen immer leichter zugänglich. Der Tabernakel von einst ist heute zum Marktplatz geworden, die Druck- und Reproduktionstechniken haben sich so verbessert, daß sich die Werke in Schrifttyp, Schriftgröße, in Layout und oft farbiger Illustration zu ästhetischen Kunstwerken entwickelt haben, die nicht nur das intellektuelle Interesse, sondern auch das Auge lustvoll ansprechen. Und dennoch ist der junge Mensch auch heute noch an vielen Orten Einschränkungen im Hinblick auf seine Lektüre unterworfen. Einige Beispiele, wie solche Einschränkungen in Geschichte und Gegenwart aussehen, möchte ich hier anführen.

Die Obrigkeit teilte früher den Lesestoff zu

1766 kam in Karlruhe eine Verordnung für „Teutsche Schulen" heraus. Man beachte: Die deutschen Schulen sind im Gegensatz zu den Lateinschulen zu betrachten und für die einfachen Landeskinder bestimmt. Die Verordnung war gültig für alle Schulen des Landes Baden (Markgrafschaft Baden-Durlach) und hatte nur eine einzige Einschränkung: Für das „Gymnasium illustre" in der Hauptstadt Karlsruhe, also die Lateinschule, galt sie nicht. Wir suchen nach den den jungen Menschen im siebten Jahrzehnt des 18. Jahrhunderts angebotenen Texten. Die Landeskinder Badens, so sie nicht zu den ganz wenigen gehörten, die im Gymnasium mit Phädrus und Vergil, Cato und Ovid, Horaz und Cicero bekannt gemacht wurden, erfuhren laut dem Lehrplan, dem sogenannten „Schulschematismus", gar nichts von der Welt der schönen Literatur. Der

> Zwek einer teutschen Schule von welcher hier die Rede ist besteht darinn, daß die Kinder lesen, schreiben, rechnen etc. und vornemlich so viel von der christlichen Lehre erkennen lernen, als nöthig ist, wann sie sollen zum H. Abendmahl gelassen werden (Schul-Schematismus, S.215).

Dementsprechend sind folgende Lehrbücher zu benutzen: Namen-Buch, Kleiner Catechismus, Spruchbuch, Groser Catechismus, Gesang-Buch, Biblischer Historien, Arithmetik und Geometrie. Das ist die gesamte „Bibliothek" der Schüler. Sieht man einmal ab von den Lehrbüchern für Arithmetik und Geometrie und vom sogenannten „Namen-Buch" — das ist die Fibel —, in der den Buchstaben Namen gegeben werden, und bedenkt man, daß diese Schulbibliothek von acht für das ganze Land Baden gedruckten Werken nicht vornehmlich für die Hand des Schülers, vielmehr für den Gebrauch des Lehrers bestimmt ist, über den die Geistlichkeit Aufsicht führt, dann wird deutlich, daß die Landeskinder Badens in den Jahren, in denen Lessing seine Minna von Barnhelm schrieb und in Leipzig Gottsched und Gellert lebten, schrieben und lehrten, nur mit kleinen christlich religiösen Texten konfrontiert wurden. Zweckbestimmung des Lesenlernens war, das Heilige Abendmahl mit mehr Kenntnis über die christliche Theologie in Empfang zu nehmen. Das einzige Schulbuch, das vielleicht die Vorstufe zum Lesen von epischen Werken bilden kann, das mit den sogenannten „Biblischen Historien", wird aufgrund der landesweit gültigen Anweisung von den Lehrern folgendermaßen „traktiert". Drei Lektionen sind vorgesehen für jedes Stück: In der ersten muß der Text gelesen und zergliedert werden, in der zweiten muß er aufgesagt und in der dritten wiederholt werden.

Montag.

I. Claß. Predigt widerholen.
Wochen-Gesang hersagen.
Spruchbuch widerholen.
Gros Catechism. hersagen.
Rechnen.
II. Claß. Klein Catechism.
Schreiben.
III. Claß. Durchaus alle Tage, wie im Winter.

Dienstag.

I. Claß. Gros Catechismus widerholen.
Biblische Historie.
Klein Catechism.
Schreiben.
II. Claß. Kreuzspruch.
Schreiben.

Mittwoch.

I. Claß. Gros Catechismus zergliedern.
Biblische Historie.
Einmal Eins.
Aus dem Kopf buchstabiren.
Rechnen.
II. Claß. Klein Catechismus auswendig.
Schreiben.

Donnerstag.

I. Claß. Gros Catechismus hersagen.
Biblische Historie.
Buß-Psalmen.
Einmal Eins.
Schreiben.
II. Claß. Kreuzspruch auswendig.
Schreiben.

Freitag.

I. Claß. Gros Catechismus widerholen.
Spruchbuch zergliedern.
Schriften corrigiren.
Rechnen.
II. Claß. Klein Catechismus.
Schreiben.

Samstag.

I. Claß. Evangelium oder Epistel lesen.
Gros Catechismus zergliedern.
Spruchbuch hersagen.
Klein Catechismus.
Schreiben das Dictirte.
II. Claß. Kreuzspruch.
Schreiben.

Mon.

Q

Ein Wochenlehrplan aus dem „Schul-Schematismus" von 1766 für „Teutsche Schulen" in der Markgrafschaft Baden-Durlach.

Das Beispiel der Karlsruher Anweisung für die badischen „teutschen Schulen" zeigt: Hier wird noch immer, wie Jahrhunderte davor, die Text- und Schriftkultur um die Heilige Schrift herumgruppiert. Die Schule dieser Art leistet nur Zubringerdienste für den tabuisierten Tabernakel. Lesen hat noch keinen Platz im weltlichen Leben des Untertans. Es gibt keinen Lektürekanon, keine Teilhabe an der Welt der schönen Literatur. Wie sollte ein junger Mensch in diesem Bildungsmilieu zu einem selbständig wählenden Leser werden?

Der Einblick in diesen Zustand der Leseerziehung der sechziger und siebziger Jahre des 18. Jahrhunderts ist zugleich ein Einblick in die Machtverhältnisse und Kanalisierungsgewohnheiten, die, würden sie übersehen, dazu führen, Literaturgeschichte mit blinden Augen zu schreiben. Johann Peter Hebel ging in diesen Jahren in diese badischen Schulen, bis er nach Karlsruhe auf das „Gymnasium illustre" kam, um lateinische Literatur eingepaukt zu bekommen. Was später im „Rheinländischen Hausfreund" an Kalendergeschichten zu lesen war, sind Hebels Weiterführungen für die Bauern, denen solche Schullektüre zuteil geworden ist. Hebel holte sich selbst und seine einfachen Landsleute mit all der ihm zu Gebote stehenden Sanftmut literarisch in der „teutschen Schule" ab.

Aber bei Goethe in der freien Reichstadt Frankfurt, bei dem Sohn reicher Bürger, war es zur selben Zeit ganz anders. Er konnte ein paar Jahre vorher schon in der Privatbibliothek seines Vaters alles mögliche finden und durchlesen, so zum Beispiel den „Orbis pictus" des Johann Amos Comenius, die große Foliobibel mit Kupfern von Merian, Gottfrieds Chronik, ebenfalls mit Merians Illustrationen, Fabeln, Mythologien und Seltsamkeiten in der „Acerra philologica", Ovids Verwandlungen, Fénelons „Telemach", Daniel Defoes „Robinson Crusoe", Schnabels „Insel Felsenburg". Die Aufzählung ist nicht komplett. Er selbst nimmt sie in „Dichtung und Wahrheit" vor. Goethe hatte nämlich — und darauf weist er gebührend hin — auch die Möglichkeit, die auf „schrecklichstem Löschpapier fast unleserlich gedruckten" Hefte „auf einem Tischchen vor der Haustür eines Büchertrödlers" für ein paar Kreuzer zu erstehen. Der „Eulenspiegel" war darunter, die „Vier Haimonskinder", die „Schöne Melusine" und auch das Volksbuch vom „Doktor Faustus".

Man mache sich die Diskrepanz der Lesemöglichkeiten in Frankfurt und einem Dorf im Badner Land, die Diskrepanz zwischen Bauernkind im Wiesenthal und dem Ratsherrnsohn aus Frankfurt deutlich, um leicht einzusehen, daß die Lektüre keineswegs für alle jungen Menschen gleichermaßen zugänglich war. Im 18. Jahrhundert, als Christian Felix Weiße die erste Kinderzeitschrift in Deutschland, den „Kinderfreund" (1776-1783) herausbrachte, als Joachim Heinrich Campe seine „Kinderbibliothek" herausgab und den Robinsonstoff neu bearbeitete, um ihn als „Robinson der Jüngere" besser in seine Kinderbibliothek aufnehmen zu können, gab es nur wenige Inseln in Städten wie Berlin, Leipzig, Frankfurt und Nürnberg, wo das Bürgertum seiner heranwachsenden Jugend Freiraum zur Aufklärung gab, nur wenige Inseln auch auf Schlössern und Gütern, wo die jungen Akademiker als Hauslehrer für die Verbreitung von Campes, Weißes oder Pfeffels neuartige Schriften sorgten.

Die Einschränkungen der Freiheit der Lektüre waren desto größer, je niedriger der Stand, in dem der junge Mensch aufwuchs, war. Die Freiheit zu lesen war die Freiheit, das zu lesen, was den Herrschenden genehm war. Wie von den Machthabern Literatur zugeteilt, zensiert, gefördert oder auch verändert worden ist, wie Kanalisierung von Lektüre ausgesehen hat, kann man an vielen Stellen studieren. Die meisten Einschränkungen hat stets die junge Generation erfahren müssen, nicht die der Erwachsenen.

Fremdbestimmungen — Jugendliterarischer Kolonialismus beim Märchen

Unter Berufung und in Anlehnung an der Brüder Grimm großartige Lebensleistung, der Sammlung und Bearbeitung der „Kinder- und Hausmärchen", entwickelten sich schon zu Lebzeiten von Wilhelm, gestorben 1857, und

Jacob, gestorben 1863, in anderen Ländern ähnliche Sammel- und Bearbeitungsaktionen. Ob in Rußland oder in Finnland, auf dem Balkan oder in Asien, überall fanden sich gelehrte Märchenforscher, die in der den Brüdern Grimm ähnlichen, von eigenen nationalen Zielsetzungen getragenen Absicht erzählerische Volksgüter zusammentrugen. Diese Initiativen hatten eine deutliche Orientierung am Werk der Brüder Grimm. In zeitlicher Verzögerung erreichten die volksliterarische Entdeckungen und Sammlungen auch die lateinamerikanischen Länder. In mehreren Untersuchungen wurde vor einiger Zeit allerdings festgestellt, daß das europäische Vorbild nicht nur erhellende, vielmehr auch eine verstellende Wirkung ausgeübt hat. Wie anders ist es sonst möglich, daß in Indianermärchen Lateinamerikas, nacherzählt und aufgeschrieben im eigenen Land, Prinzessinnen als weißhäutig beschrieben werden?(Adoum, S, 47ff.). Was reich und vornehm ist, wird mit den europäischen Merkmalen bedacht. So kommt es, daß in den Märchen der Mapuche-Indianer in Chiles Cordilleren, wie sie von Europäern aufgeschrieben, übersetzt und ediert worden sind, deutlich erkennbar stilistische Züge der Gattung Grimm über den originellen Erzählrhythmus und Erzählstil gelegt wurden. Dieser subtile literarische Einfluß, den direkt oder indirekt in der Märchenerzähltradition das Schaffen der Brüder Grimm ausübt, wirkt sich als Überlagerung und Fremdbestimmung nicht nur auf die Textgestaltung, sondern auch auf die Rezipienten aus. Ihr Weltbild wird dadurch mitgeformt.

Die riesige Wirkungsgeschichte der Gattung Grimm hat folgendes mit sich gebracht: Einmal ist im 19. und 20. Jahrhundert vielfach in der Öffentlichkeit der Eindruck entstanden, daß die Literatur der Jugend zu einem großen Teil Märchenliteratur sei. Das Interesse von Knaben und Mädchen wurde in vielen Gebieten dieser Erde auf das Feld der Märchen hin gelenkt. Zum andern hat eben das, was immer wieder „Gattung Grimm" genannt wird, nach Stil und Inhalt auch dort den Stempel aufgedrückt, wo anderes blühen könnte. Der spezielle spätromantisch-biedermeierliche Erzählton, die Ideologie der Bravheit, der Gottergebenheit und einer Unterordnung gegenüber der als gut angenommen Obrigkeit haben richtungsweisende und dominierende Kraft besessen. Beeinflussungen dieser Art erfahren demnach diejenigen Kinder in Mittel- und Südamerika, die von Hänsel und Gretel, von Rumpelstilzken oder von Schneewittchen hören, aber von ähnlichen Figuren aus ihrem eigenen Kulturkreis nicht. Leicht läßt sich schon hier von „literarischem Kolonialismus" sprechen (Adoum, S.47).

Interessenlenkung durch Lektüreangebote

Wie durch organisatorische Maßnahmen das literarische Interesse junger Menschen in unserer Zeit zu lenken versucht wird, ist an vielen Stellen zu beobachten. Es sei nur an die Einrichtung des Deutschen Jugendliteraturpreises erinnert. Er ist entstanden in einer Zeit, als man nach Gegenmaßnahmen gegen die Flut von Kioskliteratur und Comics Ausschau hielt. Bibliotheken konnten seit den fünfziger Jahren die preisgekrönten Bücher in ihre Bestände aufnehmen. Den Autoren der prämierten Werke waren nunmehr viele Schultore zu Lesungen geöffnet, die Presse und der Buchhandel reagierten aufmerksam auf das öffentliche Ereignis der Preisverleihung (Doderer und Riedel 1988).

Hier geht es um das Problem der Kanalisierung durch Angebote, nicht mehr durch Zensur und Indizierung. Und dennoch behält sich noch heute die Schule vor, in oft kontrovers verlaufenden Zulassungsverfahren Lesebücher zu prüfen und gegebenenfalls abzulehnen, wenn nach Meinung von Pädagogen Gedichte oder Prosatexte, Dramen oder Sachschriften, sprachlich, stilistisch oder inhaltlich Stellen enthalten, die dem Gremium zu Zweifel Anlaß geben.

Schranken und Hürden, die Leser und Literatur trennen, sind immer wieder zeitweilig oder auf längere Distanzen für junge Menschen vorhanden. Die Generation der heute Vierzig- bis Fünfzigjährigen hat zum Beispiel die gezogene Schranke zwischen Buchwelt und Comicwelt erst durchbrechen müssen, indem sie das bestehende Vorurteil der Gesellschaft nicht beachtete. Die noch nach dem Zweiten Weltkrieg vorhandene Schranke zwischen Literatur für die sogenannten „höheren Schüler" und die der Volksschüler dürfte inzwischen gefallen sein. Die Lesebücher und die Literaturauswahlen sind mehr und mehr altersstufen- und nicht mehr wie vordem schulartenbezogen.

Nimmt man den jugendlichen Leser als soziale Größe und nicht wie gleich anschließend zu erörten sein wird, als Individuum mit seinen Möglichkeiten, dann gilt vor allem, mit dem Faktum zu rechnen, daß durch politisch, ökonomisch und kulturell bedingte Maßnahmen immer wieder Schranken und Grenzen gezogen sind.

Die gesellschaftlichen Einschränkungen, die Tabernakel-Situation der Literatur von einstens, gelten heutzutage dank der enormen Verbreitung des Massenmediums Buch und der anderen Printmedien längst nicht mehr. Die jugendlichen Leser können sich immer freier in einem immer weitmaschigeren Netz von literaturdidaktischen Stützen bewegen. Und dennoch gibt es bei aller Sublimierung der Kanalisierungsverfahren noch viele Einschränkungen, die nicht nötig wären, würde der junge Mensch als der Leser akzeptiert, der — genau wie der Erwachsene auch — den ihm vorgelegten Text für sich inszenieren muß, um ihn als Werk entstehen zu lassen und zu verstehen. Autor und Leser — und möge letzterer noch so jung sein — „teilen sich in das Spiel der Phantasie."

Mechanisches Lesenlernen, obrigkeitliche Zuteilung von Literatur und sublime Manipulation durch Interessensteuerung können viel bewirken, aber letztlich treffen sie auf einen Menschen, der als Leser sich im Begegnen mit der fiktiven Literaturwelt selbst näher kommen möchte. Insofern gilt es, ihn möglichst in Freiheit zu setzen.

Die Arten der Rezeption kann man nur verfolgen, wenn man sich die Biographien von einzelnen Lesern anschaut.

Einblicke in drei Leserbiographien

Die Frage, was im einzelnen Leser vor sich geht, wenn er liest, und was die Lektüre letztlich bewirkt, kann nur die Analyse einzelner Leserbiographien näher erhellen. Auf diesem Sektor der Leserforschung ist bisher noch wenig geforscht worden. Die sogenannte quantitative Lese(r)forschung, wie schon erwähnt, ist wesentlich weiter entwickelt als die auf qualitative Ergebnisse hinzielende Betrachtung von Einzelfällen. Wie individuelle literarische Früherlebnisse ausgesehen haben, mögen die folgenden drei Fälle verdeutlichen.

Der Fall des vierzehnjährigen *Heinrich Jung-Stilling* (1740-1817) führt in die Mitte des 18. Jahrhunderts zurück. Dieser junge Mensch, der spätere Schriftsteller, der als Student in Straßburg mit Goethe verkehrte, stammte aus einer pietistischen Familie. Er hat seine Lebensgeschichte in mehre-

Johann Heinrich Jung-Stilling (1740-1817)

ren Bänden erzählt. Den ersten Band davon gab Goethe 1777 unter dem Titel „Heinrich Stillings Jugend" heraus. Daraus geht folgendes über die frühe Begegnung mit der Welt des Buchs hervor. 1754 hatte der damals vierzehnjährige Junge schon das Gymnasium absolviert und gerade in Straßburg bei der Familie Krüger Quartier bezogen. „. . . und das erste, was er vornahm" — so heißt es in der in Dritter Person verfaßten Autobiographie — „war die Untersuchung der Krügerschen Bibliothek; er schlug einen alten Folianten auf und fand eine Übersetzung Homers in deutsche Verse . . ." Wohlgemerkt, der gerade avancierte Latein- und Griechischschüler stößt auf eine Übersetzung ins Deutsche jener Literatur, die ihm im Gymnasium fremdsprachlich vertraut gemacht worden ist. Als er nun mit dem Ilias-Text in deutschen Versen zum ersten Mal in Berührung kommt, spielt sich folgendes ab:

> . . . er hüpfte vor Freude, küßte das Buch, drückte es an seine Brust, bat sich's aus und nahm es mit in die Schule, wo er's in der Schublade unter dem Tisch sorgfältig verschloß und sooft darinnen las, als es ihm möglich war.

Man male sich die Szene aus: Einer trägt ein Buch herum, wie ein Kind seine Puppe. Er verbirgt es unter der Schulbank, weil es ihm etwas bedeutet. Es bedeutet ihm etwas, weil es ihn lüstern macht, endlich in seiner Muttersprache Einblicke in eine weit zurückliegende mythologische Welt zu erhalten. Er ist glücklich, daß er das ferne Geschehen der Ilias ganz nahe und sozusagen mit heimischem Klang erzählt bekommt. Er will die Verfremdung überwinden und einen Bezug zu dem Objekt Buch bekommen, der die Materie im Sinne des damaligen Zeitgeistes von Sturm und Drang spiritualisiert. So küßt er das Buch wie eine Geliebte. Die Stelle in Jung-Stillings Lebensbericht endet mit der Passage:

> Schwerlich ist die Ilias, seit der Zeit, daß sie in der Welt gewesen, mit mehr Entzücken und Empfindung gelesen worden. Die Bilder und Schilderungen des Homer waren so sehr nach seinem Geschmack, daß er sich nicht enthalten konnte, laut zu jauchzen, wenn er ein so recht lebhaftes Wort fand, das der Sache angemessen war . . .

Was kann dieser Fall Jung-Stilling an Erkenntnissen liefern? Er zeigt einmal, wie ein junger Mensch zwar in den sozialen Leserkontext eingespannt ist — der Gymnasiast ist verständlicherweise an einem antiken Stoff interessiert —, aber privat aus ihm ausbricht, seine Privatlektüre auch als etwas ganz Besonderes empfindet, ja sie vor öffentlichem Zugriff unter der Schulbank versteckt. Er zeigt zum zweiten, daß den Privatleser Jung-Stilling aufgrund der geistesgeschichtlichen Vorgaben ein Stil und Sprache betreffendes, weit über das Inhaltliche der Ilias hinausreichendes

Interesse erfüllt hat. Er liest, um Fremdes in heimischen Lauten näher an sich heranzuholen. In diesem Sinne bekommt das Wort „begreifen" auch eine sinnliche Komponente. Die Leerstellen der Ilias werden hier offensichtlich neu und anders gefüllt als auf dem Gymnasium. Gelesen wird eine epochenbedingte, gerade aufbrechende sentimentale Literatur, in der „Empfindung" und „Entzücken" als erlaubte, sogar zu kultivierende Emotionen galten.

Der Leser Jung-Stilling hat in Straßburg mit eigener Imagination Wörter zu Worten, Töne zu Klanggestalten, Fakten zu erlebten Ereignissen und Konturzeichen zu lebenden Bildern werden lassen, hat sich seine Zweite Realität im Kopf geschaffen. Das hat sich bei der Begegnung mit der Ilias in deutscher Übersetzung 1754 im Krügerschen Haus begeben. Damals war Goethe fünf Jahre alt und lernte gerade lesen. In Baden wie auch anderswo galt zur selben Zeit die klassenspezifische Leselehre des Schulschematismus, nach der die Gymnasiasten nur lateinische und griechische Schriftsteller kennenzulernen hatten, die Kinder der niederen Stände nur christlich-religiöse Traktate.

Jung-Stilling bricht in seinem selbstgewählten privaten Lesen aus der für ihn präformierten literarischen Welt aus. Er ist durch die äußeren Umstände seines Zeitalters und seiner eigenen Leserbiographie der Jahre bis 1754, also bis zu seinem vierzehnten Lebensjahr, auf den Weg gebracht worden. Aber nun ist er dabei, sich im Kontext mit dem Erlesbaren selbst zu inszenieren. „Damals wäre die rechte Zeit gewesen, den Ossian zu lesen", schreibt er. Er hatte demnach auch zu „seiner" Literatur Zugang gewonnen.

Der Fall des Knaben *Joseph von Eichendorff* (1788-1857) liegt anders. Der adlige Junge wuchs auf einem schlesischen Schloß auf. Er hatte einen Hauslehrer. Verfolgt man die uns überlieferten Aufzeichnungen, so erfährt man, daß schon der Zwölfjährige offensichtlich ein interessierter Vielleser gewesen ist, dem die Schloßbibliothek und die Lektüre, die ihm der Hauslehrer offerierte, nicht ausreichten. Ein von Eichendorff eigenhändig angefertigtes Verzeichnis der Bücher, die er in der Stadt Ratibor in einer Leihbibliothek als Zwölfjähriger — das war im Jahre 1800 — entliehen hat, weist eine stattliche Zahl von geschicht-

Der neunjährige
Joseph von Eichendorff
(1788-1857)
Anonymes Gemälde

lichen Werken, schauerromantischen Ritterromanen, Komödien und philosophischen Schriften auf. Die Verfasser, außer Jean Paul, sind heute vergessen. Eichendorffs „Hofmeister" im Schloß sei ein aufgeklärter Mann gewesen. Der hatte offensichtlich die Vorstellung einer ganz anderen Bibliothek für seinen Zögling Joseph. Er habe ihm Campes Kinderbibliothek als Lektüre auferlegt. „Da erfuhr ich denn" — so erzählt Eichendorff später in seiner Autobiographie „Ahnung und Gegenwart" —, „wie man Bohnen steckt, sich selber Regenschirme macht, wenn man etwa einmal, wie Robinson, auf eine wüste Insel verschlagen werden sollte, nebstbei mehrere zuckergebackene, edle Handlungen, einige Elternliebe und kindliche Liebe in Scharaden." Eichendorff nennt diese Art von Lektüre verächtlich „pädagogische Fabrik".

Ein junger Adliger auf dem Wege zu seiner eigenen Lektüre ist in ein Dilemma geraten, weil Abgründe zwischen dem, was ihn an Stoffen in der Leihbibliothek von Ratibor interessiert, und dem, was er auf dem Schloß im Unterricht an moralischen Geschichten und trockener Lehrdichtung lernen soll, liegen. Privatlektüre und Schullektüre haben nichts miteinander gemein. In dieser Lage erzählt er von einem ihn tief beeindruckenden Erlebnis. Es signalisiert des jungen Schlesiers kopernikanische Wende und hat weite Auswirkungen auf sein späteres dichterisches Schaffen, ja seine ganze Lebenseinstellung gehabt. Der Junge entfernte sich eines Tages vom Schloß und schaute im Abenddämmern durch das Fenster eines „kleinen Häuschens" von Landarbeitern. Er wird zum Zeugen und Beteiligten bei einer Lesung am Herdfeuer im Familienkreis. „Der Vater, wie es schien, hatte ein Büchelchen in der Hand und las vor". Man hört andächtig zu. Eichendorff tritt ein. In der kurzen Zeit zwischen dem Eintritt des jungen Herrn und seinem schnell eingeleiteten Rücktransport aufs nahegelegene Schloß dringt die Atmosphäre der Katentraulichkeit tief in Eichendorffs Gemüt. Die Geschichte vom gehörnten Siegfried war es angeblich, die stimmungsvoll allen in der Runde ins Ohr drang. Der vorlesende Hausvater in der Kate wird nun zum Wegweiser in die auf dem Schloß verachtete Volksliteratur. Eichendorff nimmt sich die Hefte mit. Er liest sie jedoch nicht, wie die andern Texte, in den Gemächern des Schlosses, sondern in der freien Luft der Gärten.

> Da saß ich denn einsam im Garten und las die Magelone, Genoveva, die Haimonskinder und vieles andere unermüdet der Reihe nach durch.

Er liest eine andere Literatur, er liest sie im Freien, er schafft sich dazu ein eigenes Ambiente. Lesen dieser Art heißt demnach mehr als das Dechiffrieren von Texten, es heißt, ein Lebensgefühl erfahren und darein Geschichten einlagern. „Es war, als hätten mir diese Bücher die goldnen Schlüssel zu den Wunderschätzen und der verborgenen Pracht der Natur gegeben. Mir war noch nie so fromm und fröhlich zumute gewesen."

Gewiß schreibt Eichendorff diese Sätze seiner Autobiographie aus der Retrospektive. Er interpretiert vielleicht im Nachhinein in die geschilderten Szenen mehr an wunderbarer Eröffnung hinein, als sie realiter hergegeben haben. Aber es ist doch dies geschehen: Ein junger Mensch, dessen soziale Determinierung literarisch zeitbedingt philanthropisch-rationalistisch programmiert war, findet aufgrund von eigenen Kontrasterlebnissen zu seiner individuellen, ihn treffenden Lektüre. Erst im Nachhinein sind die Auswirkungen dieser frühen Leseerlebnisse abzuschätzen. Eichendorff wäre vielleicht kein romantischer Dichter geworden, hätte er nicht als Kind den nahen Kontakt mit dem Erzählen in den Hütten der einfachen Leute bekommen. Nicht das Octroi des Hauslehrers, der dem jungen Eichendorff die moralischen Geschichten Campes, Weißes und Pfeffels eintrichtern wollte, hat den Zwölfjährigen „gebildet" und literarisch sensibilisiert, vielmehr der ihm unerlaubte Schleichweg zu den Landarbeitern, wenn sie sich abends die Trivialliteratur der damaligen Zeit vorlasen.

Wiederum geht es um das Ausbrechen aus dem Schicklichen, aus dem Zugestandenen, aus dem literarischen Kanon. Genau dieses Ereignis der Individualisierung bestimmt das Leserschicksal.

Der Fall des jugendlichen Lesers *Adolf Hitler* (1889-1945) gibt auf andere Weise ebenfalls zu denken. Adolf Hitler hat mit sechs Jahren in der einklassigen Volksschule von Fischlham bei Lambach zwischen Salzburg und Linz an der Donau lesen und schreiben gelernt. Er soll zunächst ein guter Schüler gewesen sein, der jedoch von seinem alten, 58jährigen Vater, einem frühverrenteten Zollbeamten, Imker und Landwirt aus Neigung, schon ein Jahr später auf die Klosterschule des altehrwürdigen Benediktinerstifts Lambach geschickt wurde. Dort muß er von den kirchlichen Ritualen sehr beeindruckt gewesen sein. Noch in seinem Buch „Mein Kampf" erinnert er sich daran, wie froh er gewesen sei, Gelegenheit gehabt zu haben, sich „oft und oft am feierlichen Prunke der äußerst glanzvollen kirchlichen Feste zu berauschen".

Es findet aber bald eine Art Säkularisierung der Ideale statt. Indem er nämlich zu lesen beginnt, wendet sich Hitler aus dem kirchlichen Szenarium weg und zu kriegerischem hin. Er entdeckt beim Durchstöbern der väterlichen Bibliothek verschiedene Bücher militärischen Inhalts. In seiner Autobiographie erinnert er sich an eine Darstellung des deutsch-französischen Kriegs von 1870-71 und an zwei Bände einer illustrierten Zeitschrift aus diesen Jahren. Diese Texte wurden nun seine Lieblingslektüre.

> Nicht lange dauerte es, und der große Heldenkampf war mir zum größten inneren Erlebnis geworden. Von nun an schwärmte ich mehr und mehr für alles, was irgendwie mit Krieg oder doch mit Soldatentum zusammenhing.

Hitlers Jugend verlief nicht ohne Schulwechsel und Wandlungen. Der Neunjährige zieht mit seinen Eltern nach Leonding bei Linz. Der Elfjährige kommt auf die Staatsrealschule in der Stadt an der Donau. Aus dem guten Schulanfänger ist inzwischen ein schlechter Schüler geworden, der die erste Klasse der neuen Schule wiederholen muß.

Was liest dieser junge Mensch als Zwölf- bis Fünfzehnjähriger? Da sind wohl drei Linien seines Interesses zu verfolgen. Die erste dient einer Berufsfindung. Er hatte ein Talent im akkuraten Zeichnen und Malen, wollte auch später Kunstmaler werden, orientierte sich insofern an Standardwerken zur Kunstgeschichte, vorwiegend übrigens an Werken über Baukunst und Baustile. Die zweite entspricht den Interessen der Schicht der Kleinbürger in seiner Generation: Man liest sich in die bürgerliche Bildungskultur hinein und nützt dabei alle Möglichkeiten eines billigen Zugangs. Ein Jugendfreund, August Kubizek, berichtet, der fünfzehnjährige Adolf Hitler sei 1904 Mitglied in drei Büchereien gewesen und habe Übung darin gehabt, jedes gewünschte Buch ganz rasch zu bekommen. Reclam-Hefte, Göschen-Bändchen wird er sich vom Taschengeld erworben haben. Sie waren ja damals die „Universalbibliothek" des strebsamen Menschen. Die dritte Linie dürfte ihn am weitesten von den vorgezeichneten und im öffentlichen Bewußtsein bildungsbürgerlich akzeptierten Lektürebereichen entfernt haben. Adolf Hitler war ein Vielleser von Abenteuergeschichten. Darunter waren nicht nur die Lederstrumpf-Erzählungen James Fenimore Coopers, sondern ebenso die Romane des seit den neunziger Jahren populär gewordenen Volksschriftstellers Karl May. In Karl Mays Büchern vereinen sich deutschnationale Ideologie, eine romantische Vorstellung des naturverbundenen, starken Helden und die Bewunderung von äußerster Begabung, zielsicherer Handlungsweise, dazu einer katholisch-christlichen Gläubigkeit. Hitler findet sich offensichtlich selbst wieder und literarisch aufgehoben in dem Milieu Old Shatterhands und Winnetous, auch dem ihres Kampfes für Reinheit und gegen Dekadenz.

Hier haben wir einen Leser, der gleichsam unterhalb der von ihm konsumierten ausbildungs- und kulturbeflissenen

Lektüre von Werken zur Geschichte der Baukunst bis zu Wilhelm Tell, von Goethes, Shakespeares, Herders und Lessings Werken bis zu denen Stifters, Roseggers, ja auch Zolas und Ibsens, sogar denen Nietzsches und Schopenhauers eine weitere, ihn emotional besonders bindende literarische Quelle hat. Diese triviale Linie spannungsreicher Abenteuerlektüre hat ihm offensichtlich besonders viel gegeben. In den Indianerbüchern Karl Mays konnte er in der Zweiten Realität Identifikationsfiguren finden, die für ihn bedeutsam wurden, die Leitfunktionen übernehmen konnten. Adolf Hitler wurde früh ein Karl May-Verehrer und ist es zeitlebens auch geblieben. Er hat die Bücher des äußerst fruchtbaren sächsischen Schriftstellers, dessen Leben übrigens gewisse verwandtschaftlicen Züge mit denen Hitlers aufweist (bescheidene Herkunft, Strebsamkeit in der Jugend in die Richtung von Wissens- und Bildungserwerb, Autodidaktenkarriere aufgrund von Schwierigkeiten im bürgerlichen Leben), angeblich verschlungen und nach einem Bericht von Otto Dietrich die mehr als sechzig Werke Karl Mays noch einmal gelesen, als er 1933/34 auf dem Höhepunkt seiner politischen Laufbahn angelangt war. Einem Neffen hat er später, als dieser auf einer „Napola", einer Nationalpolitischen Bildungsanstalt, erzogen wurde, eine Ausgabe von Karl Mays sämtlichen Werken geschenkt. Die Öffentlichkeit erhielt davon Kenntnis. Und während des Zweiten Weltkriegs soll Hitler seinen Generälen ernsthaft empfohlen haben, sich strategisches Planen und die Methoden des Kundschaftens bei Karl Mays Helden abzugucken.

Der Fall Adolf Hitler als jugendlicher Leser kann eines erneut bestätigen, nämlich daß Lesen eine Form der Individuation ist. Manès Sperbers Wort von der Intimität zwischen Leser und Buch trifft gewiß auch auf den schulisch mehr und mehr scheiternden und deshalb nach „anderen Lebenslehrern" suchenden Hitler zu. Hitler hat auf erschreckende Weise in seinem Leben und Handeln gezeigt, daß er Fiktionen aus seiner Lektüre hat lebendig werden lassen. Er hat die Leerstellen mit seinen Vorstellungen von Macht und Herrenmenschentum gefüllt, hat andere Seiten des Karl May'schen Werks, wie etwa die der christlichen Mission, übersehen. Und dennoch paßt die Art zu lesen und die Lektüreauswahl Adolf Hitlers in die Interessenlage eines großen Teils des Kleinbürgertums in seiner Generation.

Alle drei soeben geschilderten Fälle von Jung-Stilling, Eichendorff und Hitler sind zufällig herausgegriffen. Sie zeigen, wie individuell die Konfrontation des einzelnen Lesers mit der großen Bibliothek der jeweiligen Epoche und Umgebung ist. Die Bedingungen sind zwar jeweils von außen gegeben, durch das häusliche Milieu, die Zugehörigkeit zu dieser oder jener Gesellschaftsschicht, durch die Schulbildung, durch die Wirkungen von Freundschaften, durch die Generationsverbundenheit und durch Zeitgeistströmungen. Aber was der einzelne daraus macht, was er aus den Möglichkeiten herausholt, ist verschieden. Hitler zog die Karte Karl May, Eichendorff die der Volksdichtung und Jung-Stilling die, mit der er fremde Welt sprachlichempfindsam heimholen konnte. Die Entscheidungen der einzelnen sind und bleiben unübersichtlich. Auf jeden Fall gibt es kein einheitliches Lesen.

Was für die drei angeführten Fälle gilt, ist nicht anders bei jedem Leser. Wir alle haben unsere eigene Leserbiographie. Und diese hängt von vielen Faktoren ab, nicht zuletzt aber von unserer eigenen Initiative beim Inszenieren und Verwerten der Texte.

Kanäle der Beeinflussung

Für Leser im Zeitalter der vermehrten Massenkommunikation am Ende des zwanzigsten Jahrhunderts engt sich der Horizont, der sich im Hinblick auf die Lesekultur im 18. und 19. Jahrhundert so immens erweitert hatte, in gewisser Weise auch wieder ein. Die audiovisuellen Medien sind als Mittel der Rekonstruktion der Zweiten Wirklichkeit längst in massiver Dichte neben die Printmedien getreten. Sie sind es, die mehrere Stunden am Tag die Menschen absorbieren, das Buch ist dagegen zurückgetreten. Aus Erhebungen der letzten Jahre geht immer erneut hervor, wie hoch der Anteil an Fernseh-

Zeit gegenüber dem Anteil an Lesezeit bei alt und jung geworden ist.

Zumeist wird bei der Aufrechnung von Anteilen am Konsum des Angebots von Massenkommunikationsinstanzen vergessen, daß die Summe nicht so einfach zu ziehen ist. Wer viel fernsieht, muß deshalb nicht zu den Weniglesern gehören. Wer viel Radio hört, partizipiert unter Umständen intensiver an dem Literaturangebot — auf auditive Weise nämlich — als der nur still für sich hinlesende Mensch. Nichts, aber auch gar nichts kann die Statistik, die quantitative Ergebnisse präsentiert, über die sich vollziehenden Vorgänge im einzelnen Rezipienten aussagen, wenn er liest, ebenso wenn er hört oder zuschaut.

Noch ein paar Bemerkungen zum Eingebundensein des einzelnen Lesers in die literarischen Instanzen, welche seine Information regeln, seine Wünsche hervorlocken, seine Interessen beeinflussen, seinen Geschmack formen. Es dürften für den jungen Menschen vor allem fünf Instanzen, damit auch fünf Informationsquellen und Zubringer von Texten geben: Erstens das Elternhaus bzw. die Familie; zweitens die Schule; drittens die Bibliothek; viertens der Buchhandel; und fünftens die Presse. Die Medien wie der Film und das Fernsehen, aber auch das Theater sind hier nicht gemeint.

Je nach sozialer Schichtzugehörigkeit und ebenso nach persönlicher, individueller Lage kommt es zu intensiverer oder flacherer Wirkung der einen oder der anderen Instanz. Das Gewicht hängt auch vom Lebensalter des Rezipienten ab. Zwischen sechs und sechzehn Jahren ist verständlicherweise die Wirkung der Instanz Schule besonders groß, in den Lebensjahren des Kleinkindes die des Elternhauses. Dies muß aber im einzelnen Fall nicht so sein und bedeutet auch nicht immer, daß die Wirkung so verläuft, wie sie sich die Erwachsenen wünschen. Oppositionslesen ist unter Umstände ebenso eine Konsequenz.

Wichtig scheint mir, sich dessen bewußt zu sein, daß es ein Ensemble von Instanzen und ein Geschiebe von Wirkungen gibt. Ein Beispiel nur: Ein fünfzehnjähriges Mädchen, Tochter süditalienischer Gastarbeiter, ist Schülerin in einem deutschen Gymnasium. Die Eltern, sprachlich gehandicapt und Illiteraten, sind beide berufstätig und sparen alles Geld, um bald in ihre südliche Heimat zurückzukehren. Es bestehen schon Baupläne für ein Haus und die spätere Eröffnung eines Ladens. Die Tochter soll noch das Abitur machen und später in Italien in das Geschäft einsteigen. Bei einem Vergleich mit den Leseinteressen und Lesegewohnheiten ihrer Klassengefährtinnen ergibt sich, daß die junge Italienerin sich am angepaßtesten an die ihr von der Schule empfohlene Lektüre verhält und keineswegs die unter ihren Klassegefährtinnen übliche schizophrene Teilung in Schullektüre und trivialorientierte Privatlektüre mitmacht. Bei exakterer Analyse dieses Falls würde sich schnell ergeben, daß hier Lesen soziales Statussymbol ist, das im Fall der Italienerin spontane intellektuelle Privatinteressen kaum aufkommen läßt. Dabei „funktioniert" das Mädchen im Familieninteresse. Es übernimmt einen für das Prestige wichtigen Part. Dabei ist es keineswegs vom Milieu des Elternhauses atmosphärisch auf ein Lesen

Lesen heute — Versinken in die zweite Wirklichkeit

Lesen heute — Raum für entspanntes Nachdenken

als Auseinandersetzung mit der Welt vorbereitet, im Gegenteil, es muß sich, zwar sozial, aber nicht intellektuell abgestützt, ganz allein hochlesen.

Was sich vielleicht aus neueren Erhebungen besonders deutlich ablesen läßt, ist eine starke Rückwirkung des Milieus auf die Motivation zur Lektüre. Je offener der Zugang zu den Texten, desto häufiger greifen junge Menschen auch zu. Lesefreundliche Familien bringen die 27% der Kinder hervor, die vor Schulbeginn schon ein paar Worte lesen können, und solche Jungen und Mädchen, denen die Schule nicht erst die Motivation zum Lesen beibringen muß (Köcher, S. 111). Wir leben in einer recht offenen Lesegesellschaft, in der die Zugänge zur Bibliothek des Wissens und der Belletristik leicht gemacht, Schranken

241

zwischen Jugend- und Erwachsenenbiblothek und zwischen Schullektüre und Privatlektüre weithin schon abgebaut worden sind.

So wie vor zweihundert Jahren, als der Landesherr den „teutschen Schulen" nur die biblischen Geschichten zur Lektüre freigab, so wie im 19. und der ersten Hälfte des 20. Jahrhunderts, als das Schullesebuch die für alle verbindlichen Stoffe enthielt, die auf rigide Weise angeeignet werden mußten, geht es schon lange nicht mehr zu. Die Untersuchung „Familie und Lesen" gibt auch den Hinweis darauf, daß Lektürepflicht den Widerstand der jungen Leser weckt. Erfolgversprechend seien die sanften Formen der „Verführung zum Lesen" (Köcher, S.114). Damit aber rücken die Instanzen des „sanften Anbietens", die Bibliotheken und der Buchhandel, aber auch lebendige Formen des Umgangs in den Medien sowie ein abwechslungsreicher und anschaulicher Umgang in Schulen und ihren Büchereien mehr und mehr in den Blick moderner Leseförderung.

Die alten und die neuen Medien für die zweite Wirklichkeit der Jugend

Überflüssige Konkurrenzen zwischen den Vermittlern

Es läßt sich nicht leugnen: Junge Menschen im ausgehenden 20. Jahrhundert sind – genau wie die älteren – mehr als je zuvor von Einrichtungen umgeben, welche es möglich machen, unendlich viele Ausschnitte der uns umgebenden weiteren und engeren Wirklichkeit reproduziert ins Haus zu holen, auf dem Bildschirm vor Augen zu führen, über den Lautsprecher und Kopfhörer authentisch ins Ohr zu bekommen. Mit Hilfe dieser sogenannten Medien nehmen wir alle an dem Weltgeschehen teil und können uns in der Wirklichkeit orientieren, aber auch die Zweite Wirklichkeit in unserm Innern aufbauen.

Während der Bürger vor mehr als einhundertfünfzig Jahren vom Ausbruch des Versuvs, vom Erdbeben zu Lissabon oder den Kriegen „weit hinten in der Türkei" oftmals um Monate verspätet aus Kalendern, aus Zeitungen und mündlichen Berichten von Reisenden hörte, liefert ihm heute Radio und Fernsehen auf Knopfdruck das womöglich zur selben Sekunde Geschehene ins Zimmer.

Ohne Zweifel haben solche technischen und elektronischen Erfindungen der Nachrichtenübermittlung und Wiedergabe von kulturellen Ereignissen unser und unserer Kinder Bewußtsein verändert, indem die sogenannten „neuen Medien" Informationen und Sichtweisen, Erfahrungen und Erlebnisse präsentieren, die uns das Empfinden nahelegen, wir seien überall dabei. Von Horizonterweiterung wird hier leichthin gesprochen. Ob mit dem Zugewinn zugleich auch ein Verlust, nämlich der an direktem Dabei-sein in der originalen Umgebung eingehandelt wird, ob das hautnahe Erfahren von künstlerischer Aufführung, von Direktbegegnung mit Menschen, auch von Werden und Vergehen der Natur in der nächsten Nähe, von Witterungseinflüssen, von Sterben und Vergehen bei Pflanze und Tieren um uns herum durch die technisch-zivilisatorische Einbettung unseres modernen Lebens verschüttet wird, diesen Gedanken müssen wir hier vernachlässigen. Folgt man aber den Diskussionen um die neuen Medien, zu denen Kabelfernsehen und Bildschirmtexte, Videospeicher und Video-Recorder, Bildplattenspieler sowie das Satellitenfernsehen gehören (Kadelbach, 228), dann langt man sehr schnell bei dem Faktum an, daß Kinder und junge Menschen nicht mehr aus diesem elektronischen Netzwerk herauszuhalten sind. Und dabei lautete doch eine der vieldiskutierten Thesen Neil Postmans, es sei für die elektronischen Medien unmöglich, irgendwelche Geheimnisse zu bewahren. Ohne Geheimnisse aber könne es so etwas wie Kindheit nicht geben. Nach Meinung des amerikanischen Medienforschers töteten also die modernen Medien die Kindheit, das heißt, sie trügen dazu bei, durch totale Aufklärung über alles und jedes den Zauber des Noch-nicht-Gewußten zu nehmen.

Bevor man diese Behauptung annimmt, sollte man sich aber daran erinnern, daß neben den sogenannten neuen Medien die älteren Medien nach wie vor vorhanden sind. Der Mensch war im übrigen immer von Medien umgeben, auch immer auf sie angewiesen, allerdings wohl kaum früher so durch sie eingedeckt wie heute. Wenn nun die neuen Medien auch so neu gar nicht sind − immerhin genehmigte schon am 20. Dezember 1938 das damalige Reichspostministerium die Verlegung eines Breitbandkabels von Berlin nach Hamburg, um ein Fernsehprogramm zu übermitteln; Film und Radio sind noch ein paar Jahrzehnte älter, ebenso die Schallplatte −, so sind doch Buch und Zeitung, Zeitschrift, Kalender und Flugblatt, demnach der gesamte Fächer der sogenannten Printmedien, dank Gutenbergs Erfindung, wesentlich länger bekannt und in

Gebrauch. Sie sind Jahrhunderte alt, ja wurden auch schon ohne das Druckverfahren mit beweglichen Lettern seit Jahrtausenden benutzt. Zur Seite haben sie seit eh und je andere Vervielfältigungs- und Verbreitungsverfahren, nämlich die Standorte oraler Massenmedien wie die Lehr- und Predigerkanzeln und die Bühnen der Theater, zwei Plätze der Verkündigungen, der Informationen und der Schaustellung.

Friedrich Karl Waechter (* 1937)

Die Nachrichten und Schilderungen aus der zeitlichen und räumlichen Ferne blieben demnach auch früher nicht verborgen, sie regten die Neugier, das Interesse, das Unterhaltungsbedürfnis der Erwachsenen und ebenso das der Kinder an. Es ist keineswegs so, daß bis zur Erfindung der elektronischen neuen Medien die Kindheit als Bewahrraum bestand. Nur eine recht kurzlebige Ideologie der Bürgerlichkeit schuf jenes Ghetto, in dem spezielle Kanäle mit gefilterter Kost für die geistige Ernährung der Knaben und Mädchen sorgte. Hier irrt Neil Postman.

Denn wer etwa den Orbis pictus des Johann Amos Comenius aus dem 17. Jahrhundert oder einen noch älteren

Katechismus zur Hand nimmt, wird vergeblich nach den Teilen der intelligiblen Welt von damals suchen, welche der amerikanische Medienforscher vor den Kindern geheim halten will. Vom Himmel bis zur Hölle, von den wilden Tieren bis zu miteinander blutig kämpfenden Menschen, Folterungen und Enthauptungen, von menschlichem Elend der Krüppel bis zur Darstellung des wohlgestalten nackten Körpers, die alten Printmedien lassen wohl kaum ein Thema aus. Und Kindern gab man im Mittelalter und in den Jahrhunderten danach bis ins 18. Jahrhundert hinein kaum etwas anderes zum Nachdenken und Anschauen als das, was die Erwachsenen ebenso berührte.

Was sich tatsächlich geändert hat und was sich statistisch vielfach belegen läßt, ist, daß sich der Mensch des ausgehenden 20. Jahrhunderts in bedeutend höherem Maße der Medien als Kanäle für Information und Unterhaltung, für Belehrung und Meinungsbildung schon aufgrund größeren Freizeitraums bedient als der in vergleichsweise wort- und bildkargen früheren Zeiten, in denen die Bevölkerung offensichtlich in ihren Ansprüchen an die Informations-, Wissens- und Unterhaltungsagenturen bescheidener war. Die jungen Menschen nutzen die neuen Medien, schon bevor sie den Gebrauch des älteren Mediums Buch gelernt haben, nämlich das Lesen.

Aus dieser Lage, in der die Kanäle von Minderjährigen oft schon wie selbstverständlich eingeschaltet und konsumiert werden, während die für die Erziehung verantwortlichen Erwachsenen sie als höchst fragwürdige, ja schädliche Erfindungen ansehen — dies dürfte bei ihnen zum Teil durch die eigenen Unsicherheit gegenüber den neuen Medien verursacht sein —, entstehen in der Öffentlichkeit ängstliche Fragen, die auf verbreiteten pädagogischen und kulturpolitischen Vorstellungen in der heutigen Gesellschaft basieren. So zum Beispiel wird ausgesprochen: Sollten Erwachsene, besonders Eltern, die Nutzung der elektronischen Medien durch ihre minderjährigen Kinder überhaupt erlauben? Bei Bejahung der Frage heißt es dann: Von welchem Alter an? Oder: Sollten die jugendlichen Rezipienten von bestimmten Sendungen oder Sendezeiten ausgeschlossen werden? Auch: Wie sollte ein jugendfreies

Programm aussehen? Anhand dieser Fragestellungen wird schnell deutlich: Man gerät in die Wertung von ganzen Medien, nicht mehr in die von einzelnen Sendungen. Nicht dieser oder jener Film ist problematisch, nicht dieses oder jenes Theaterstück, nein, das ganze Fernsehen und das ganze Theater wird global kritisiert.

Hier muß daran erinnert werden, daß die zumeist negative Beurteilung, ja die vielfach stillschweigend als Vorurteil bestehende, gelegentlich aber auch lauthals formulierte Medienschelte eine lange Tradition hat. Im 18. Jahrhundert, als die Printmedien mächtig an Verbreitung und Wirkung gewannen, gab es, wie andernorts schon erwähnt, genug Warnungen vor der Verderblichkeit des Lesens für junge Menschen. Diese Tätigkeit verdürbe nicht nur die Augen, mache blaß und krank, lenke von der (Hand)Arbeit ab, sie wühle auch die Seele ungebührlich auf, erzeuge Zweifel und verbreite womöglich falsche Weltvorstellungen. Auch hier war offensichtlich schon die Angst vor der Störung der bestehenden Ordnung und dem Verlust kindlicher Naivität im Spiel. Der Anschluß an die Medien wird als Öffnen gegenüber der Welt des Wissens verstanden, als das Aufgeben der Geheimnisse, welche angeblich Kindheit ausmachen.

Aus den Bemerkungen im Kapitel über „Die Freiheiten und die Zwänge der jugendlichen Leser" — erinnert sei nur an die über den sechzehnjährigen Jung-Stilling von 1756 in Straßburg — ging aber deutlich hervor, welche aufklärerische und zur Entdeckung des Individuums führende Kraft auch von dem „Geheimnis" des Mediums ausgehen kann. Auch das noch so leicht verfügbare Gerät, das mir Welt zubringt, ist ein Mittel, Geheimnisse zu transportieren und sie zu lüften. Die kindliche Entdeckerfreude, der Wunsch, die Wirklichkeit zu erfahren und die Zweite Wirklichkeit in sich zu errichten, sind Antriebskräfte, die ständig zum Gebrauch der Medien verlocken. Der Anschluß an die Medien setzt offensichtlich immer wieder Eigenphantasien frei. Was für den Leser gilt, nämlich daß er nicht passiv Aufnehmender, vielmehr ein Akteur innerhalb des ihm in Lettern offerierten Szenariums ist, gilt ebenso für den Zuschauer, den Zuhörer und den Abspieler von Videokonserven.

Und dennoch hält sich in unserer Gesellschaft penetrant eine schon lange vertretene Wertung, beziehungsweise auch eine Abwertung des jeweils jüngsten Mediums. Die Argumente werden durch Vergleichung mit den älteren gewonnen. Danach gilt das Lesen als die wertvollste Betätigung. Bei genauerem Besehen ist allerdings nur das Lesen guter Bücher gemeint. Schon das Lesen von Journalen unterliegt einer Minderbewertung. Und wenn etwa Comics gelesen, also vornehmlich Bilder dechiffriert werden, dann wurde und wird diese Beschäftigung mit abqualifizierenden Attributen versehen. Auch der Besuch eines Films wird zum Teil noch heute als ein weniger beeindruckendes Bildungs- und Kulturerlebnis angesehen als der einer Theateraufführung oder die Lektüre eines Buchs.

Es gibt offensichtlich innerhalb der Reflexion über die Medien eine immer wieder sichtbar werdende geheime Werte-Hierarchie der Zeitgenossen. Danach ist das zu erlesende Buch das Königskind unter den Medien. Das Buch als das Behältnis für die Zweite Wirklichkeit sei am reichsten ausgestattet, böte auch dem Rezipienten die souveränste Art des Umgangs. Man könne es weglegen, wiederholt lesen und den Gang der Lektüre unterbrechen, wann immer man wolle. Dies letztere Argument ist allerdings durch die Video-Wiedergabe von Film- und Theateraufzeichnungen nicht mehr ganz stichhaltig. Die technische Reproduktion kann souverän vom einzelnen Rezipienten geregelt werden.

Jedoch: Innerhalb des Gedankengangs der Qualifizierung von Lesen, Hören und Sehen mit Hilfe von Buch, Tonträger, Film und Theater wird sehr schnell das jeweilige Medium als Träger einer bestimmten mehr oder weniger wertvollen Botschaft. Als ob Bücher immer wertvolle Gedanken enthielten! Als ob Comics stets Sprache verstümmelten und nur wenig diffizile Aussagen machten! Als ob Filme letztlich verkürzte, zweitrangige Literatur seien! Als ob Tonträger — Kassetten und Schallplatten — nur billige Dramatisierungen oder unvollkommene Wiedergaben von Texten seien, eigentlich zum Lesen bestimmt.

Hier werden Medien trotz der wiederholten Mahnung des Buchwissenschaftlers und langjährigen Direktors der Amerika-Gedenk-Bibliothek in Berlin, Heinz Steinberg, vor unberechtigter stillschweigender Wertung (Steinberg 1990) aneinander gemessen und zugleich zu Trägern von Botschaften erhoben. Dies muß zur Errichtung einer falschen Alternative, die an der Wirklichkeit vorbei geht, führen. Neil Postman läßt den Bildschirm — sein Modell ist der, der das amerikanische Fernsehprogramm wiedergibt — zum verderblichen Instrument werden, stilisiert ihn zum negativen Mythos, vor dem es den noch jugendlichen Teil der menschlichen Gesellschaft zu bewahren gelte. Das Fernsehen sei ein Instrument, mit dem die Kindheit zerstört werde. „Jedes Kommunikationsmedium, das man in eine Steckdose stöpselt, hat seinen Teil dazu beigetragen, die Kinder aus dem Horizont kindlicher Wahrnehmung freizusetzen" (Postman, 107).

Eine solche Einschätzung führt zur Blickverengung gegenüber der intelligiblen Kommunikation, indem die Vertreter solcher Auffassungen nicht wahrnehmen, daß schon immer junge Menschen von der Handhabung technischer Geräte fasziniert waren, demnach den Gebrauch der sogenannten hard ware fix erlernen und die Vorteile des Anschlusses an die Sendungen schneller als der ältere Teil der Gesellschaft erfahren. Schon lange, bevor es die Schule wahrhaben wollte, haben etwa fünf- bis achtjährige Mädchen und Jungen die Welt der Märchen zu sechzig und mehr Prozent nicht mehr über das persönliche Erzählen in der Familie, auch nicht mehr über das Vorlesen aus dem Buch, sondern durch das selbsttätige Abspielen von Tonträgern sowie durch Anschauen der Videokassetten kennen gelernt.

Bei einem kürzlich erfolgten Nachfragen nach den „literarischen Jugenderfahrungen" bei Studenten, also bei jungen Frauen und Männern einer Generation, die mit den modernen Medien groß geworden ist, ergab sich, daß die Befragten sich vielfach nicht mehr erinnern konnten, ob sie die Mickey Mouse auf dem Papier oder im Trickfilm kennen gelernt haben, ob sie Pippi Langstrumpf und Mary Poppins auf der Leinwand oder auf den Buchseiten zuerst begegnet sind, ob sie Anne Franks Schicksal auf der Bühne

oder im Tagebuch verfolgt haben oder ob sie Schneewittchen durch Knopfdruck vom Tonband oder durch das Vorlesen in der Familie haben erstehen lassen.

*Die „Kindergeschichten" von Peter Bichsel in einer Bühnenbearbei-
tung. Szenenfoto einer Berliner Aufführung anläßlich des „Ersten
Deutschen Kindertheatertreffens 1991". Inszenierung: Württember-
gische Landesbühne Tübingen (Regie Marcello Diaz).*

Deshalb muß uns der Satz Bettina Hurrelmanns, den sie
kurz nach Beendigung ihrer Untersuchung über den
Gebrauch der Medien in der Familie (Hurrelmann 1989)
formuliert hat, zu denken geben: „Die in der öffentlichen

Das Umweltstück „Himmel, Erde, Luft und Meer" von Volker Ludwig im Berliner Grips-Theater (Regie Rolf Johannsmeier).

Debatte ständig strapazierte These, daß das Fernsehen das Lesen verdränge, ist viel zu oberflächlich, um den Zusammenhängen von sich verändernden Lebenswelten, sozialen Beziehungen, Erfahrungsbedürfnissen und kommunikativen Kompetenzen von Kindern und Jugendlichen auch nur im Ansatz gerecht zu werden" (Hurrelmann 1990).

Über die Selbstgestaltung der Zweiten Wirklichkeit

Wer sich über das allmähliche Gewinnen und Festigen der Teilhabe des jungen Menschen an der Kultur der Zeit Gedanken macht, sollte die Analyse nicht vorschnell parzellieren und dadurch einseitig werden, daß er zum Beispiel nur die literarische Enkulturation verfolgt, demnach sich fragt, wieweit der junge Mensch durch das Lesen von Texten in die literarische Welt hineinwächst. Es könnte ja durchaus sein, daß der gemeinte Jugendliche zum Beispiel die Erfahrung der Vereinsamung und die dadurch entstandene Gegenwehr gegen Etabliertes aus Filmen oder

Theaterstücken genommen hat, die die gleiche Story erzählen. Es könnte demnach so sein, daß der Cinderella-Komplex über das Hörspiel auf der Kinderkassette und die Geschichte von der Liebe zwischen den Kindern Ben und Anna durch die Bühnenbearbeitung in das Bewußtsein des Rezipienten gedrungen ist und nicht durch die Lektüre des Märchens oder des Kinderromans.

Wer die Wirkung von kulturellen, von literarischen, von geistigen Phänomenen auf Menschen beobachten möchte, der darf seinen Blick nicht auf ein einziges Medium richten. Denn wir alle leben mit multimedialem Anschluß an die Welt um uns herum. Die Medien sind im Verbund. Dies bedeutet, daß sich einmal das eine und zum anderen Mal das andere Medium als zentrale Quelle erweist. Zum Beispiel favorisierte die aufstrebende Arbeiterjugend in der zweiten Hälfte des 19. Jahrhunderts das Buch. Sie legte weite Wege zurück, um in den Volksbibliotheken und den Arbeiterbildungsstätten billig an Sachschriften und Romanliteratur heranzukommen. Zur selben Zeit lasen die „höheren Töchter" anders, sie lasen Märchen, Gedichte und Mädchenbücher hinter den Vorhängen in den vornehmen Wohnzimmern, wo sie vor dem Eindringen allzu starker Sonnenstrahlen geschützt waren. Die junge Generation nach dem Zweiten Weltkrieg hat das Radio als eine entscheidende Quelle der Sprach- und Musikkultur für sich entdeckt. Und die jungen Leute in den zwanziger Jahren — also die der Generation davor — machten den Versuch, sich von der Vorstellung zu befreien, das Printmedium habe das Monopol und die Schriftkultur sei die einzig maßgebende. Damals sollte über den Äther das gesprochene Wort wieder in den Kinderstunden der Sendeanstalten zu neuem Leben erweckt werden. Lisa Tetzners Stimme war „life" als Stimme der Märchenerzählerin durch den Kopfhörer zu vernehmen. Bert Brecht und Walter Benjamin arbeiteten in Berlin und Frankfurt an Jugendfunksendungen.

Die Beispiele über die Verlagerung des Schwergewichts von einem zum anderen Medium, von der Kanzel zum Katheder, vom Flugblatt zum Buch, vom Radio zum Fernsehen, von der Bühne zum Marktplatz und Zirkus, je nach der Lage des einzelnen und dem Zustand der Gesellschaft, ließen sich beliebig vermehren. Sie werden hier nur genannt, um erneut davor zu warnen, die Entwicklung des kulturellen Bewußtseins im jugendlichen Mitbürger nicht einseitig, ja auch nicht mit Vorurteilen zu sehen. Wer demnach glaubt, der junge Mensch, der weniger an der Schriftkultur, dafür mehr an der Filmkultur teilnimmt, habe eklatante Defizite — so wie letztlich Neil Postman es wohl meint —, der nimmt zu wenig zur Kenntnis, daß das gesamte Instrumentarium der Medien, und eben nicht eines allein, letztlich den Transport von Eindrücken auf die Ebene der lebendigen Teilnahme durch den jungen Menschen übernimmt. Im Bilde ausgedrückt: Die inneren Erlebnisse, die durch Filme, Schriften, Theateraufführungen oder Hörspiele dem jugendlichen Rezipienten widerfahren und an denen er teilhat, senken sich durch aktive Verarbeitung in seine geistige Erfahrungswelt ein, sie treffen auf eine Metaebene, die letztlich dann die Zweite Wirklichkeit des jungen Menschen darstellt. Diese Zweite Wirklichkeit reichert sich auf verschiedene Weise und auf unterschiedlichen Wegen im einzelnen an und nimmt individuelle Gestalt an. Da geraten die vielen Stücke kulturindustrieller Beeinflussung in das persönliche Szenarium, werden übernommen, mitgeschleppt oder bewußt zitiert und erzeugen die „Wahrheit", in der sich der einzelne selbst aufgehoben fühlt. Bei dem Prozeß der Anverwandlung verschwimmen die Konturen der Herkunft, es setzt jene „Bewußtlosigkeit" ein, die wir alle brauchen, um von ihr aus die Anstrengungen des Begriffs besser tragen zu können. Insofern sind in der Metaebene sowohl anverwandelte Tradition wie auch triviales Stückwerk und womöglich auch attackierender Widerspruch anzutreffen.

Der Prozeß der Enkulturierung des jungen Menschen ist so zu beschreiben, daß in seinem Verlauf Bilder, Verhaltensweisen, Erfahrungen als Muster und Teile aus dem realen Leben wie aus Texten, aus filmischen Szenarien, aus dem Bühnengeschehen, aus Hörbildern oder mündlicher Darstellung adaptiert und verarbeitet werden. Die Medien, zusammengenommen, bilden dabei ein Netz von Beeinflussungskanälen. Sie stehen nicht in einer Hierarchie.

Die Literaturwissenschaft muß sich fragen lassen, ob sie hier nicht manchmal zu papieren forscht, das heißt, das

Printmedium zu stark favorisiert. Die jüngste Analyse zum Thema „Kultur und Medien" (1991) der ARD- und ZDF-Medienkommission hat erneut belegen können: Es existiert derjenige Mensch nicht, der nur über ein einziges Medium an der Kultur teilnimmt. So gibt es den „Nur-Leser" praktisch nicht. Wer kulturelle Programme nutzt, nutzt stets mehrere Medienangebote im Wechsel. „Literaturkenner" zum Beispiel – so wird in der erwähnten Analyse ausgeführt – seien, statistisch gesehen, fast ebenso stark an Theater wie an klassischer Musik, an Malerei, an Filmen und selbst an Rock- und Popmusik überdurchschnittlich interessiert (B. Frank, S. 236). Zu bedenken gibt allerdings dem kulturpolitisch Weiterdenken der Umkehrschluß, nämlich daß die „Desinteressierten" unter den Lesern fast ebenso wenig an Theater wie an Spielfilmen und den anderen Kulturgebieten Interesse haben. Allenfalls Rock- und Popmusik zieht sie ein wenig an.

Wenn wir uns klar machen wollen, wie die Bausteine aussehen, aus denen der jugendliche Rezipient seine „zweite Wirklichkeit" errichtet, dann sind es jene Produkte der Verwandlung von Gedanken, Empfindungen und Erfahrungen, jene die Wirklichkeit deutende Konstrukteure, die

„Alice im Wunderland" als Theaterstück. Szenenfoto einer Inszenierung am Darmstädter Staatstheater (1989, Regie: Götz Burger).

auf den Bühnen, den Buchseiten, den Bildschirmen und in den Kopfhörern ausgestellt sind. Ob diese Konstrukte – man könnte vielleicht mit einem alten Wort, wenn es seiner Patina entkleidet und von seiner Bedeutungsverengung befreit würde, von „Dichtungen" sprechen – uns nun in den Formen des Hörspiels, des Films oder des literarischen Werks erreichen, wird zur zweitrangigen Frage. Aber eines ist sicher: Erst im Rezipienten kommt dieser Gehalt zustande und auch zur Wirkung.

Literatur

Adorno, Theodor W.: Minima Moralia. Reflexionen aus dem beschädigten Leben. Berlin, Frankfurt am Main 1951.

Adorno, Theodor W.: Ohne Leitbild. Frankfurt am Main 1967.

Adorno, Theodor W.: Ästhetische Theorie. Frankfurt am Main 1970.

Adoum, Jorge Enrique: Der Stachel im Märchen. Über die kulturelle Kolonisierung lateinamerikanischer Jugend. In: Klaus Doderer (Hrsg.): Über Märchen für Kinder von heute. Weinheim, Basel 1983. S. 47-56.

Aries, Philippe: Geschichte der Kindheit. München 1975.

Bamberger, Richard: Jugendlektüre. Bonn, Wien 1955.

Baumgärtner, Alfred Clemens und Pleticha, Heinrich (Hrsg.): Abc und Abenteuer. Texte und Dokumente des deutschen Kinder- und Jugendbuchs. Band 1 und 2. (dtv dokumente 2944 und 2945). München 1985.

Benjamin, Walter: Über Kinder, Jugend und Erziehung. Frankfurt am Main 1969.

Benjamin, Walter: Aufklärung für Kinder. Rundfunkvorträge, herausgegeben von Rolf Tiedemann. Frankfurt am Main 1985.

Bettelheim, Bruno: Kinder brauchen Märchen. Stuttgart 1977.

Bloch, Ernst: Bessere Luftschlösser in Jahrmarkt und Zirkus, in Märchen und Kolportage. In: Ernst Bloch: Das Prinzip Hoffnung. Frankfurt am Main 1959. S. 409-415.

Bottigheimer, Ruth B.: Grimm's bad girls and bold boys. The moral and social vision of the tales. New Haven, London 1987.

Brecht, Bertolt: Gesammelte Werke 9, Gedichte 2 (Werkausgabe). Frankfurt am Main 1967. S. 585.

Brüggemann, Theodor (zus. mit Hans-Heino Ewers): Handbuch zur Kinder- und Jugendliteratur von 1750 bis 1800. Stuttgart 1982.

Brüggemann, Theodor (zus. mit Otto Brunken): Handbuch zur Kinder- und Jugendliteratur vom Beginn des Buchdrucks bis 1570. Stuttgart 1987.

Brüggemann, Theodor (zus. mit Otto Brunken): Handbuch zur Kinder- und Jugendliteratur. Von 1570 bis 1750. Stuttgart 1991.

Brunken, Otto: Der Kinder Spiegel. Studien zu Gattungen und Funktionen der frühen Kinder- und Jugendliteratur (Phil. Diss., Frankfurt am Main 1989). Köln 1989.

Bühler, Charlotte: Das Märchen und die Phantasie des Kindes.(1. Aufl. 1918). München 1958.

Christadler, Marieluise: Kriegserziehung im Jugendbuch. Literarische Mobilmachung in Deutschland und Frankreich vor 1914. (Phil. Diss., Frankfurt am Main 1978). Frankfurt am Main 1978.

Dahrendorf, Malte: Kinder- und Jugendliteratur im bürgerlichen Zeitalter. Königstein/Taunus 1980.

Doderer, Klaus: Die Kurzgeschichte als literarische Form. In: Wirkendes Wort 1957/58, S.90-100.

Doderer, Klaus (Hrsg.): Klassische Kinder- und Jugendbücher. Kritische Betrachtungen. Weinheim, Berlin, Basel 1969, 2.Aufl. 1970.

Doderer, Klaus (Hrsg.): Lexikon der Kinder- und Jugendliteratur. Band I-III (A-Z) und Ergänzungs- und Registerband. Weinheim, Basel 1975-1982.

Doderer, Klaus: Die Kurzgeschichte in Deutschland. Ihre Form und ihre Entwicklung. Darmstadt (1. Aufl. 1953) 1980.

Doderer, Klaus (Hrsg.): Zwischen Trümmern und Wohlstand. Literatur der Jugend 1945-1960. Weinheim 1988.

Doderer, Klaus: Walter Benjamin und die Kinderliteratur. Aspekte der Kinderkultur in den zwanziger Jahren. Weinheim, München 1988.

Doderer, Klaus und Riedel, Cornelia: Der Deutsche Jugendliteraturpreis. Eine Wirkungsanalyse. Weinheim 1988.

Dolle-Weinkauff, Bernd: Comics. Geschichte einer populären Literaturform in Deutschland seit 1945. Weinheim 1990.

Dyhrenfurth-Graebsch, Irene: Geschichte des deutschen Jugendbuches. (1. Auflage 1942) Hamburg 1967.

Ewers, Hans-Heino (Hrsg.): Kinder- und Jugendliteratur der Aufklärung. Eine Textsammlung. Stuttgart 1980.

Ewers, Hans-Heino (Hrsg.): Kinder- und Jugendliteratur der Romantik. Eine Textsammlung. Stuttgart 1984.

Ewers, Hans-Heino: Kindheit als poetische Daseinsform. München 1989.

Ewers, Hans-Heino u.a. (Hrsg.): Kinderliteratur und Moderne. Ästhetische Herausforderungen der Kinderliteratur im 20. Jahrhundert. Weinheim, München 1990.

Eckhardt, Juliane: Kinder- und Jugendliteratur. Darmstadt 1987.

Flaker, Aleksander: Modelle der Jeans Prosa. Zur literarischen Opposition bei Plenzdorf im osteuropäischen Romankontext. Kronberg/Taunus 1975.

Frank, Bernward u.a.: Kultur und Medien. Angebote — Interessen — Verhalten. Eine Studie der ARD/ZDF-Medienkommission. Baden-Baden 1991.

Giehrl, Hans E.: Der junge Leser. Einführung in Grundfragen der Jungleserkunde und der literarischen Erziehung. Donauwörth (1. Auflage 1968) 1977.

Greiner, Ulrich: Ab in die Klassik! In: Die Zeit, 4. Dezember 1981.

Grenz, Dagmar (Hrsg.): Aufklärung im Kinderbuch. Studien zur Kinder- und Jugendliteratur des 18. Jahrhunderts. Pinneberg 1986.

Grünwaldt, Hans-Joachim: Sind Klassiker etwa nicht antiquiert? In: Diskussion Deutsch 1/1970. S. 16-31.

Härtling, Peter: Die Wirklichkweit der Kinder. Rede anläßlich der Verleihung des Deutschen Jugendbuchpreises 1969. In: Arbeitskreis für Jugendliteratur (Hrsg.): Der Deutsche Jugendliteraturpreis 1956-1983. Ausschreibungen, Begründungen, Laudationes, Kritierien. München 1984. S.92-98.

Hazard, Paul: Kinder, Bücher und Große Leute. Vorwort von Erich Kästner. Hamburg 1952.

Hiecke, Heinrich: Der deutsche Unterricht auf deutschen Gymnasien. Zitiert aus Hermann Helmers (Hrsg.): Die Diskussion um das deutsche Lesebuch. Darmstadt 1969. S. 355-377.

von Hofmannsthal, Hugo: Deutsches Lesebuch, Vorrede. München 1926.

Hürlimann, Bettina: Europäische Kinderbücher in drei Jahrhunderten. (1. Auflage 1959) Zürich 1968.

Hurrelmann, Bettina: Fernsehen in der Familie. Auswirkungen der Programmerweiterung auf den Mediengebrauch. Weinheim 1989.

Hurrelmann, Bettina: Kinder- und Jugendliteratur im Deutschunterricht. Eine Antwort auf den Wandel der Medienkultur? In: Der Deutschunterricht, Heft 3/1990.

Iser, Wolfgang: Der Lesevorgang. In: Rainer Warning (Hrsg.): Rezeptionsästhetik. Theorie und Praxis. München 1975. S. 253-276.

Jauß, Hans Robert: Ästhetische Erfahrung und literarische Hermeneutik. Frankfurt am Main 1982.

Kadelbach, Gerd: Die neuen Medien. Wirkungen auf und Möglichkeiten für Kinder und Jugendliche. In: Kinderwelten. Festschrift für Klaus Doderer. Weinheim, Basel 1985. S. 228-242.

Klotz, Aiga: Kinder- und Jugendliteratur in Deutschland 1840-1950. Band 1: A-F. Stuttgart 1990.

Köcher, Renate: Familie und Lesen. Eine Untersuchung über den Einfluß des Elternhauses auf das Leseverhalten. In: Archiv für Soziologie und Wirtschaftsfragen des Buchhandels LXIII. Beilage zum Börsenblatt für den Deutschen Buchhandel, Frankfurter Ausgabe. 14. Oktober 1988. S. W2275-W2364.

Köcher, Renate: Familie und Lesen. Eine Untersuchung über den Einfluß des Elternhauses auf das Leseverhalten. In: Bundesminister für Bildung und Wissenschaft (Hrsg.): In Sachen Lesekultur. Bonn 1991. S. 103-115.

Kunze, Horst (Hrsg.): Studien zur Geschichte der deutschen Kinder- und Jugendliteratur. Einzelbände. Berlin (Ost) 1974-1988.

Kunze, Horst: Vorbemerkung zu den Studien zur Geschichte der deutschen Kinder- und Jugendliteratur. Studien 1. Berlin (Ost) 1977. S. 7.

Lanes, Selma G.: The art of Maurice Sendak. New York 1980.

Lepman, Jella: Die Kinderbuchbrücke. Frankfurt am Main 1964. Sonderauflage der AvJ mit einem Nachwort von Andreas Bode. 1991.

Löwenthal, Leo: Die Auffassung Dostojewskis im Vorkriegsdeutschland. In: Leo Löwenthal: Schriften, Band I. Literatur und Massenkultur. Frankfurt am Main 1980. S. 188-230.

de Luca, Geraldine: Unself-conscious voices. Larger contexts for adolescents. In: The Lion and the Unicorn. Vol.2, No.2, S. 89-108. Brooklyn, N.Y. 1978.

Lypp, Maria: Einfachheit als Kategorie der Kinderliteratur. Frankfurt am Main 1984.

Mader, Ludwig (Hrsg.): Antike Fabeln. Zürich 1951.

Maier, Karl Ernst: Jugendschrifttum. Formen, Inhalte, pädagogische Bedeutung (ab 8. Auflage unter dem Titel Jugendliteratur erschienen: 1980). Bad Heilbrunn/Obb.1973.

Mattenklott, Gundel: Zauberkreide. Kinderliteratur seit 1945. Stuttgart 1989.

de Mause, Lloyd (Hrsg.): Hört ihr die Kinder weinen. Frankfurt am Main 1977.

Merget, Adalbert: Geschichte der deutschen Jugendlitteratur. Berlin 1882. Fotomechanischer Nachdruck: Leipzig 1967.

Minder, Robert: Soziologie der deutschen und · französischen Lesebücher (1953). In: Hermann Helmers (Hrsg.): Die Diskussion um das deutsche Lesebuch. Darmstadt 1969, S. 1-13.

Peters, Josef: Das Erlebnis des Lesens und die Begegnung mit dem Buch. In: Begegnung mit dem Buch. Fredeburger Schriftenreihe (Hrsg. Otto Koch). Ratingen 1950. S. 27-47.

Postman, Neil: Das Verschwinden der Kindheit. Frankfurt am Main 1983.

Postman, Neil: Die Tyrannei der Bilder. Das amerikanische Fernsehen und die Zertrümmerung der Bildung. In: Frankfurter Allgemeine Zeitung, 10. August 1985.

Richter, Dieter und Vogt, Jochen (Hrsg.): die heimlichen erzieher. kinderbücher und politisches lernen. Reinbek bei Hamburg 1974.

Richter, Dieter zusammen mit Merkel, Johannes: Märchen, Phantasie und soziales Lernen. Berlin 1974.

Richter, Dieter: Das fremde Kind. Zur Entstehung der Kindheitsbilder des bürgerlichen Zeitalters. Frankfurt am Main 1987.

Röhrich, Lutz: Märchen und Wirklichkeit. Eine volkskundliche Untersuchung. Wiesbaden 1956.

Santucci, Luigi: Das Kind, sein Mythos und seine Märchen. Hannover 1964.

Scherf, Walter: Strukturanalyse der Kinder- und Jugendliteratur. Bauelemente und ihre psychologische Funktion. Bad Heilbrunn/Obb. 1978.

Schirokauer, Arno: Die Stellung Äsops in der Literatur des Mittelalters. In: Festschrift für Wolfgang Stammler. Berlin 1953. S. 179-191.

Schliebe-Lippert, Elisabeth: Der Mensch als Leser. In: Begegnung mit dem Buch. Fredeburger Schriftenreihe (Hrsg. Otto Koch). Ratingen 1950. S. 47-59.

Schul-Schematismus nach den in den Baden-Durlachischen Landen üblichen Schul-Büchern eingerichtet . . . Lörrach 1766. In: Schulgeschichtliche Urkunden Badens 1773. Faksimile-Ausgabe. Stuttgart 1968.

Sperber, Manès: Geteilte Einsamkeit. Der Autor und sein Leser. Wien, München, Zürich 1985.

Steig, Reinhold: Achim von Arnim und die ihm Nahestehenden. Band III. Stuttgart 1894. S. 26.

Steinberg, Heinz: Gutenbergs Zukunft. An- und Aussichten zu Buch und Lesen. Berlin 1990.

Ueding, Gerd: Fahrpläne für die kulturelle Wildnis. Brauchen wir einen literarischen Kanon? In: Frankfurter Allgemeine Zeitung, 28. Oktober 1981.

Wegehaupt, Heinz: Alte deutsche Kinderbücher. Bibliographie 1507-1850. Berlin (Ost) 1979.

Wegehaupt, Heinz: Alte deutsche Kinsderbücher. Bibliographie 1851-1900. Berlin (Ost) 1985.

Welsh, Renate: Ansprache anläßlich der Verleihung der Kinder- und Jugendbuchpreise der Stadt Wien am 9. November 1977. In: Jugend und Buch 4/1977. S. 21.

Wild, Reiner: Die Vernunft der Väter. Zur Psychographie von Bürgerlichkeit und Aufklärung in Deutschland am Beispiel ihrer Literatur für Kinder. Stuttgart 1987.

Wild, Reiner (Hrsg.): Geschichte der deutschen Kinder- und Jugendliteratur. Stuttgart 1990.

Wolf, Christa: Kindheitsmuster. Berlin, Weimar 1976; Darmstadt, Neuwied 1979.

Wolff-Windegg, Philipp: Rezension des Buchs „Klassische Kinder- und Jugendbücher". In: Basler Nachrichten vom 7. September 1969.

Wolgast, Heinrich: Das Elend unserer Jugendliteratur. (1. Auflage 1896). Worms 1950.

Zipes, Jack: Breaking the magic spell. Radical theories of folk and fairy tales. London 1979.

Zipes, Jack: Rotkäppchens Lust und Leid. Biographie eines europäischen Märchens. Köln 1982.

Zipes, Jack: Fairy tales and the art of subversion. The classical genre for children and the process of civilization. London 1983.

Zipes, Jack: The Brothers Grimm. From enchanted forests to the modern world. New York, London 1988.

Abbildungsnachweis

S. 16: E. Kästner für Kinder (Schutzumschlag). Atrium Verlag, Zürich 1985.

S. 19: Institut für Jugendforschung, Frankfurt.

S. 21: Kl. Doderer, C. Riedel: Der Deutsche Jugendliteraturpreis. Juventa Verlag, Weinheim 1988, S. 62 (Ausschnitt).

S. 28/29: Programmheft des Frankfurter Jugendbuchkongresses 1983.

S. 48 (oben): E.-M. Ledig: Eine Idee für die Kinder. Erasmus Grasser Verlag, München 1988, S. 92.

S. 48 (unten): E. Kästner für Kinder. Bd. 2. Atrium Verlag. Zürich 1985, S. 277.

S. 53: Foto: R. von Mangoldt, Berlin (Beltz Verlag, Weinheim).

S. 65: W. Bonsels: Die Biene Maja. Südwest Verlag, München, o. J., S. 150.

S. 67: G. von Bassewitz: Peterchens Mondfahrt. E. Seemann Verlag, Freiburg i. Brsg. 1955, S. 76.

S. 71: Das Urmanuskript des Struwwelpeter. Germanisches Nationalmuseum, Nürnberg 1987. S. 17 (Ausschnitt).

S. 82: Foto: Alexa Gelberg, Weinheim, (Beltz Verlag, Weinheim).

S. 87: Kupfersammlung zu J. B. Basedows Elementarwerke. Berlin und Dessau 1774. Tafel I (Ausschnitt).

S. 98 (links): K. Muthesius: Goethe, ein Kinderfreund, Verlag E. S. Mittler und Sohn, Berlin 1903. Titelseite.

S. 98 (rechts): e. o. plauen: Vater und Sohn. Verlag Maier Ravensburg 1973.

S. 102: Kl. Doderer (Hrsg.): Nix bleibt wie es ist. Roje & Buer Verlag, Geldern 1991, S. 14 (Ausschnitt).

S. 107: J. A. Comenius: Orbis sensualium pictus. Nürnberg 1658. Ausschnitt aus S. 4

S. 112: K. Doderer, H. Müller: Das Bilderbuch. Beltz Verlag, Weinheim 1973, S. 254.

S. 113: ebda. S. 261.

S. 132: Chr. Nöstlinger: Geschichten für Kinder in den besten Jahren. Beltz & Geldberg, Weinheim 1986, S. 97 (Ausschnitt).

S. 140: H. Göbels (Hrsg.): Dreihundert berühmte deutsche Männer. Harenberg Verlag, Dortmund 1980, S. 214.

S. 146: J. Swift: Gullivers Reisen. F. W. Hendel Verlag, Naunhof und Leipzig 1938, S. XV.

S. 148: ebda., S. 121.

S. 149: ebda. S. 37.

S. 151: Foto: Roine Karlsson. Friedrich Oettinger Verlag, Hamburg.

S. 174: Foto: Hanna Rau. Friedrich Oettinger Verlag, Hamburg.

S. 176: Foto: Merlin Verlag, Vastorf bei Lüneburg.

S. 179: Foto: Hoch Verlag, Stuttgart.

S. 182: Foto: Max Messerli, Zürich (Luchterhand Verlag, Hamburg).

S. 189: Foto: Isolde Ohlbaum, München (Thienemanns Verlag, Stuttgart).

S. 192: Foto: Isolde Ohlbaum, München (Suhrkamp Verlag, Frankfurt).

S. 196: Foto: Verlag Kiepenheuer & Witsch, Köln.

S. 220: Archiv Doderer.

S. 224: Päd. Hochschule Karlsruhe (Hrsg.): Schulgeschichtliche Urkunden Badens 1773. Verlag Ernst Klett, Stuttgart 1968, S. 241.

S. 230: Jung-Stilling: Lebensgeschichte. Insel Taschenbuch, Frankfurt 1983. Umschlagvignette

S. 233: P. Stöcklein: Eichendorff. rororo-Bildmonographie. Reinbek 1963, S. 15.

S. 240: Foto: Isolde Ohlbaum, München (Börsenverein des Deutschen Buchhandels, Frankfurt am Main).

S. 241: Foto: Volker Hilge, Bielefeld (Juventa Verlag, Weinheim).

S. 245: Foto: Weidtmann (Kinder- und Jugendtheaterzentrum Frankfurt am Main).

S. 250: Foto: Janiel (Kinder- und Jugendtheaterzentrum Frankfurt am Main).

S. 251: Foto: Weidtmann (Kinder- und Jugendtheaterzentrum, Frankfurt am Main).

S. 254: Foto: Barbara Aumüller, Frankfurt am Main (Staatstheater Darmstadt).